De _____

Para _____

Pão Diário
Mulheres

Publicações
Pão Diário

© 2024 Ministérios Pão Diário. Todos os direitos reservados.

Coordenação editorial: Adolfo Hickmann
Tradução e revisão: editores do *Pão Diário*
Adaptação e edição: Giovana Caetano, Rita Rosário
Projeto gráfico e capa: Audrey Novac Ribeiro
Foto da capa: © Shutterstock
Diagramação: Rebeka Werner

Referências Bíblicas:
Exceto se indicado o contrário, as citações bíblicas foram extraídas da Bíblia Sagrada: Nova Versão Transformadora © 2016, Editora Mundo Cristão

Proibida a reprodução total ou parcial, sem prévia autorização, por escrito, da editora. Todos os direitos reservados e protegidos pela Lei 9.610, de 19/02/1998.

Pedidos de permissão para usar citações deste livreto devem ser direcionados a: permissao@paodiario.org

Publicações Pão Diário
Caixa Postal 4190, 82501-970 Curitiba/PR, Brasil
publicacoes@paodiario.org
www.publicacoespaodiario.com.br
Telefone: (41) 3257-4028

Capa brochura: NH578 • ISBN: 978-65-5350-406-6
Capa couro: RL690 • ISBN: 978-65-5350-357-1

Impresso na China

Introdução

*"O Senhor é abrigo para os oprimidos,
refúgio em tempos de aflição. Quem conhece teu nome confia em ti,
pois tu, Senhor, não abandonas quem te busca."*
—Salmo 9:9-10

As meditações deste *Pão Diário — Mulheres* trazem orientações da Palavra de Deus como fonte perene de encorajamento, fé, esperança e *refúgio em tempos de aflição*. As autoras se empenharam em escrever textos que visam fortalecer a sua caminhada com Cristo. A sua dedicação e o seu empenho em buscar a Deus tornarão a leitura diária um caminho acessível e compreensível para você entender os propósitos de Deus. As Escrituras Sagradas nos edificam e nos ajudam a encorajar uns aos outros.

Quando desanimamos ou enfrentamos dificuldades, somos encorajadas por nossa fé em Deus e pela esperança de vida eterna que o Seu Filho nos prometeu. Bom é saber que podemos orar ao Senhor e depender dele, pois Ele tem planos para cada uma de nós e quer nos dar esperança e futuro (Jeremias 29:11).

Além disso, Ele ainda quer:
- Suster-nos quando lhe entregamos nossas preocupações (Salmo 55:22).
- Que sejamos fortes e corajosas, pois Ele não nos abandona (Deuteronômio 31:6).
- Que coloquemos nossa fé e esperança nele (Salmo 16:8; João 14:27).
- Que tenhamos o espírito de poder, amor e equilíbrio (2 Timóteo 1:7).
- Que sejamos fortalecidas por Ele (1 Pedro 5:7; Filipenses 4:13).

Portanto, tenhamos:
- Coragem, pois a Bíblia é fonte de encorajamento (João 14:27; 16:33).
- Fé. Deus com Sua mão nos ampara (Isaías 41:10).
- Esperança. Ele renova nosso ânimo (2 Coríntios 4:16).

Que a nossa oração seja sempre de gratidão porque Deus é o nosso refúgio e força, sempre pronto a nos socorrer em tempos de aflição. Não temeremos quando vierem os vendavais e o oceano se revoltar! Ainda que precisemos suportar muitas provações, nós nos alegraremos no Senhor, pois a nossa fé está em Jesus (Salmo 46:1-3; 1 Pedro 1:6).

A Bíblia em um ano

Janeiro
- 1 Gênesis 1–3; Mateus 1
- 2 Gênesis 4–6; Mateus 2
- 3 Gênesis 7–9; Mateus 3
- 4 Gênesis 10–12; Mateus 4
- 5 Gênesis 13–15; Mateus 5:1-26
- 6 Gênesis 16–17; Mateus 5:27-48
- 7 Gênesis 18–19; Mateus 6:1-18
- 8 Gênesis 20–22; Mateus 6:19-34
- 9 Gênesis 23–24; Mateus 7
- 10 Gênesis 25–26; Mateus 8:1-17
- 11 Gênesis 27–28; Mateus 8:18-34
- 12 Gênesis 29–30; Mateus 9:1-17
- 13 Gênesis 31–32; Mateus 9:18-38
- 14 Gênesis 33–35; Mateus 10:1-20
- 15 Gênesis 36–38; Mateus 10:21-42
- 16 Gênesis 39–40; Mateus 11
- 17 Gênesis 41–42; Mateus 12:1-23
- 18 Gênesis 43–45; Mateus 12:24-50
- 19 Gênesis 46–48; Mateus 13:1-30
- 20 Gênesis 49–50; Mateus 13:31-58
- 21 Êxodo 1–3; Mateus 14:1-21
- 22 Êxodo 4–6; Mateus 14:22-36
- 23 Êxodo 7–8; Mateus 15:1-20
- 24 Êxodo 9–11; Mateus 15:21-39
- 25 Êxodo 12–13; Mateus 16
- 26 Êxodo 14–15; Mateus 17
- 27 Êxodo 16–18; Mateus 18:1-20
- 28 Êxodo 19–20; Mateus 18:21-35
- 29 Êxodo 21–22; Mateus 19
- 30 Êxodo 23–24; Mateus 20:1-16
- 31 Êxodo 25–26; Mateus 20:17-34

Fevereiro
- 1 Êxodo 27–28; Mateus 21:1-22
- 2 Êxodo 29–30; Mateus 21:23-46
- 3 Êxodo 31–33; Mateus 22:1-22
- 4 Êxodo 34–35; Mateus 22:23-46
- 5 Êxodo 36–38; Mateus 23:1-22
- 6 Êxodo 39–40; Mateus 23:23-39
- 7 Levítico 1–3; Mateus 24:1-28
- 8 Levítico 4–5; Mateus 24:29-51
- 9 Levítico 6–7; Mateus 25:1-30
- 10 Levítico 8–10; Mateus 25:31-46
- 11 Levítico 11–12; Mateus 26:1-25
- 12 Levítico 13; Mateus 26:26-50
- 13 Levítico 14; Mateus 26:51-75
- 14 Levítico 15–16; Mateus 27:1-26
- 15 Levítico 17–18; Mateus 27:27-50
- 16 Levítico 19–20; Mateus 27:51-66
- 17 Levítico 21–22; Mateus 28
- 18 Levítico 23–24; Marcos 1:1-22
- 19 Levítico 25; Marcos 1:23-45
- 20 Levítico 26–27; Marcos 2
- 21 Números 1–3; Marcos 3
- 22 Números 4–6; Marcos 4:1-20
- 23 Números 7–8; Marcos 4:21-41
- 24 Números 9–11; Marcos 5:1-20
- 25 Números 12–14; Marcos 5:21-43
- 26 Números 15–16; Marcos 6:1-29
- 27 Números 17–19; Marcos 6:30-56
- 28 Números 20–22; Marcos 7:1-13

Março
- 1 Números 23–25; Marcos 7:14-37
- 2 Números 26–27; Marcos 8:1-21
- 3 Números 28–30; Marcos 8:22-38
- 4 Números 31–33; Marcos 9:1-29
- 5 Números 34–36; Marcos 9:30-50
- 6 Deuteronômio 1–2; Marcos 10:1-31
- 7 Deuteronômio 3–4; Marcos 10:32-52
- 8 Deuteronômio 5–7; Marcos 11:1-18
- 9 Deuteronômio 8–10; Marcos 11:19-33
- 10 Deuteronômio 11–13; Marcos 12:1-27
- 11 Deuteronômio 14–16; Marcos 12:28-44
- 12 Deuteronômio 17–19; Marcos 13:1-20
- 13 Deuteronômio 20–22; Marcos 13:21-37
- 14 Deuteronômio 23–25; Marcos 14:1-26
- 15 Deuteronômio 26–27; Marcos 14:27-53
- 16 Deuteronômio 28–29; Marcos 14:54-72
- 17 Deuteronômio 30–31; Marcos 15:1-25
- 18 Deuteronômio 32–34; Marcos 15:26-47
- 19 Josué 1–3; Marcos 16
- 20 Josué 4–6; Lucas 1:1-20
- 21 Josué 7–9; Lucas 1:21-38
- 22 Josué 10–12; Lucas 1:39-56
- 23 Josué 13–15; Lucas 1:57-80
- 24 Josué 16–18; Lucas 2:1-24
- 25 Josué 19–21; Lucas 2:25-52
- 26 Josué 22–24; Lucas 3
- 27 Juízes 1–3; Lucas 4:1-30
- 28 Juízes 4–6; Lucas 4:31-44
- 29 Juízes 7–8; Lucas 5:1-16
- 30 Juízes 9–10; Lucas 5:17-39
- 31 Juízes 11–12; Lucas 6:1-26

A Bíblia em um ano

Abril
- [ ] 1   Juízes 13–15; Lucas 6:27-49
- [ ] 2   Juízes 16–18; Lucas 7:1-30
- [ ] 3   Juízes 19–21; Lucas 7:31-50
- [ ] 4   Rute 1–4; Lucas 8:1-25
- [ ] 5   1 Samuel 1–3; Lucas 8:26-56
- [ ] 6   1 Samuel 4–6; Lucas 9:1-17
- [ ] 7   1 Samuel 7–9; Lucas 9:18-36
- [ ] 8   1 Samuel 10–12; Lucas 9:37-62
- [ ] 9   1 Samuel 13–14; Lucas 10:1-24
- [ ] 10   1 Samuel 15–16; Lucas 10:25-42
- [ ] 11   1 Samuel 17–18; Lucas 11:1-28
- [ ] 12   1 Samuel 19–21; Lucas 11:29-54
- [ ] 13   1 Samuel 22–24; Lucas 12:1-31
- [ ] 14   1 Samuel 25–26; Lucas 12:32-59
- [ ] 15   1 Samuel 27–29; Lucas 13:1-22
- [ ] 16   1 Samuel 30–31; Lucas 13:23-35
- [ ] 17   2 Samuel 1–2; Lucas 14:1-24
- [ ] 18   2 Samuel 3–5; Lucas 14:25-35
- [ ] 19   2 Samuel 6–8; Lucas 15:1-10
- [ ] 20   2 Samuel 9–11; Lucas 15:11-32
- [ ] 21   2 Samuel 12–13; Lucas 16
- [ ] 22   2 Samuel 14–15; Lucas 17:1-19
- [ ] 23   2 Samuel 16–18; Lucas 17:20-37
- [ ] 24   2 Samuel 19–20; Lucas 18:1-23
- [ ] 25   2 Samuel 21–22; Lucas 18:24-43
- [ ] 26   2 Samuel 23–24; Lucas 19:1-27
- [ ] 27   1 Reis 1–2; Lucas 19:28-48
- [ ] 28   1 Reis 3–5; Lucas 20:1-26
- [ ] 29   1 Reis 6–7; Lucas 20:27-47
- [ ] 30   1 Reis 8–9; Lucas 21:1-19

Maio
- [ ] 1   1 Reis 10–11; Lucas 21:20-38
- [ ] 2   1 Reis 12–13; Lucas 22:1-20
- [ ] 3   1 Reis 14–15; Lucas 22:21-46
- [ ] 4   1 Reis 16–18; Lucas 22:47-71
- [ ] 5   1 Reis 19–20; Lucas 23:1-25
- [ ] 6   1 Reis 21–22; Lucas 23:26-56
- [ ] 7   2 Reis 1–3; Lucas 24:1-35
- [ ] 8   2 Reis 4–6; Lucas 24:36-53
- [ ] 9   2 Reis 7–9; João 1:1-28
- [ ] 10   2 Reis 10–12; João 1:29-51
- [ ] 11   2 Reis 13–14; João 2
- [ ] 12   2 Reis 15–16; João 3:1-18
- [ ] 13   2 Reis 17–18; João 3:19-36
- [ ] 14   2 Reis 19–21; João 4:1-30
- [ ] 15   2 Reis 22–23; João 4:31-54
- [ ] 16   2 Reis 24–25; João 5:1-24
- [ ] 17   1 Crônicas 1–3; João 5:25-47
- [ ] 18   1 Crônicas 4–6; João 6:1-21
- [ ] 19   1 Crônicas 7–9; João 6:22-44
- [ ] 20   1 Crônicas 10–12; João 6:45-71
- [ ] 21   1 Crônicas 13–15; João 7:1-27
- [ ] 22   1 Crônicas 16–18; João 7:28-53
- [ ] 23   1 Crônicas 19–21; João 8:1-27
- [ ] 24   1 Crônicas 22–24; João 8:28-59
- [ ] 25   1 Crônicas 25–27; João 9:1-23
- [ ] 26   1 Crônicas 28–29; João 9:24-41
- [ ] 27   2 Crônicas 1–3; João 10:1-23
- [ ] 28   2 Crônicas 4–6; João 10:24-42
- [ ] 29   2 Crônicas 7–9; João 11:1-29
- [ ] 30   2 Crônicas 10–12; João 11:30-57
- [ ] 31   2 Crônicas 13–14; João 12:1-26

Junho
- [ ] 1   2 Crônicas 15–16; João 12:27-50
- [ ] 2   2 Crônicas 17–18; João 13:1-20
- [ ] 3   2 Crônicas 19–20; João 13:21-38
- [ ] 4   2 Crônicas 21–22; João 14
- [ ] 5   2 Crônicas 23–24; João 15
- [ ] 6   2 Crônicas 25–27; João 16
- [ ] 7   2 Crônicas 28–29; João 17
- [ ] 8   2 Crônicas 30–31; João 18:1-18
- [ ] 9   2 Crônicas 32–33; João 18:19-40
- [ ] 10   2 Crônicas 34–36; João 19:1-22
- [ ] 11   Esdras 1–2; João 19:23-42
- [ ] 12   Esdras 3–5; João 20
- [ ] 13   Esdras 6–8; João 21
- [ ] 14   Esdras 9–10; Atos 1
- [ ] 15   Neemias 1–3; Atos 2:1-21
- [ ] 16   Neemias 4–6; Atos 2:22-47
- [ ] 17   Neemias 7–9; Atos 3
- [ ] 18   Neemias 10–11; Atos 4:1-22
- [ ] 19   Neemias 12–13; Atos 4:23-37
- [ ] 20   Ester 1–2; Atos 5:1-21
- [ ] 21   Ester 3–5; Atos 5:22-42
- [ ] 22   Ester 6–8; Atos 6
- [ ] 23   Ester 9–10; Atos 7:1-21
- [ ] 24   Jó 1–2; Atos 7:22-43
- [ ] 25   Jó 3–4; Atos 7:44-60
- [ ] 26   Jó 5–7; Atos 8:1-25
- [ ] 27   Jó 8–10; Atos 8:26-40
- [ ] 28   Jó 11–13; Atos 9:1-21
- [ ] 29   Jó 14–16; Atos 9:22-43
- [ ] 30   Jó 17–19; Atos 10:1-23

A Bíblia em um ano

Julho

- ☐ 1   Jó 20–21; Atos 10:24-48
- ☐ 2   Jó 22–24; Atos 11
- ☐ 3   Jó 25–27; Atos 12
- ☐ 4   Jó 28–29; Atos 13:1-25
- ☐ 5   Jó 30–31; Atos 13:26-52
- ☐ 6   Jó 32–33; Atos 14
- ☐ 7   Jó 34–35; Atos 15:1-21
- ☐ 8   Jó 36–37; Atos 15:22-41
- ☐ 9   Jó 38–40; Atos 16:1-21
- ☐ 10 Jó 41–42; Atos 16:22-40
- ☐ 11 Salmos 1–3; Atos 17:1-15
- ☐ 12 Salmos 4–6; Atos 17:16-34
- ☐ 13 Salmos 7–9; Atos 18
- ☐ 14 Salmos 10–12; Atos 19:1-20
- ☐ 15 Salmos 13–15; Atos 19:21-41
- ☐ 16 Salmos 16–17; Atos 20:1-16
- ☐ 17 Salmos 18–19; Atos 20:17-38
- ☐ 18 Salmos 20–22; Atos 21:1-17
- ☐ 19 Salmos 23–25; Atos 21:18-40
- ☐ 20 Salmos 26–28; Atos 22
- ☐ 21 Salmos 29–30; Atos 23:1-15
- ☐ 22 Salmos 31–32; Atos 23:16-35
- ☐ 23 Salmos 33–34; Atos 24
- ☐ 24 Salmos 35–36; Atos 25
- ☐ 25 Salmos 37–39; Atos 26
- ☐ 26 Salmos 40–42; Atos 27:1-26
- ☐ 27 Salmos 43–45; Atos 27:27-44
- ☐ 28 Salmos 46–48; Atos 28
- ☐ 29 Salmos 49–50; Romanos 1
- ☐ 30 Salmos 51–53; Romanos 2
- ☐ 31 Salmos 54–56; Romanos 3

Agosto

- ☐ 1   Salmos 57–59; Romanos 4
- ☐ 2   Salmos 60–62; Romanos 5
- ☐ 3   Salmos 63–65; Romanos 6
- ☐ 4   Salmos 66–67; Romanos 7
- ☐ 5   Salmos 68–69; Romanos 8:1-21
- ☐ 6   Salmos 70–71; Romanos 8:22-39
- ☐ 7   Salmos 72–73; Romanos 9:1-15
- ☐ 8   Salmos 74–76; Romanos 9:16-33
- ☐ 9   Salmos 77–78; Romanos 10
- ☐ 10 Salmos 79–80; Romanos 11:1-18
- ☐ 11 Salmos 81–83; Romanos 11:19-36
- ☐ 12 Salmos 84–86; Romanos 12
- ☐ 13 Salmos 87–88; Romanos 13
- ☐ 14 Salmos 89–90; Romanos 14
- ☐ 15 Salmos 91–93; Romanos 15:1-13
- ☐ 16 Salmos 94–96; Romanos 15:14-33
- ☐ 17 Salmos 97–99; Romanos 16
- ☐ 18 Salmos 100–102; 1 Coríntios 1
- ☐ 19 Salmos 103–104; 1 Coríntios 2
- ☐ 20 Salmos 105–106; 1 Coríntios 3
- ☐ 21 Salmos 107–109; 1 Coríntios 4
- ☐ 22 Salmos 110–112; 1 Coríntios 5
- ☐ 23 Salmos 113–115; 1 Coríntios 6
- ☐ 24 Salmos 116–118; 1 Coríntios 7:1-19
- ☐ 25 Salmos 119:1-88; 1 Coríntios 7:20-40
- ☐ 26 Salmos 119:89-176; 1 Coríntios 8
- ☐ 27 Salmos 120–122; 1 Coríntios 9
- ☐ 28 Salmos 123–125; 1 Coríntios 10:1-18
- ☐ 29 Salmos 126–128; 1 Coríntios 10:19-33
- ☐ 30 Salmos 129–131; 1 Coríntios 11:1-16
- ☐ 31 Salmos 132–134; 1 Coríntios 11:17-34

Setembro

- ☐ 1   Salmos 135–136; 1 Coríntios 12
- ☐ 2   Salmos 137–139; 1 Coríntios 13
- ☐ 3   Salmos 140–142; 1 Coríntios 14:1-20
- ☐ 4   Salmos 143–145; 1 Coríntios 14:21-40
- ☐ 5   Salmos 146–147; 1 Coríntios 15:1-28
- ☐ 6   Salmos 148–150; 1 Coríntios 15:29-58
- ☐ 7   Provérbios 1–2; 1 Coríntios 16
- ☐ 8   Provérbios 3–5; 2 Coríntios 1
- ☐ 9   Provérbios 6–7; 2 Coríntios 2
- ☐ 10 Provérbios 8–9; 2 Coríntios 3
- ☐ 11 Provérbios 10–12; 2 Coríntios 4
- ☐ 12 Provérbios 13–15; 2 Coríntios 5
- ☐ 13 Provérbios 16–18; 2 Coríntios 6
- ☐ 14 Provérbios 19–21; 2 Coríntios 7
- ☐ 15 Provérbios 22–24; 2 Coríntios 8
- ☐ 16 Provérbios 25–26; 2 Coríntios 9
- ☐ 17 Provérbios 27–29; 2 Coríntios 10
- ☐ 18 Provérbios 30–31; 2 Coríntios 11:1-15
- ☐ 19 Eclesiastes 1–3; 2 Coríntios 11:16-33
- ☐ 20 Eclesiastes 4–6; 2 Coríntios 12
- ☐ 21 Eclesiastes 7–9; 2 Coríntios 13
- ☐ 22 Eclesiastes 10–12; Gálatas 1
- ☐ 23 Cânticos 1–3; Gálatas 2
- ☐ 24 Cânticos 4–5; Gálatas 3
- ☐ 25 Cânticos 6–8; Gálatas 4
- ☐ 26 Isaías 1–2; Gálatas 5
- ☐ 27 Isaías 3–4; Gálatas 6
- ☐ 28 Isaías 5–6; Efésios 1
- ☐ 29 Isaías 7–8; Efésios 2
- ☐ 30 Isaías 9–10; Efésios 3

A Bíblia em um ano

Outubro
- [ ] 1   Isaías 11–13; Efésios 4
- [ ] 2   Isaías 14–16; Efésios 5:1-16
- [ ] 3   Isaías 17–19; Efésios 5:17-33
- [ ] 4   Isaías 20–22; Efésios 6
- [ ] 5   Isaías 23–25; Filipenses 1
- [ ] 6   Isaías 26–27; Filipenses 2
- [ ] 7   Isaías 28–29; Filipenses 3
- [ ] 8   Isaías 30–31; Filipenses 4
- [ ] 9   Isaías 32–33; Colossenses 1
- [ ] 10 Isaías 34–36; Colossenses 2
- [ ] 11 Isaías 37–38; Colossenses 3
- [ ] 12 Isaías 39–40; Colossenses 4
- [ ] 13 Isaías 41–42; 1 Tessalonicenses 1
- [ ] 14 Isaías 43–44; 1 Tessalonicenses 2
- [ ] 15 Isaías 45–46; 1 Tessalonicenses 3
- [ ] 16 Isaías 47–49; 1 Tessalonicenses 4
- [ ] 17 Isaías 50–52; 1 Tessalonicenses 5
- [ ] 18 Isaías 53–55; 2 Tessalonicenses 1
- [ ] 19 Isaías 56–58; 2 Tessalonicenses 2
- [ ] 20 Isaías 59–61; 2 Tessalonicenses 3
- [ ] 21 Isaías 62–64; 1 Timóteo 1
- [ ] 22 Isaías 65–66; 1 Timóteo 2
- [ ] 23 Jeremias 1–2; 1 Timóteo 3
- [ ] 24 Jeremias 3–5; 1 Timóteo 4
- [ ] 25 Jeremias 6–8; 1 Timóteo 5
- [ ] 26 Jeremias 9–11; 1 Timóteo 6
- [ ] 27 Jeremias 12–14; 2 Timóteo 1
- [ ] 28 Jeremias 15–17; 2 Timóteo 2
- [ ] 29 Jeremias 18–19; 2 Timóteo 3
- [ ] 30 Jeremias 20–21; 2 Timóteo 4
- [ ] 31 Jeremias 22–23; Tito 1

Novembro
- [ ] 1   Jeremias 24–26; Tito 2
- [ ] 2   Jeremias 27–29; Tito 3
- [ ] 3   Jeremias 30–31; Filemon
- [ ] 4   Jeremias 32–33; Hebreus 1
- [ ] 5   Jeremias 34–36; Hebreus 2
- [ ] 6   Jeremias 37–39; Hebreus 3
- [ ] 7   Jeremias 40–42; Hebreus 4
- [ ] 8   Jeremias 43–45; Hebreus 5
- [ ] 9   Jeremias 46–47; Hebreus 6
- [ ] 10 Jeremias 48–49; Hebreus 7
- [ ] 11 Jeremias 50; Hebreus 8
- [ ] 12 Jeremias 51–52; Hebreus 9
- [ ] 13 Lamentações 1–2; Hebreus 10:1-18
- [ ] 14 Lamentações 3–5; Hebreus 10:19-39
- [ ] 15 Ezequiel 1–2; Hebreus 11:1-19
- [ ] 16 Ezequiel 3–4; Hebreus 11:20-40
- [ ] 17 Ezequiel 5–7; Hebreus 12
- [ ] 18 Ezequiel 8–10; Hebreus 13
- [ ] 19 Ezequiel 11–13; Tiago 1
- [ ] 20 Ezequiel 14–15; Tiago 2
- [ ] 21 Ezequiel 16–17; Tiago 3
- [ ] 22 Ezequiel 18–19; Tiago 4
- [ ] 23 Ezequiel 20–21; Tiago 5
- [ ] 24 Ezequiel 22–23; 1 Pedro 1
- [ ] 25 Ezequiel 24–26; 1 Pedro 2
- [ ] 26 Ezequiel 27–29; 1 Pedro 3
- [ ] 27 Ezequiel 30–32; 1 Pedro 4
- [ ] 28 Ezequiel 33–34; 1 Pedro 5
- [ ] 29 Ezequiel 35–36; 2 Pedro 1
- [ ] 30 Ezequiel 37–39; 2 Pedro 2

Dezembro
- [ ] 1   Ezequiel 40–41; 2 Pedro 3
- [ ] 2   Ezequiel 42–44; 1 João 1
- [ ] 3   Ezequiel 45–46; 1 João 2
- [ ] 4   Ezequiel 47–48; 1 João 3
- [ ] 5   Daniel 1–2; 1 João 4
- [ ] 6   Daniel 3–4; 1 João 5
- [ ] 7   Daniel 5–7; 2 João
- [ ] 8   Daniel 8–10; 3 João
- [ ] 9   Daniel 11–12; Judas
- [ ] 10 Oseias 1–4; Apocalipse 1
- [ ] 11 Oseias 5–8; Apocalipse 2
- [ ] 12 Oseias 9–11; Apocalipse 3
- [ ] 13 Oseias 12–14; Apocalipse 4
- [ ] 14 Joel 1–3; Apocalipse 5
- [ ] 15 Amós 1–3; Apocalipse 6
- [ ] 16 Amós 4–6; Apocalipse 7
- [ ] 17 Amós 7–9; Apocalipse 8
- [ ] 18 Obadias 1; Apocalipse 9
- [ ] 19 Jonas 1–4; Apocalipse 10
- [ ] 20 Miqueias 1–3; Apocalipse 11
- [ ] 21 Miqueias 4–5; Apocalipse 12
- [ ] 22 Miqueias 6–7; Apocalipse 13
- [ ] 23 Naum 1–3; Apocalipse 14
- [ ] 24 Habacuque 1–3; Apocalipse 15
- [ ] 25 Sofonias 1–3; Apocalipse 16
- [ ] 26 Ageu 1–2; Apocalipse 17
- [ ] 27 Zacarias 1–4; Apocalipse 18
- [ ] 28 Zacarias 5–8; Apocalipse 19
- [ ] 29 Zacarias 9–12; Apocalipse 20
- [ ] 30 Zacarias 13–14; Apocalipse 21
- [ ] 31 Malaquias 1–4; Apocalipse 22

1.º de janeiro

A Palavra e o ano novo

João 1:1-14

*No princípio, aquele que é a Palavra já existia.
A Palavra estava com Deus,
e a Palavra era Deus.* —João 1:1

Michellan enfrentou desafios enquanto crescia nas Filipinas, mas como sempre amou as palavras, nelas encontrou conforto. Certo dia, enquanto ainda era universitária, ela leu o primeiro capítulo do evangelho de João, e seu "coração de pedra se moveu". Ela sentiu como se alguém lhe dissesse: "Sim, você ama palavras. Adivinhe, então. Há uma Palavra Eterna, que pode romper a escuridão, agora e sempre. Uma Palavra que se fez carne. Uma Palavra que pode lhe retribuir o amor".

Ela estava lendo o evangelho que começa com palavras que lembravam os leitores de João o princípio descrito em Gênesis 1:1: "No princípio…", João procurou mostrar que Jesus não apenas estava com Deus no princípio dos tempos, mas que Ele era Deus (João 1:1). E essa Palavra viva tornou-se homem "e habitou entre nós" (v.14). Além disso, aqueles que o recebem e creem em Seu nome tornam-se filhos de Deus (v.12).

Michellan compreendeu e aceitou o amor divino naquele dia e nasceu "de Deus" (v.13). Hoje, ela o honra porque Ele a salvou de seguir os costumes da sua família e escreve sobre as boas-novas de Jesus, alegrando-se em compartilhar seus textos sobre a Palavra Viva.

Se somos cristãs, também podemos compartilhar a mensagem de Deus e Seu amor. Neste feriado de Ano-Novo e ao longo dos dias, quais palavras cheias de graça podemos compartilhar? —*Amy Boucher Pye*

*Jesus, concede-me as palavras para eu
abençoar os outros com Tua graça e amor.*

2 de janeiro

Fé resiliente

Mateus 7:24-27

Mas quem ouve meu ensino e não o pratica é tão tolo como a pessoa que constrói sua casa sobre a areia.
—Mateus 7:26

As dunas imponentes colocam as casas próximas sob o risco de afundar em areias que se movem. Os moradores tentam retirar os montes de areia, no esforço de proteger suas casas, mas assistem impotentes como muitas casas bem construídas são enterradas diante dos seus olhos. Uma autoridade local supervisionou a limpeza de uma casa recém-destruída e afirmou que isso era impossível de evitar. Não importava o quanto os proprietários tentassem evitar os perigos das dunas instáveis, elas não eram um alicerce firme e sustentável.

Jesus conhecia a futilidade de se construir uma casa na areia. Por essa razão, Ele advertiu os discípulos a serem cautelosos com falsos profetas e assegurou-lhes que a fidelidade demonstra sabedoria quando disse: "Quem ouve minhas palavras e as pratica é tão sábio como a pessoa que constrói sua casa sobre uma rocha firme" (Mateus 7:24). Quem ouve as palavras de Deus e decide não as praticar, no entanto, é "tão tolo como a pessoa que constrói sua casa sobre a areia" (v.26).

Quando as circunstâncias parecem nos sufocar sob o peso da aflição ou preocupações, vamos colocar a nossa esperança em Cristo, nossa Rocha. O Senhor nos ajudará a desenvolver a fé resiliente, construída sobre a fundação inabalável do Seu imutável caráter. —*Xochitl Dixon*

Jesus, ajuda-me a ter uma fé resiliente e confiança por meio da obediência a ti.

3 de janeiro

Lidar com a discordância

Colossenses 3:12-14

*Lembrem-se de que o Senhor os perdoou,
de modo que vocês também devem perdoar.*
—Colossenses 3:13

Na plataforma X, as pessoas do mundo todo expressam suas opiniões em poucas palavras. Nos últimos anos, no entanto, isso tornou-se mais complexo à medida que os indivíduos começaram a alavancar o X como ferramenta para repreender os outros por atitudes e estilos de vida dos quais discordam. Faça login na plataforma em qualquer dia, e haverá pelo menos uma "tendência". Clique nisso e você verá milhões de pessoas expressando opiniões sobre qualquer controvérsia que tenha surgido.

Aprendemos a criticar publicamente tudo, desde crenças até as roupas que as pessoas usam. No entanto, a atitude crítica e pouco amável não se alinha com o que Deus nos chamou para ser como cristãos. Há momentos em que temos que lidar com a discordância. A Bíblia nos lembra de que, sendo cristãos, devemos agir sempre com "compaixão, bondade, humildade, mansidão e paciência" (Colossenses 3:12). Em vez de sermos críticos, mesmo com nossos inimigos, Deus nos instiga a compreender e perdoar uns aos outros (v.13).

Esse tratamento não se limita às pessoas cujos estilos de vida e crenças concordamos. Mesmo quando é difícil, podemos estender a graça e o amor a todos que encontramos, da maneira que Cristo nos orienta, reconhecendo que fomos redimidas por Seu amor. —*Kimya Loder*

Pai, ajuda-me a ser mais paciente e gentil com todos.

4 de janeiro

Achegue-se

Levítico 16:1-5

*Avise seu irmão Arão que
não entre quando bem entender
no lugar santíssimo…* —Levítico 16:2

Na esteira do coronavírus, recuperar algo do meu cofre exigiu o cumprimento de novos protocolos. Tive de marcar uma visita ao banco, ligar ao chegar para ser permitida a minha entrada, mostrar identificação e assinatura, e ser escoltada até o cofre por um funcionário. Uma vez lá dentro, as portas pesadas foram trancadas até eu encontrar o que precisava dentro da caixa de metal. Sem seguir as instruções, não entraria.

No Antigo Testamento, havia protocolos específicos para entrar na parte do tabernáculo chamada "lugar santíssimo" (Êxodo 26:33). Atrás da cortina especial, que separava o lugar santo do lugar santíssimo, apenas o sumo sacerdote podia entrar uma vez por ano (Hebreus 9:6-7). Arão e os sacerdotes que viriam atrás dele deveriam trazer oferendas, banhar-se e vestir roupas sagradas antes de entrar (Levítico 16:3-4). As instruções de Deus foram dadas para ensinar os israelitas sobre a santidade de Deus e nossa necessidade de perdão.

Quando Jesus morreu, essa cortina especial "se rasgou" (Mateus 27:51), simbolicamente mostrando que todas as pessoas que acreditam em Seu sacrifício pelo perdão de seus pecados podem entrar na presença de Deus. A cortina do tabernáculo ter sido rasgada é motivo de nossa interminável alegria. Jesus nos deu o direito de nos achegarmos sempre a Deus! —*Kirsten Holmberg*

*Jesus tornou possível o nosso
relacionamento com Deus para sempre.*

5 de janeiro

O esboço do perdão

Salmo 103:7-13

*De nós ele afastou nossos pecados,
tanto como o Oriente está longe do Ocidente.*
—SALMO 103:12

A pequena caixa retangular vermelha era mágica. Quando criança, eu brincava com ela por horas. Girando o botão na caixa, eu desenhava uma linha horizontal na tela. Girava o outro botão e aparecia uma linha vertical. Quando virava os dois botões juntos, era possível fazer linhas diagonais, círculos e desenhos criativos. Mas a verdadeira magia acontecia ao virar o meu brinquedo de cabeça para baixo, sacudir um pouco e o desvirar. Uma tela em branco aparece, dando-me a oportunidade de criar um novo desenho.

O perdão de Deus funciona muito parecido com esse brinquedo. Ele limpa nossos pecados, criando uma tela limpa para nós. Mesmo que nos lembremos dos erros que cometemos, Deus escolhe perdoar e esquecer. Ele os aniquilou e não guarda contra nós os nossos pecados. O Senhor não nos trata de acordo com nossas ações pecaminosas (Salmo 103:10), mas estende a graça através do perdão. Temos uma ficha limpa — uma nova vida nos esperando quando buscamos o perdão de Deus. Podemos nos livrar da culpa e da vergonha por causa da Sua incrível dádiva para nós.

O salmista relembra que os nossos pecados foram afastados de nós como o Oriente está para o Ocidente (v.12). É o mais longe que você pode chegar! Aos olhos de Deus, nossos pecados não se apegam mais a nós. Isso é motivo de alegria e agradecimento a Deus por Sua incrível graça e misericórdia. —*Katara Patton*

*Deus, pedimos-te por Tua graça e misericórdia,
perdoa os nossos pecados.*

6 de janeiro

Ouve-nos dos céus

1 Reis 8:37-45

Ouve dos céus suas orações e defende sua causa. —1 Reis 8:45

O pequeno Marcos, 18 meses, nunca tinha ouvido a voz de sua mãe. Ao receber seu primeiro aparelho auditivo, sua mãe Laura lhe perguntou: "Você me ouve?" Os olhos da criança se iluminaram. "Oi, filho!" Laura lhe disse. Marcos sorriu e respondeu com murmúrios. Chorando, ela reconheceu esse milagre. O bebê nasceu prematuramente depois que homens armados atiraram três vezes na sua mãe durante uma invasão domiciliar aleatória. Pesando apenas 1 quilo, o bebê passou 158 dias na UTI. Não se esperava que sobrevivesse, nem que ouvisse.

Essa comovente história me lembra de que Deus nos ouve. Em tempos preocupantes, o rei Salomão orou com fervor aos ouvidos afinados de Deus. Quando não havia chuva (1 Reis 8:35), quando havia fome, peste ou praga, desastre ou epidemia (v.37), lutas contra inimigos (v.44) e até mesmo pecado, Salomão orou: "Ouve dos céus suas orações e defende sua causa" (v.45).

Em Sua bondade, Deus respondeu com uma promessa que ainda agita nosso coração: "então, se meu povo, que se chama pelo meu nome, humilhar-se e orar, buscar minha presença e afastar-se de seus maus caminhos, eu os ouvirei dos céus, perdoarei seus pecados e restaurarei sua terra" (2 Crônicas 7:14). O céu pode parecer muito longe. No entanto, Jesus está com os que acreditam nele. Deus ouve nossas orações e as responde. —*Patricia Raybon*

Deus ouve o nosso clamor quando enfrentamos as lutas mais difíceis.

7 de janeiro

Pratique o que você ensina

Tiago 1:19-27

Não se limitem [...] a ouvir a palavra; ponham-na em prática. Do contrário, só enganarão a si mesmos.
—Tiago 1:22

Quando meus filhos eram pequenos, procurei os momentos para ensinar-lhes as Escrituras com versículos que se aplicavam às nossas circunstâncias encorajando-os a orar comigo. O caçula memorizou as Escrituras sem esforço. Se eu precisasse de um texto, ele me interrompia citando versículos que ilustravam a sabedoria divina. Um dia, irritei-me e falei duramente com ele. Meu filho me abraçou dizendo: "Pratique o que você prega, mamãe".

Esse lembrete repercute o conselho de Tiago enquanto se dirigia aos judeus cristãos espalhados em vários países (Tiago 1:1). Ele destacou as várias maneiras pelas quais o pecado pode interferir no testemunho por Cristo e os encorajou a aceitar "humildemente a palavra que lhes foi implantada no coração" (v.21). Ouvir, mas não obedecer às Escrituras, torna-nos como os que se olham no espelho e se esquecem de sua aparência (vv.23-24). Podemos perder de vista o privilégio que nos foi dado como portadores da imagem divina, declarados justos com Deus, pelo sangue de Cristo.

Os cristãos são ordenados a compartilhar o evangelho. O Espírito Santo nos transforma e nos capacita a nos tornarmos mensageiros das boas-novas. Nossa obediência nos ajuda a refletir a luz da verdade e do amor de Deus para onde quer que sejamos enviados. Podemos conduzir outros a Jesus praticando o que pregamos. —*Xochitl Dixon*

Pai, torna-nos mais semelhante a ti.

8 de janeiro

Escuridão e luz

João 3:1-2,16-20

*Eu sou a luz do mundo. Se vocês me seguirem,
não andarão no escuro, pois terão a luz da vida.*
—João 8:12

Sentada naquele tribunal, testemunhei vários exemplos de perdas em nosso mundo: uma filha afastada de sua mãe; um casal que tinha perdido o amor que um dia tiveram e agora compartilhavam apenas amarguras; um marido ansiando por reconciliar-se com a esposa e reunir-se aos filhos. Eles precisavam desesperadamente mudar seu coração, curar suas feridas, para que o amor de Deus prevalecesse.

Às vezes, quando o mundo ao nosso redor parece conter apenas escuridão e desespero, é fácil ceder à desesperança. Mas o Espírito, que habita em nós (João 14:17), lembra-nos de que Jesus morreu por esse abatimento e dor. Quando Jesus veio ao mundo como homem, trouxe a luz que brilha na escuridão (1:4-5; 8:12). Vemos isso em Sua conversa com Nicodemos, que foi furtivamente a Jesus na escuridão da noite, mas saiu impactado pela Luz (3:1-2; 19:38-40). Jesus ensinou-lhe que "...Deus amou tanto o mundo que deu seu Filho único, para que todo o que nele crer não pereça, mas tenha a vida eterna" (3:16).

No entanto, embora Jesus tenha trazido luz e amor ao mundo, muitos permanecem perdidos na escuridão de seus pecados (vv.19-20). Se somos Seus seguidores, temos a luz que dissipa a escuridão. Agradecidos, oremos para que Deus nos torne faróis expoentes do Seu amor (Mateus 5:14-16). —*Alyson Kieda*

Jesus nos ama e nos salva da escuridão do pecado.

9 de janeiro

Afronte sua tempestade

Hebreus 12:1-3,12-13

[Mantenham] o olhar firme em Jesus [...] desse modo, vocês não ficarão cansados nem desanimados.
—Hebreus 12:2-3

Houve uma forte tempestade em Memphis, Tennessee, EUA, na noite de 3 de abril de 1968. Cansado e doente, o Dr. Martin Luther King Jr. não planejava discursar no salão da igreja em apoio à greve dos trabalhadores. Mas, ao saber que uma multidão tinha enfrentado as chuvas para ouvi-lo, ele foi até lá e falou por 40 minutos, e fez um dos seus mais memoráveis discursos: "Eu estive no topo da montanha".

No dia seguinte, o Dr. King foi assassinado, mas seu discurso ainda inspira os oprimidos com a esperança da "Terra Prometida". Da mesma forma, os primeiros seguidores de Jesus foram encorajados por uma mensagem comovente. A epístola aos Hebreus foi escrita para encorajar os judeus cristãos que enfrentavam ameaças por sua fé em Cristo. Ela oferece fortalecimento espiritual para não perdermos a esperança, insistindo: "revigorem suas mãos cansadas e seus joelhos enfraquecidos" (12:12). Eles reconheceriam esse apelo vindo originalmente do profeta Isaías (Isaías 35:3).

Mas agora, como discípulos de Cristo, somos chamados a correr "com perseverança a corrida que foi posta diante de nós" mantendo "o olhar firme em Jesus, o líder e aperfeiçoador de nossa fé" (12:1-2). Desse modo, não ficaremos "cansados nem desanimados" (v.3).

Certamente, os ventos e tempestades nos aguardam, mas em Jesus, superamos as tempestades da vida. —*Patricia Raybon*

Jesus acalma as tempestades com a Sua paz.

10 de janeiro

Amar aprender

Provérbios 1:1-7

O sábio que os ouvir se tornará ainda mais sábio.
—Provérbios 1:5

Ao ser questionado sobre como tornou-se jornalista, um homem compartilhou a história da dedicação de sua mãe através da educação. Ao viajar no metrô todos os dias, ela recolhia os jornais deixados nos assentos e os dava a ele. Embora gostasse especialmente de ler sobre esportes, os jornais também o introduziram ao conhecimento sobre o mundo, e isso abriu sua mente para uma vasta gama de interesses.

As crianças têm uma curiosidade natural e um amor pelo aprendizado, portanto, apresentá-las às Escrituras desde cedo é bem importante. Elas ficam intrigadas com as extraordinárias promessas de Deus e as emocionantes histórias de heróis bíblicos. À medida que seu conhecimento se aprofunda, começam a compreender as consequências do pecado, sua necessidade de arrependimento e a alegria encontrada ao confiar em Deus. O primeiro capítulo de Provérbios, por exemplo, é uma ótima introdução aos benefícios da sabedoria (Provérbios 1:1-7). Sábios provérbios encontrados ali iluminam a compreensão de situações da vida real.

Desenvolver amor pelo aprendizado — especialmente sobre as verdades espirituais — fortalece a nossa fé. E aqueles que andaram na fé por décadas podem continuar a buscar o conhecimento de Deus por toda a vida. Provérbios 1:5 aconselha: "O sábio que os ouvir se tornará ainda mais sábio". Deus nunca vai parar de nos ensinar se estivermos dispostas a abrir nosso coração e mente para Sua orientação e instrução. —*Cindy Hess Kasper*

A Palavra de Deus nos torna sábias e fortalece a nossa fé.

11 de janeiro

Escondendo-se de Deus

Gênesis 3:1-10

Então o S<small>ENHOR</small> Deus chamou o homem e perguntou: "Onde você está?" —G<small>ÊNESIS</small> 3:9

Fechei os olhos e comecei a contar em voz alta. Meus colegas da 3ª série correram para se esconder. Depois de vasculhar cada armário e canto pelo que me pareceram horas, não consegui encontrar uma das minhas amigas. Senti-me ridícula quando ela saiu detrás de uma enorme samambaia pendurada no teto. Apenas a cabeça tinha sido escondida pela planta, o restante do corpo dela estava à vista o tempo todo!

Como Deus é onisciente, quando Adão e Eva "se esconderam dele" (Gênesis 3:8) no jardim do Éden, na verdade, eles estavam sempre à vista. O casal não estava brincando de esconde-esconde; mas eles estavam experimentando a súbita percepção e vergonha por seus erros, tendo se alimentado da árvore que Deus lhes dissera para não comer.

Adão e Eva se afastaram de Deus e de Sua amorosa provisão quando desobedeceram às instruções divinas. Em vez de Deus se afastar deles com raiva, ao contrário, Ele os procurou, perguntando onde estavam (v.9). Não é que Deus não soubesse onde estavam, mas o Senhor queria que soubessem sobre a Sua compaixão por eles.

Eu não podia ver minha amiga se escondendo, mas Deus sempre nos vê e nos conhece. Estamos sempre à Sua vista. Assim como Ele foi ao encalço de Adão e Eva, Jesus nos buscou enquanto "ainda éramos pecadores" morrendo na cruz para demonstrar Seu amor por nós (Romanos 5:8). Não precisamos mais nos esconder. —*Kirsten Holmberg*

Apesar dos nossos erros, Deus demonstra o Seu amor e cuidado a nós.

12 de janeiro

Roda do oleiro

Jeremias 18:1-6

Mas o vaso de barro que ele estava fazendo não saiu como desejava, por isso ele amassou o barro e começou novamente. —Jeremias 18:4

No esforço para evitar que pessoas desajeitadas ou descuidadas quebrassem itens numa loja, um lojista postou uma placa que dizia: "Quebrou, pagou". Hoje essa frase espalhou-se como um aviso aos compradores e pode ser vista em muitos locais.

Ironicamente, um sinal oposto a esse pode ser colocado numa loja de verdadeiros oleiros. Ali se leria: "Se você quebrar, transformaremos em algo ainda melhor". Em Jeremias 18, lemos exatamente isso. O profeta visita a casa de um oleiro e o vê moldando manualmente a argila, manuseando-a cuidadosamente e recomeçando um novo vaso (v.4). Ele nos relembra de que Deus é de fato um bom Oleiro, e nós somos o barro. Ele é soberano e pode usar o que Ele cria para destruir o mal e criar beleza em nós.

Deus pode nos moldar mesmo quando estamos marcados ou quebrados. Ele, o Oleiro Mestre, pode e está disposto a criar uma cerâmica nova e preciosa a partir de nossas peças despedaçadas. Deus não olha para nossa vida despedaçada, erros e pecados passados como material inutilizável. Em vez disso, Ele utiliza o que encontra em nós e nos remodela como melhor lhe convém.

Mesmo quebrados, temos imenso valor para nosso Oleiro Mestre. Em Suas mãos, os pedaços quebrados de nossa vida podem ser reaproveitados em belos vasos que podem ser usados por Ele (v.4). —*Katara Patton*

Deus é o Oleiro e nós somos o barro.

13 de janeiro

Amado Deus

1 João 4:10-21

Sabemos quanto Deus nos ama e confiamos em seu amor. —1 João 4:16

O professor terminava sua aula *on-line* dizendo: "Até a próxima" ou "Tenha um bom fim de semana". Alguns alunos lhe respondiam com "Obrigado. Igualmente!" Mas, um dia, alguém lhe respondeu: "Te amo." Surpreso, ele respondeu: "Te amo também!". Naquela noite, os colegas concordaram em criar a corrente de "te amo" para a próxima aula, em agradecimento ao professor que teve que ensinar a uma tela em seu computador, e não pessoalmente como ele preferia. Dias depois, quando ele terminou de lecionar e disse: "Até a próxima", um por um, os alunos responderam: "Te amo". Eles continuaram essa prática por meses. Esse professor disse que isso criou um forte vínculo com seus alunos, e ele agora sente que eles se tornaram como "família".

Em 1 João 4:10-21, nós, como parte da família de Deus, encontramos várias razões para dizer "eu te amo" a Deus: Ele enviou Seu Filho como sacrifício pelo nosso pecado (v.10). Concedeu-nos Seu Espírito para viver em nós (vv.13,15). Seu amor é sempre confiável (v.16), e nunca precisamos temer o julgamento (v.17). O Senhor nos capacita a amá-lo e aos outros também "porque ele nos amou primeiro" (v.19).

Quando você se reunir com o povo de Deus, aproveite para compartilhar os seus motivos para amá-lo. Fazer uma corrente de "eu te amo" para Deus vai lhe trazer louvor e aproximar os irmãos ainda mais. —Anne Cetas

Como parte da família de Deus, devemos compartilhar o Seu amor.

14 de janeiro

Em Deus, confiamos

Jeremias 17:5-8

*Feliz é quem confia no Senhor,
cuja esperança é o Senhor.* —Jeremias 17:7

O bebê deveria nascer em 6 semanas, mas o médico a diagnosticou com *coléstese*, uma condição hepática comum na gravidez. Em meio ao turbilhão de emoções, Wanda recebeu tratamento no hospital e soube que seu bebê poderia nascer em 24 horas! Em outra parte do hospital, ventiladores e outros equipamentos necessários para conter a COVID-19 estavam sendo instalados. Por essa razão, Wanda voltou para casa, confiou nos propósitos de Deus, e teve um parto saudável poucos dias depois.

Quando as Escrituras se enraízam em nós, elas transformam a forma como reagimos em situações difíceis. Jeremias viveu numa época em que a maioria da sociedade confiava em alianças humanas, e predominava a adoração de ídolos. O profeta contrasta a pessoa que "se apoia na força humana e afasta seu coração do Senhor" (Jeremias 17:5) com aquele que confia em Deus. "Feliz é quem confia no Senhor, cuja esperança é o Senhor. É como a árvore plantada junto ao rio, com raízes que se estendem até as correntes de água. Não se incomoda com o calor, e suas folhas continuam verdes (vv.7-8).

Como cristãos, somos chamados a viver pela fé enquanto olhamos para o Senhor em busca de soluções. Enquanto Deus nos fortalece, podemos escolher temer ou confiar nele. Deus diz que somos abençoados e plenamente satisfeitos, quando escolhemos confiar nele. —*Regie Keller*

*Sinta-se aliviada por poder confiar em Deus
em todas as circunstâncias.*

15 de janeiro
Perfeito como Cristo

Mateus 19:16-26

*Portanto, sejam perfeitos,
como perfeito é seu Pai celestial.* —MATEUS 5:48

A autora Kathleen Norris afirma que o perfeccionismo é uma das palavras mais assustadoras que se conhece. Ela o contrasta com a "perfeição" descrita no evangelho de Mateus. Descreve-o como "grave aflição psicológica que torna as pessoas muito tímidas para correr riscos necessários". Mas, em Mateus, a palavra "perfeito" significa realmente maduro, completo ou inteiro. Kathleen conclui: "Ser perfeito… é abrir espaço para o crescimento [e tornar-se] maduro o suficiente para nos entregarmos aos outros."

Entender perfeição assim nos ajuda a compreender a história de um homem que questionou Jesus sobre o que poderia fazer para "obter a vida eterna" (Mateus 19:16). Jesus respondeu: "guarde os mandamentos" (v.17). Ele pensou que tinha obedecido a todos eles, mas sabia que algo estava faltando. "O que mais devo fazer?" (v.20) ele perguntou.

Jesus identificou a riqueza desse homem como o gatilho que sufocava o seu coração. E lhe disse que se ele quisesse "ser perfeito" — inteiro, disposto a doar e receber de outros no reino de Deus — deveria se dispor a deixar de lado o que o impedia de fazer isso (v.21).

Cada um de nós tem a própria versão da perfeição, bens ou hábitos aos quais nos agarramos para obter o controle. Ouça o convite de Jesus para se render e encontrar a plena liberdade que só é possível nele (v.26). —*Monica La Rose*

*Que possamos entregar tudo a Deus
e usufruir da liberdade em Cristo.*

16 de janeiro

Lágrimas sem desculpas

Lucas 7:36-44

*As lágrimas caíram sobre os pés dele,
e ela os secou com seu cabelo...* —Lucas 7:38

"Sinto muito", disse Karen, desculpando-se pelas lágrimas. Após a morte do marido, ela se superou para cuidar dos filhos adolescentes. Quando os homens da sua igreja organizaram um acampamento, no fim de semana, para entretê-los e lhe dar um descanso, Karen chorou de gratidão, desculpando-se por suas lágrimas.

Por que tantos de nós nos desculpamos? Simão, um fariseu, convidou Jesus para jantar. Quando Jesus tomou Seu lugar à mesa, uma mulher que vivera pecaminosamente trouxe-lhe um frasco de perfume. "Em seguida, ajoelhou-se aos pés de Jesus, chorando. As lágrimas caíram sobre os pés dele, e ela os secou com seu cabelo; e continuou a beijá-los e a derramar perfume sobre eles" (Lucas 7:38). Sem desculpar-se, ela expressou o seu amor e secou os pés de Jesus com seus cabelos. Cheia de gratidão e amor por Ele, ela cobriu suas lágrimas com beijos. Essa atitude contrasta com a do anfitrião correto, mas frio. Jesus reagiu elogiando sua exuberante expressão de amor e a declarou "perdoada" (vv.44-48).

Talvez silenciemos as lágrimas de gratidão quando elas ameaçam transbordar. Mas Ele nos fez seres emocionais, e podemos usar os nossos sentimentos para honrá-lo. Como a mulher citada, expressemos, sem desculpas, o nosso amor por nosso bom Deus, que supre nossas necessidades e recebe livremente a nossa gratidão. —*Elisa Morgan*

Você expressa gratidão a Deus com as suas emoções?

17 de janeiro

Amor por onde formos...

Mateus 25:31-40

...quando fizeram isso ao menor destes meus irmãos, foi a mim que o fizeram. —MATEUS 25:40

Estávamos de férias e sentei-me no píer para ler a Bíblia e ver o meu marido pescar. Um jovem se aproximou e sugeriu que usássemos iscas diferentes. Olhando para mim, enquanto se movimentava, apontou para a minha Bíblia e disse: "Eu estive na cadeia, e você acha que Deus realmente se importa com pessoas como eu?".

Abri em Mateus 25 e li em voz alta o que Jesus falou sobre os Seus seguidores que visitavam os encarcerados. "Diz isso? Sobre estar na prisão?". As lágrimas surgiram em seus olhos quando compartilhei como Deus considera a bondade com Seus filhos um ato pessoal de amor para consigo mesmo (vv.31-40). "Eu gostaria que meus pais me perdoassem também." Ele baixou sua cabeça dizendo: "Já volto!". Buscou a sua Bíblia bem desgastada e pediu-me: "Você me mostra onde estão essas palavras?". Acenei-lhe que sim e meu marido e eu o abraçamos e oramos por ele e seus pais. Trocamos informações de contato e continuamos orando por ele.

Aqui ou ali, nós nos sentiremos mal-amados, rejeitados, carentes e até mesmo física ou emocionalmente aprisionados (vv.35-36). Precisaremos nos lembrar da compaixão amorosa e do perdão divino. Também teremos oportunidades de apoiar outros que lutam contra tais sentimentos. Podemos fazer parte do plano redentor de Deus, enquanto espalhamos a Sua verdade e amor, por onde quer que formos. —*Xochitl Dixon*

Deus também demonstra o Seu amor por nós por meio de outras pessoas.

18 de janeiro

Uma postura humilde

Salmo 16

*Eu disse ao Senhor: "Tu és meu Senhor!
Tudo que tenho de bom vem de ti"* —Salmo 16:2

"Você vai ficar bem. Coloque as mãos atrás das costas." Essa é a observação amorosa que o marido de Jane sempre faz, antes de ela se aventurar a falar a um grupo. Quando ela queria impressionar as pessoas ou controlar uma situação, adotava essa postura porque isso lhe trazia a sensação de estar disposta a ouvir e aprender. Jane a usou para lembrar-se de amar os seus ouvintes e ser humilde e disponível para o Espírito Santo.

Essa mesma compreensão da humildade está enraizada na observação feita pelo rei Davi de que tudo vem de Deus. Ele disse a Deus: "Tu és meu Senhor! Tudo que tenho de bom vem de ti" (Salmo 16:2). O rei aprendeu a confiar em Deus e a buscar Seu conselho: "mesmo à noite meu coração me ensina" (v.7). Davi sabia que, com Deus ao seu lado, ele não seria abalado (v.8). Não precisava se envaidecer porque confiava no poderoso Deus que o amava.

Ao olharmos para Deus todos os dias, pedindo-lhe que nos ajude, quando nos sentimos frustrados, ou que nos conceda as palavras para falar, quando nos sentimos com a língua presa, nós o veremos agindo em nossa vida. Como Jane diz: "faremos parceria com Deus" e perceberemos que fizemos bem porque o Senhor nos ajudou a florescer.

Olhemos para os outros com amor e humildade para que nos lembremos de que tudo o que temos vem de Deus. —*Amy Boucher Pye*

*Deus a auxiliará em suas tarefas.
Você está pronta para ser útil à glória de Deus?*

19 de janeiro

A maravilha da criação

Gênesis 1:9-13

*Produza a terra vegetação: toda espécie [...]
com sementes e árvores que dão frutos com sementes...*
—Gênesis 1:11

Timóteo caminhava pela geleira e se deparou com bolas de musgo que jamais vira. Ele as estuda profissionalmente, mas essas lhe eram desconhecidas. Depois de estudá-las por muitos anos, ele e seus colegas descobriram que, ao contrário do musgo das árvores, os chamados "ratos glaciares" não se apegam e se movem em uníssono, como rebanho ou bando. No início, eles suspeitaram que elas tinham sido sopradas pelo vento ou que rolavam ladeira abaixo, mas suas pesquisas descartaram essas hipóteses.

Eles ainda não descobriram exatamente como as bolas de musgo se movem. São os mistérios que destacam a criatividade divina. Em Sua obra de criação, Deus ordenou à terra que produzisse vegetação na forma de plantas e árvores (Gênesis 1:11). Seu projeto incluía ratos glaciares também, embora a maioria de nós não os veja em primeira mão a não ser que visitemos uma geleira que lhes supre um ambiente adequado.

Os ratos glaciares encantam os cientistas com sua presença verde difusa, desde a sua descoberta, na década de 1950. Deus observou a vegetação que havia criado e declarou "que isso era bom" (v.12). Estamos cercados pelos desenhos botânicos de Deus, cada um demonstrando Sua criatividade e nos convidando a adorá-lo. Podemos nos deliciar com cada uma das árvores e plantas que o Senhor criou, pois são boas! —*Kirsten Holmberg*

*Temos o privilégio de aprender sobre Deus
por meio de toda a criação.*

20 de janeiro

Sono tranquilo

Provérbios 3:19-24

*Quando for dormir, não sentirá medo;
quando se deitar, terá sono tranquilo.*
—Provérbios 3:24

Quando Flávia fica acordada à noite, ela pensa na letra do hino "Amor a Jesus" (CC 303). Flávia o chama de canção "no meio da noite" porque a ajuda a lembrar-se das promessas de Deus e dos motivos que a fazem amá-lo.

O sono é necessário, mas às vezes é algo enganoso. Por vezes, podemos sentir a voz do Espírito Santo trazendo o pecado inconfessável à nossa mente. Ou começamos a nos preocupar com o nosso trabalho, relacionamentos, finanças, saúde e filhos. Na sequência, um futuro de opressão começa a desfilar numa espiral em nosso cérebro. Tentamos não pensar nisso, mas ao olharmos para o relógio, percebemos que se passaram poucos momentos desde a última verificada.

No texto de hoje, o rei Salomão sugeriu que podemos receber os benefícios do sono tranquilo quando nos revestimos da sabedoria, da compreensão e do conhecimento de Deus. Na verdade, ele afirma que eles "darão vigor à sua alma [...]. Quando for dormir, não sentirá medo; quando se deitar, terá sono tranquilo" (vv.22,24).

Talvez todos nós precisemos de uma canção, oração ou versículo bíblico para sussurrar suavemente "no meio da noite", a fim de nos ajudar a mudar os pensamentos confusos à mente focada totalmente em Deus e em Seu caráter. A consciência limpa e o coração cheio de gratidão pela fidelidade e amor de Deus podem nos trazer um sono tranquilo. —*Cindy Hess Kasper*

*Pense nas coisas do alto e confie
na fidelidade do Senhor.*

21 de janeiro

Sucesso e sacrifício

João 3:11-18

Sabemos o que é o amor porque Jesus deu sua vida por nós. —1 João 3:16

Meu filho leu um livro sobre um garoto que queria escalar uma montanha nos alpes suíços. Praticar para atingir esse objetivo ocupava a maior parte do tempo do garoto. Quando ele partiu para o cume, as coisas não saíram como o planejado. No alto de uma encosta, um companheiro de equipe adoeceu e esse garoto decidiu ficar para ajudá-lo em vez de alcançar o seu objetivo.

O professor do meu filho perguntou: "O personagem principal foi um fracasso por não ter subido a montanha?" Um aluno respondeu: "Sim, estava no DNA dele falhar". Outro discordou argumentando que o garoto não era um fracasso, pois desistira de algo importante para ajudar alguém.

Quando deixamos de lado os nossos planos e cuidamos dos outros, agimos como Jesus que sacrificou ter Seu lar, rendimentos e aceitação social para vir a nós e compartilhar a verdade de Deus. Enfim, Ele entregou a Sua vida para nos libertar do pecado e nos demonstrar o amor de Deus (1 João 3:16).

O sucesso mundano é diferente do sucesso aos olhos de Deus. O Senhor valoriza a compaixão que nos move para resgatar os desfavorecidos e feridos (v.17). Ele aprova as decisões que protegem as pessoas. Com a ajuda divina, podemos ajustar os nossos valores com os dele, dedicarmo-nos a amá-lo e aos outros, que é a conquista mais significativa. —*Jennifer Benson Schuldt*

Que você seja bem-sucedida aos olhos de Deus, não importa o que os outros dizem.

22 de janeiro

Sua incrível ajuda

Salmo 147:8-17

[Deus] envia a neve como lã branca.
—Salmo 147:16

As autoridades maravilharam-se com as "centenas de milhares ou talvez milhões de orações" que foram feitas a Deus para que ajudasse enquanto o *East Troublesome Fire* (um incêndio de grandes proporções) se espalhava pelas montanhas do Colorado, EUA, no outono de 2020. O fogo consumiu 404 km2 em 12 horas, rugindo pelas florestas secas, queimando 300 casas, e ameaçando cidades inteiras na passagem. Depois veio "a dádiva de Deus", como um meteorologista a chamou. Não, não foi a chuva, mas a neve oportuna, que caiu sobre a zona em chamas, chegando cedo para essa época do ano, retardando o fogo e, em alguns lugares, parando-o.

Essa ajuda parecia maravilhosa demais para explicar. Deus ouve as nossas preces pela neve? E pela chuva também? A Bíblia registra Suas muitas respostas, incluindo a esperança de Elias pelas chuvas (1 Reis 18:41-46). Elias, servo de grande fé, entendeu a soberania de Deus, inclusive sobre o clima. Lemos, no Salmo 147, que: Ele "provê chuva para a terra" (v.8), "envia a neve como a lã [...] Quem é capaz de suportar o frio intenso?" (vv.16-17).

Elias podia ouvir "uma forte tempestade chegando" antes mesmo de as nuvens se formarem (1 Reis 18:41). Nossa fé no poder de Deus é forte assim? Deus nos encoraja a confiar nele, não importa a Sua resposta. Podemos buscar o Senhor e clamar por Sua ajuda maravilhosa. —*Patricia Raybon*

A ajuda divina encorajará a sua fé.

23 de janeiro

Vivendo pela fé

1 Samuel 17:32, 40-47

Porque vivemos por fé, e não pelo que vemos.
—2 Coríntios 5:7

Geraldo teve problemas de equilíbrio, ao andar, e seu médico lhe pediu fisioterapia. Numa sessão, seu terapeuta lhe disse: "Você confia demais no que pode ver, mesmo quando está errado! Você não está dependendo o suficiente dos demais sistemas — sentidos sob seus pés e seus sinais internos — que também são feitos para o ajudar a manter o equilíbrio".

"Você está confiando demais no que você pode ver" traz à mente a história de Davi, um jovem pastor, e o seu encontro com Golias. Durante quarenta dias, Golias, um campeão filisteu, "se apresentava diante do exército israelita", desafiando-os a enviar alguém para lutar com ele (1 Samuel 17:16). Mas as pessoas se concentraram nesse desafio e naturalmente sentiam medo. O jovem Davi entrou em cena porque seu pai lhe pedira para levar suprimentos aos seus irmãos mais velhos (v.18).

Como Davi olhou para essa situação? Pela fé em Deus, não pela visão. Ele viu o gigante, mas confiou que Deus resgataria Seu povo. Mesmo sendo apenas um menino, ele disse ao rei Saul: "Ninguém se preocupe por causa desse filisteu. Seu servo vai lutar contra ele" (v.32). E disse a Golias: "A batalha é do Senhor, e ele entregará vocês em nossas mãos!" (v.47). E foi exatamente isso o que Deus fez.

Confiar no caráter e no poder de Deus pode nos ajudar a viver mais perto dele pela fé, e não pelo que vemos. —*Anne Cetas*

Caminhar pela fé em nossos dias exige que confiemos em Deus e em Seu caráter.

24 de janeiro

Somos um

Romanos 12:1-5

Não imitem [...] os costumes deste mundo, mas deixem que Deus os transforme [...] em seu modo de pensar. —Romanos 12:2

Em comunidades agrícolas, as notícias voam. Décadas depois de o banco ter vendido a fazenda da família de Davi, ele soube que a propriedade estaria novamente à venda. Com sacrifício e economias, Davi foi participar do leilão e juntou-se aos agricultores locais. A sua pequena oferta seria o suficiente? Davi deu o primeiro lance e respirou fundo enquanto o leiloeiro pedia lances maiores. A multidão permaneceu em silêncio até ouvir o bater do martelo. Os outros agricultores colocaram as necessidades de Davi e de sua família acima de seu proveito financeiro.

A bondade desses homens demonstra como o apóstolo Paulo instigou os cristãos a viverem. Ele nos advertiu para não nos conformarmos aos "costumes deste mundo" (Romanos 12:2), colocando o nosso egoísmo diante das necessidades dos outros na luta pela autopreservação. Em vez disso, podemos confiar em Deus para atender nossas necessidades enquanto servimos aos outros. À medida que o Espírito Santo transforma a nossa mente, podemos reagir às situações com amor e motivações que honram a Deus. Colocar os outros em primeiro lugar nos ajuda a evitar pensar no bem de nós mesmos, pois Deus nos lembra que somos parte de algo maior: a Igreja (vv.3-4).

O Espírito Santo nos ajuda a entender e a obedecer a Palavra, e nos capacita para sermos generosos, amáveis e amadurecermos em unidade. —*Xochitl Dixon*

Pai, livra-me do egoísmo para que eu possa amar com altruísmo.

25 de janeiro

Sendo visto

Atos 9:26-30

...Saulo chegou a Jerusalém, tentou se encontrar com os discípulos, mas todos estavam com medo dele...
—Atos 9:26

Hannah Schell afirma que os mentores precisam apoiar, desafiar e inspirar, mas "em primeiro lugar, e talvez, acima de tudo, o bom mentor deve ver a pessoa em si. Reconhecer, não em termos de prêmios ou publicidade, mas no sentido de ser reconhecido. Essa é uma necessidade humana básica". As pessoas precisam ser reconhecidas, conhecidas e acreditadas.

Barnabé, que significa o filho do Encorajamento, tinha o dom de "ver" as pessoas ao seu redor. Em Atos 9, ele se dispôs a dar uma chance a Saulo, quando os outros discípulos o temiam (v.26). Saulo, também chamado de Paulo (13:9), tinha o histórico de perseguir os cristãos (8:3), que não acreditavam que ele tivesse "se tornado discípulo" (9:26).

Mais tarde, Paulo e Barnabé desentenderam-se sobre levar Marcos com eles para "visitar cada uma das cidades onde [pregavam]" (15:36). Paulo não achou sábio levar Marcos porque este os abandonara anteriormente. Porém, posteriormente, Paulo pediu a ajuda de Marcos: "Traga Marcos com você, pois ele me será útil no ministério" (2 Timóteo 4:11).

Barnabé levou tempo para ver Paulo e Marcos. Talvez estejamos na posição de Barnabé de reconhecer o potencial de outra pessoa ou sejamos aquele que precisa de um mentor espiritual. Peçamos a Deus que nos mostre as pessoas que podemos encorajar e aqueles que nos encorajarão. —*Julie Schwab*

Não perca a oportunidade de encorajar alguém hoje.

26 de janeiro
Confiando em Deus

Isaías 26:3-4

Tu guardarás em perfeita paz todos que em ti confiam, aqueles cujos propósitos estão firmes em ti.
—Isaías 26:3

A pirueta é um gracioso rodopio sobre um único pé que é executado por dançarinos contemporâneos. Quando criança, eu gostava dessa prática nas aulas de dança moderna, rodopiando em volta de mim mesma até ficar tonta e cair no chão. À medida que cresci, aprendi que, para manter o equilíbrio e controle, deveria "detectar" um único ponto e olhar nele cada vez que fizesse um giro completo do círculo. Ter um único ponto focal era tudo o que eu precisava para dominar minha pirueta com graciosidade.

Todos nós enfrentamos muitas reviravoltas na vida. Concentrando-nos em nossos problemas, no entanto, as circunstâncias parecem incontroláveis, deixando-nos tontos e aptos a uma queda desastrosa. A Bíblia nos lembra que, se mantivermos nossa mente firme e focada em Deus, Ele nos guardará em "perfeita paz" (Isaías 26:3). Essa paz significa que não importa quantas voltas a vida der, podemos permanecer calmos, seguros de que Deus estará conosco em meio aos problemas e provações. Ele é a "Rocha eterna" (v.4) — o foco para fixarmos os nossos olhos — porque as Suas promessas jamais mudam.

Que fixemos o nosso olhar no Senhor cada dia, orando e estudando Suas promessas nas Escrituras. Que possamos confiar em Deus, nossa Rocha eterna, para nos ajudar a nos movermos graciosamente por toda a vida. —*Kimya Loder*

Volte seus olhos e coração a Deus em todas as circunstâncias.

27 de janeiro

Jamais diga "Não posso"

Êxodo 3:7-10; 4:10-15

*Agora vá! Eu estarei com você quando falar
e o instruirei a respeito do que deve dizer.*
—Êxodo 4:12

Jane nasceu sem pernas e foi abandonada no hospital. No entanto, ela diz que ser colocada para adoção foi uma bênção. "Estou aqui por causa das pessoas que me abençoaram." Sua família adotiva a ajudou a ver que ela nasceu assim por uma razão. Eles a criaram para "nunca dizer 'não posso'" e a encorajaram em todas as suas atividades, incluindo tornar-se uma acrobata e trapezista talentosa! Ela enfrenta os desafios com muita atitude: "Como posso lidar com isso?", motivando outros a fazerem o mesmo.

A Bíblia relata sobre muitas pessoas que pareciam incapazes ou inadequadas para sua vocação, mas que de qualquer maneira Deus as usou. Moisés é um clássico exemplo. Quando Deus o chamou para levar os israelitas para fora do Egito, ele recusou (Êxodo 3:11; 4:1) e protestou: "não tenho facilidade para falar". Deus respondeu: "Quem forma a boca do ser humano? Quem torna o homem surdo ou mudo? […] não sou eu, o Senhor? Agora vá! Eu estarei com você quando falar e o instruirei a respeito do que deve dizer" (4:10-12). Quando Moisés ainda protestava, Deus preparou Arão para falar por ele e lhe garantiu que Ele os ajudaria (vv.13-15).

Como Jane e Moisés, nós estamos aqui por um motivo, e Deus bondosamente nos ajuda ao longo do caminho. O Senhor provê pessoas que nos ajudam e o que precisamos para viver para Ele. —*Alyson Kieda*

*Você é capaz de cumprir o que Deus lhe pediu
para fazer, pois o Senhor nunca lhe dará
um fardo pesado demais para suportar.*

28 de janeiro

Siga o líder

1 Coríntios 10:23–11:1

*Sejam meus imitadores,
como eu sou imitador de Cristo.*
—1 Coríntios 11:1

Durante uma maratona de zumba, em meio à pandemia da COVID-19, milhares de pessoas ao redor do mundo dançaram 24 horas juntas virtualmente com instrutores de diversos países. Por que não havia barreiras linguísticas? Porque os instrutores de zumba, criada na década de 90 por um colombiano, instrutor de aeróbica, utilizam pistas não verbais para comunicar-se. Os alunos seguem os movimentos dos instrutores, sem proferir qualquer palavra.

As palavras às vezes podem atrapalhar e criar barreiras. Elas podem causar confusão como a vivenciada pelos coríntios, conforme a primeira carta de Paulo a eles. A confusão foi provocada pelos pontos de vista diferentes sobre assuntos discutíveis relativos ao consumo de determinados alimentos (1 Coríntios 10:27-30). Mas nossas atitudes podem transcender as barreiras e até mesmo as confusões. Paulo nos ensina que, através de nossas ações, devemos mostrar às pessoas como seguir Jesus, buscando "o melhor para os outros" (10:32-33). Sendo imitadores de Cristo, convidamos o mundo a crer nele (11:1).

Como já foi dito: "Pregue o evangelho o tempo todo. Use palavras quando necessário". À medida que seguimos a liderança de Jesus, que Ele guie as nossas ações para levar os outros à realidade de nossa fé. E que as nossas palavras e ações sejam "para a glória de Deus" (10:31). —*Katara Patton*

*As pessoas veem Cristo
em suas palavras e ações?*

29 de janeiro

Parte da família

Efésios 2:19-22

...vocês já não são estranhos e forasteiros, mas concidadãos do povo santo e membros da família de Deus. —EFÉSIOS 2:19

Downton Abbey é uma série sobre uma família fictícia, durante as transformações sociais, no início do século 20, na Inglaterra. Um dos personagens-chave, que era inicialmente o motorista da família, casou-se com a filha mais nova dessa mesma família. Após certo tempo, o jovem tornou-se parte da família, e teve acesso aos direitos e privilégios que lhe eram negados como empregado.

Já fomos considerados "estranhos e forasteiros" e excluídos dos direitos dados aos que fazem parte da família de Deus. Mas por causa de Jesus, todos os cristãos, independentemente de seus antecedentes, são reconciliados com Deus e chamados de "membros de sua família" (Efésios 2:19).

Ser membro da família de Deus abrange direitos e privilégios. Podemos ter acesso a Deus "com ousadia e confiança" (3:12) e desfrutar do acesso ilimitado e sem obstáculos ao Pai. Tornamo-nos parte de uma família maior, uma comunidade de fé para nos edificar e nos encorajar (2:19-22). Os membros dessa família têm o privilégio de ajudar uns aos outros a compreender a enormidade do amor pródigo de Deus (3:18).

O medo ou a dúvida podem nos fazer sentir como estranhos, impedindo-nos de acessar os benefícios de fazer parte da família de Deus. Mas ouça e envolva-se mais uma vez com as dádivas generosas do amor de Deus (2:8-10) e alegre-se com o maravilhoso fato de pertencer a Ele. —*Lisa Samra*

Quais os benefícios de pertencer à família de Deus?

30 de janeiro

Gerenciando os nossos dons

1 Pedro 4:7-11

*Deus concedeu um dom a cada um,
e vocês devem usá-lo para servir uns aos outros...*
—1 Pedro 4:10

Em 2013, David Suchet estrelava uma peça teatral e filmava os episódios finais de uma série da TV, atuando como o detetive Hercule Poirot, de Agatha Christie, quando assumiu "o maior papel de sua vida". Entre esses projetos, ele gravou uma versão em áudio de toda a Bíblia, do livro de Gênesis ao Apocalipse: 752.702 palavras em 200 horas.

Suchet conheceu a Cristo como Salvador pessoal após ler Romanos numa Bíblia que encontrara num quarto de hotel. Ele chamou o projeto de "uma ambição de 27 anos. Senti-me motivado. Fiz tantas pesquisas em cada etapa que mal podia esperar para começar." Nesse projeto, ele doou seu salário.

Essa atitude é um exemplo inspirador de como glorificar a Deus, sendo o mordomo de um dom, e o compartilhando. Pedro insistiu sobre o ensino da mordomia em sua carta aos cristãos do primeiro século. Perseguidos por adorar a Jesus, não a César, eles foram desafiados a se concentrar em viver para Deus, alimentando seus dons espirituais. "Você tem o dom de falar? Então faça-o de acordo com as palavras de Deus". Podemos desenvolver os dons, "Assim, tudo que você realizar trará glória a Deus por meio de Jesus Cristo" (1 Pedro 4:11).

Suchet ofereceu seus talentos a Deus. Podemos fazer o mesmo. Lide bem com o que Deus lhe concedeu, para a glória do Senhor. —*Patricia Raybon*

*Pai, ensina-me a utilizar os meus dons
e a entregar toda a honra a ti.*

31 de janeiro

Fé inabalável

Mateus 6:19-24

*A vida de uma pessoa não é definida
pela quantidade de seus bens.*
—LUCAS 12:15

Carlos entrou na enfermaria depois do falecimento do seu pai para retirar os pertences dele. O pessoal lhe entregou duas caixas pequenas. Nesse dia, o jovem percebeu que não era preciso muitos bens para ser feliz. Seu pai, Lauro, era despreocupado e sempre disposto a dar um sorriso e a dar uma palavra encorajadora aos outros. O motivo de sua felicidade era outro "bem" que não cabia numa caixa: a fé inabalável em seu Redentor, Jesus.

Jesus nos encoraja a juntar "tesouros no céu" (Mateus 6:20). O Senhor não nos disse que não poderíamos ter uma casa, comprar um carro, economizar para o futuro ou possuir bens. Mas Ele nos instou a examinarmos o foco de nosso coração. Onde estava o interesse de Lauro? Em amar a Deus, amando aos outros. Ele andava pelos corredores do local onde morava, cumprimentando e encorajando seus conhecidos. Se encontrava alguém chorando, Lauro se dispunha a dar palavras de conforto, ouvir com atenção e orar com sinceridade. A mente dele se ocupava em viver para honra de Deus e pelo bem dos outros.

Vamos nos questionar se poderíamos ser felizes com menos coisas que nos atrapalham e desviam dos assuntos mais importantes como amar a Deus e aos outros. "Onde seu tesouro estiver, ali também estará seu coração" (v.21). O que valorizamos se reflete na forma como vivemos. —*Anne Cetas*

*Você já colocou Deus no centro
de suas prioridades?*

1.º de fevereiro

Língua presa em oração

Romanos 8:22-27

…não sabemos orar […] mas o próprio Espírito intercede por nós com gemidos [não] expressos em palavras.
—Romanos 8:26

Minha mãe explicou que "anquiloglossia" era uma condição com a qual meu irmão tinha nascido e que, sem ajuda, a capacidade dele de comer e eventualmente falar seria dificultada. Hoje usamos o termo "língua presa" para descrever quem está sem palavras ou é tímido demais para falar.

Às vezes, temos a língua presa ao orarmos, não sabendo o que dizer. Prendemo-nos aos clichês espirituais e frases repetitivas. Lançamos nossas emoções ao alto, imaginando que alcançarão os ouvidos de Deus. Nossos pensamentos ziguezagueiam por caminhos desfocados.

Paulo escreveu o que é preciso fazer ao lutarmos para saber como orar. Convida-nos a buscar ajuda: "E o Espírito nos ajuda em nossa fraqueza, pois não sabemos orar segundo a vontade de Deus, mas o próprio Espírito intercede por nós com gemidos que não podem ser expressos em palavras" (Romanos 8:26). O conceito de "ajuda" aqui é carregar uma carga pesada. E "gemidos" indica a intercessão do Espírito ao levar nossas necessidades a Deus.

Quando estamos sem palavras na oração, o Espírito de Deus nos ajuda a moldar a nossa confusão, dor e distração na oração perfeita que se move de nosso coração aos ouvidos do Pai. O Senhor ouve e responde, trazendo o conforto que talvez não soubéssemos que precisávamos até termos pedido ao Espírito do Senhor que orasse por nós. —*Elisa Morgan*

Que o Espírito nos ajude a orar quando não soubermos o que dizer.

2 de fevereiro

Belos pés

Isaías 52:7-10

Como são belos sobre os montes os pés do mensageiro que traz boas-novas, boas-novas de paz e salvação. —Isaías 52:7

John Nash recebeu o Prêmio Nobel de Economia em 1994, por seu trabalho pioneiro em matemática. Desde então, suas equações são usadas para compreender a dinâmica da concorrência e da rivalidade por empresas ao redor do mundo. Um livro e documentário se referem a ele como alguém com "a mente brilhante" — não por qualquer apelo estético particular, mas por causa do que ele fez.

O profeta Isaías, no Antigo Testamento, usa a palavra "belos" para descrever os pés — não por qualquer atributo físico visível, mas porque ele viu beleza no que eles fizeram. "Como são belos sobre os montes os pés do mensageiro que traz boas-novas" (Isaías 52:7). Após 70 anos de cativeiro na Babilônia, decorrentes da infidelidade deles a Deus, os mensageiros chegaram com palavras encorajadoras de que o povo de Deus logo voltaria para casa, pois "o Senhor [...] resgatou Jerusalém" (v.9).

Essas boas-novas não foram atribuídas ao poder militar dos israelitas ou aos esforços humanos. Em vez disso, foi obra do "santo poder" de Deus em favor deles (v.10). Isso ainda acontece, pois temos a vitória sobre o nosso inimigo espiritual através do sacrifício de Cristo por nós. Consequentemente, tornamo-nos mensageiros de boas-novas, proclamando paz e salvação aos que estão ao nosso redor. E fazemos isso com "belos pés". —*Kirsten Holmberg*

Com quem você pode compartilhar a boa-nova do sacrifício de Cristo hoje?

3 de fevereiro

Enfrentando a indecisão

Provérbios 3:5-8

*Busque a vontade dele em tudo que fizer,
e ele lhe mostrará o caminho que deve seguir.*
—Provérbios 3:6

Vivemos num mundo com amplas opções. Em 2004, o psicólogo Barry Schwartz, autor do livro *O Paradoxo da Escolha* (A Girafa, 2004), argumentou que, embora a liberdade de escolha seja importante para o nosso bem-estar, muitas escolhas podem causar sobrecarga e indecisão. Embora as apostas sejam certamente menores quando se decide sobre qual toalha de papel comprar, a indecisão pode ser debilitante quando as decisões impactam o curso de nossa vida. Como podemos superar a indecisão e seguir em frente, confiantes em viver para Jesus?

Como cristãos, buscar a sabedoria de Deus nos ajuda quando enfrentamos decisões difíceis. Ao decidirmos sobre algo na vida, grande ou pequeno, as Escrituras nos instruem: "Confie no Senhor de todo o coração; não dependa do seu próprio entendimento" (Provérbios 3:5). Quando confiamos em nosso próprio julgamento, podemos ficar confusos e nos preocupar em perder um detalhe importante ou fazer a escolha errada. No entanto, quando recorremos a Deus para obter as respostas, Ele mostrará os caminhos que devemos seguir (v.6). O Senhor nos dará clareza e paz ao tomarmos as decisões em nosso cotidiano.

Deus não quer que fiquemos paralisados ou sobrecarregados pelo peso de nossas decisões. Encontramos paz na sabedoria e direção que o Senhor concede quando entregamos as nossas preocupações a Ele em oração. —*Kimya Loder*

*Que Deus nos conceda sabedoria
para as escolhas que precisarmos fazer.*

4 de fevereiro

Verrugas e tudo mais

Colossenses 3:12-15

*Lembrem-se de que o Senhor os perdoou,
de modo que vocês também devem perdoar.*
—COLOSSENSES 3:13

Oliver Cromwell, o "Protetor da Inglaterra", foi comandante militar no século 17. Naqueles dias, era comum que pessoas importantes tivessem seus retratos pintados; porém, os artistas evitavam retratar os aspectos menos atraentes de uma pessoa. Cromwell, no entanto, não queria nada semelhante a lisonjeio. Ele advertiu o artista: "Retrata-me como sou, com verrugas e tudo, ou não te pagarei". O artista o obedeceu e o retrato final de Cromwell exibe verrugas faciais que hoje seriam retrabalhadas antes de serem postadas nas redes sociais.

A expressão "verrugas e tudo" passou a significar que as pessoas devem ser aceitas como são: com todos os seus defeitos, atitudes e peculiaridades. Em alguns casos, achamos que isso é tarefa muito difícil. No entanto, quando olhamos para o nosso interior, encontramos alguns aspectos pouco atraentes em nosso próprio caráter.

Somos gratos por Deus perdoar nossas "verrugas". Em Colossenses 3, somos ensinados a estender a graça aos outros. O apóstolo Paulo nos encoraja a sermos mais pacientes, gentis e compassivos, até mesmo com os que não são fáceis de amar. Ele nos instiga a ter um espírito perdoador por causa da maneira como Deus nos perdoa (vv.12-13). Pelo Seu exemplo, somos ensinados a amar os outros do jeito que Deus nos ama — com verrugas e tudo mais. —*Cindy Hess Kasper*

*Ao enxergar suas falhas,
que você possa corrigi-las para que
outros conheçam Deus pelo seu exemplo.*

5 de fevereiro

Nenhuma fórmula necessária

Mateus 5:13-16

...suas boas obras devem brilhar, para que todos as vejam e louvem seu Pai, que está no céu. —MATEUS 5:16

Quando Jane era jovem, a professora da Escola Dominical a instruiu sobre o evangelismo, o que incluía memorizar versículos e um roteiro para compartilhar as boas-novas. Ela e um amigo tentaram evangelizar outra pessoa, mas Jane não "se lembra se a noite terminou em conversão, mas pensa que não". A abordagem parecia ser mais sobre um método do que sobre a pessoa de Jesus.

Hoje, Jane e seu marido ensinam os seus filhos sobre o amor por Deus, compartilhando sua fé de maneira mais convidativa. Entendem a importância de lhes ensinar sobre Deus, a Bíblia e o relacionamento pessoal com Jesus, mas o fazem exemplificando diariamente o amor deles por Deus e pelas Escrituras. Demonstram o que significa ser a "luz do mundo" (Mateus 5:14) e alcançar os outros com atitudes e palavras bondosas. Jane diz: "Não podemos transmitir palavras de vida aos outros se não as possuímos nós mesmos". Enquanto ela e o marido demonstram a bondade em seu estilo de vida, eles preparam seus filhos para "convidar os outros a crer em Cristo".

Não precisamos de fórmulas para levar os outros a Jesus — importa que o nosso amor por Deus nos motive e brilhe através de nós. À medida que vivemos e compartilhamos o amor de Deus, o Senhor atrai outros para conhecê-lo também. —*Alyson Kieda*

Há várias maneiras de compartilhar o evangelho com os outros.

6 de fevereiro

Grato, mas não obrigado

Esdras 4:1-5,24

Não se ponham em jugo desigual com os descrentes.
—2 Coríntios 6:14

Na Índia, uma escola cristã para crianças autistas recebeu uma doação de certa empresa. Não havendo amarras, eles aceitaram o dinheiro. No entanto, mais tarde, alguém da corporação pediu para participar do conselho escolar. A diretora devolveu-lhes o dinheiro e se recusou a comprometer os valores da escola, dizendo: "É mais importante fazer o trabalho de Deus à maneira dele".

Esta é uma das muitas razões para recusar ajuda. Na Bíblia há outra. Quando os judeus exilados retornaram a Jerusalém, o rei Ciro os encarregou de reconstruir o Templo (Esdras 3). Quando seus vizinhos disseram: "Queremos participar da construção, pois também adoramos seu Deus, como vocês" (4:2), os líderes de Israel recusaram. Eles concluíram que, aceitando a oferta de ajuda, a integridade do projeto de reconstrução do Templo seria comprometida e a idolatria entraria em sua comunidade, já que seus vizinhos também adoravam ídolos. Os israelitas tomaram a decisão certa e seus "vizinhos" fizeram tudo o que puderam para desencorajar a construção.

Com a ajuda do Espírito Santo e o conselho dos que creem em Jesus, podemos desenvolver o discernimento e confiadamente dizer não às ofertas amigáveis que podem esconder perigos espirituais sutis porque ao trabalho de Deus feito à Sua maneira nunca faltará a provisão divina. —*Poh Fang Chia*

Ao pedirmos a Deus o discernimento sobre o perigo, lidemos com critérios e sabedoria diante das situações.

7 de fevereiro

Recuperando o nosso tempo

Joel 2:21-27

*…devolverei o que perderam por causa dos gafanhotos […].
Vocês voltarão a ter alimento até se saciar.*
—Joel 2:25-26

Minha mãe compartilhou comigo como ela optou por não fazer um curso superior, a fim de se casar com meu pai, na década de 1960. Contudo, ela sempre manteve o seu sonho de se tornar professora de economia doméstica. Três crianças depois, embora ela nunca tenha recebido um diploma universitário, tornou-se nutricionista-assistente em seu estado. Ela preparava refeições para demonstrar as opções de refeições mais saudáveis, igual a um professor de economia doméstica. Ao compartilhar isso comigo e me contar sobre a sua vida, ela declarou que Deus ouvira as suas orações e lhe dera os desejos de seu coração.

A vida pode ser assim para nós. Nossos planos apontam para um lado, mas a realidade segue o outro. No entanto, com Deus, nosso tempo e nossa vida podem ser transformados em belas demonstrações de Sua compaixão, amor e restauração. Deus disse ao povo de Judá que "devolveria" seus anos perdidos ou destruídos por um "grande exército devastador" (v.25). O Senhor continua agindo para nos ajudar nos desafios e sonhos ainda não realizados. Nós servimos o Deus Redentor que honra e recompensa os nossos "sacrifícios" por Ele (Mateus 19:29).

Se estamos enfrentando um desafio devastador ou um tempo de sonhos não realizados, clamemos e louvemos a Deus, que tudo restaura. —*Katara Patton*

Deus redime aqueles que confiam nele.

8 de fevereiro

Simplifique

Atos 8:26-35

...Filipe, [...] com essa mesma passagem das Escrituras, anunciou-lhe as boas-novas a respeito de Jesus.
—Atos 8:35

O e-mail era curto e urgente: "Peço salvação. Eu gostaria de conhecer Jesus". Surpreendente! Ao contrário de outras pessoas que ainda não tinham recebido Cristo, essa pessoa não precisava de convencimento. Minha tarefa era acalmar as minhas dúvidas sobre a evangelização e compartilhar conceitos-chave, Escrituras e recursos confiáveis que respondessem ao apelo daquele homem. A partir daí, pela fé, Deus o orientaria.

Filipe evangelizou na estrada deserta onde conheceu o tesoureiro da Etiópia que lia o livro de Isaías em voz alta. Perguntou-lhe se compreendia o que lia, e ouviu: "Como posso entender sem que alguém me explique?". Convidado a esclarecer: "Filipe, [começou] com essa mesma passagem das Escrituras, anunciou-lhe as boas-novas a respeito de Jesus" (Atos 8:30-31,35).

Começar onde as pessoas se encontram e manter o evangelismo simples, como Filipe o fez, é um modo eficaz de compartilhar Cristo. De fato, enquanto viajavam, o homem disse: "Veja, aqui tem água" e pediu para ser batizado (v.36). Filipe o batizou e o homem "seguiu viagem cheio de alegria" (v.39). Alegrei-me quando o autor do e-mail respondeu que tinha se arrependido do pecado, confessado a Cristo, encontrado uma igreja e crido que nasceu de novo. Que belo começo! Que Deus o leve ainda mais alto! —*Patricia Raybon*

Pai, mostra-nos maneiras simples e eficazes de compartilhar as boas-novas sobre Cristo.

9 de fevereiro

A boa cola de Deus

Gênesis 1:20-25

Deus criou grande variedade de animais selvagens [...] que rastejam pelo chão. —Gênesis 1:25

Cientistas norte-americanos criaram um tipo de cola extremamente forte e removível. O projeto é inspirado num caracol cujo muco endurece em condições secas e se solta novamente quando molhado. A natureza reversível desse muco permite que o caracol se mova livremente em condições mais úmidas e mais seguras, mantendo-o firmemente fixado em seu ambiente quando o movimento é perigoso.

A abordagem dos pesquisadores em imitar um adesivo encontrado na natureza traz à mente a descrição das descobertas do cientista Johannes Kepler. Ele disse que estava "apenas pensando como os pensamentos de Deus". A Bíblia afirma que Deus criou a Terra e tudo o que nela está: a vegetação (Gênesis 1:12); os "animais marinhos" e "variedade de aves" (v.21); "animais que rastejam pelo chão" (v.25); e "os seres humanos à sua própria imagem" (v. 7). Quando a humanidade descobre ou identifica um atributo especial de uma planta ou animal, estamos simplesmente seguindo os passos criativos de Deus, abrindo os nossos olhos à maneira como Ele os projetou.

Ao final de cada dia, na sequência da criação, Deus viu o fruto de Sua obra e o descreveu como "bom". À medida que aprendemos e descobrimos mais sobre a criação de Deus, que também reconheçamos Seu magnífico trabalho, cuidemos bem dele e proclamemos o quanto isso é bom! —*Kirsten Holmberg*

Veja as obras maravilhosas de Deus, você pode louvá-lo por Sua criação hoje?

10 de fevereiro

Onde está Deus?

Jeremias 29:4-7,10-14

Se me buscarem de todo o coração, me encontrarão. —Jeremias 29:13

Martin Handford escreveu uma série de livros de quebra-cabeças infantis com o título: *Onde está Wally?*. Em suas histórias, o personagem esquivo usa, desde 1987, uma camisa listrada vermelha e branca e meias com um chapéu combinando, jeans azul, botas marrons e óculos. Handford escondeu habilmente o menino Wally dentro das ilustrações ocupadas com multidões de personagens em vários locais ao redor do mundo. É difícil achá-lo, mas o autor promete que os leitores sempre serão capazes de encontrá-lo. Embora buscar por Deus não seja exatamente como procurar Wally em um livro de quebra-cabeças, a promessa do nosso Criador é que também podemos encontrá-lo.

Através do profeta Jeremias, Deus instruiu Seu povo sobre como viver sendo estrangeiros no exílio (Jeremias 29:4-9). Ele prometeu protegê-los até que os restaurasse de acordo com Seu plano perfeito (vv.10-11). Deus assegurou aos israelitas que o cumprimento de Sua promessa aprofundaria o compromisso deles de buscá-lo em oração (v.12).

Hoje, mesmo que Deus tenha se revelado na história e no Espírito de Jesus, pode ser fácil se distrair com os afazeres deste mundo. Podemos até ser tentados a perguntar: "Onde está Deus?" No entanto, o Criador e Sustentador de todas as coisas declara que aqueles que pertencem a Ele sempre o encontrarão se o buscarem "de todo o coração" (vv.13-14). —*Xochitl Dixon*

Busque a Deus através da leitura da Bíblia e oração hoje.

11 de fevereiro

Sua paz

Isaías 26:3-7

Tu guardarás em perfeita paz todos que em ti confiam, aqueles cujos propósitos estão firmes em ti.
—Isaías 26:3

Por vários meses, lidei com politicagens e intrigas no trabalho. Sou preocupada por natureza e surpreendi-me ao me encontrar em paz. Em vez de me sentir ansiosa, pude reagir com calma e reconheci que essa paz só poderia vir de Deus.

Em contrapartida, houve outro período na minha vida em que tudo ia bem e, ainda assim, eu sentia uma profunda agitação em meu interior. Sabia que era por confiar em minhas habilidades, em vez de confiar em Deus e em Sua liderança. Olhando para trás, percebi que a verdadeira paz — a paz de Deus — não é definida por nossas circunstâncias, mas pela nossa confiança nele.

A paz de Deus vem até nós quando as nossas mentes estão firmes (Isaías 26:3). Em hebraico, a palavra para "firme" significa "inclinar-se". À medida que nos inclinarmos sob a liderança do Pai, experimentaremos Sua calma presença. Podemos confiar em Deus, lembrando-nos de que Ele humilhará os orgulhosos e perversos e aplainará os caminhos daqueles que o amam (vv.5-7).

Quando experimentei a paz, numa época de dificuldades e não de tranquilidade, descobri que a paz de Deus não é uma ausência de conflito, mas uma profunda sensação de segurança mesmo em perigo. É uma paz que excede a compreensão humana e protege o nosso coração e mente em meio às circunstâncias mais difíceis (Filipenses 4:6-7). —*Karen Huang*

Receba a paz de Deus hoje e confie nele em todas as circunstâncias.

12 de fevereiro

Além dos limites do conhecimento

2 Coríntios 4:7-18

*...não olhamos para aquilo que agora podemos ver [...];
mas as que não podemos ver durarão para sempre.*
—2 Coríntios 4:18

Foi um dia difícil quando meu marido descobriu que, como tantos outros, ele também seria dispensado do emprego devido à pandemia. Acreditávamos que Deus atenderia nossas necessidades básicas, mas a incerteza ainda era assustadora.

Ao processar as minhas emoções, relembrei-me de um poema favorito do reformador do século 16, João da Cruz, intitulado *I Went In, I Knew Not Where*, (Entrei, sem saber onde). Esse poema retrata a maravilha da submissão a uma jornada de rendição, quando, passando "pelos limites do conhecimento", aprendemos a "discernir o Divino em todos os seus aspectos". E foi isso que meu marido e eu tentamos fazer durante essa experiência: mudar nosso foco do que poderíamos controlar e compreender as maneiras inesperadas, misteriosas e bonitas como Deus pode ser encontrado ao nosso redor.

O apóstolo Paulo convidou os fiéis para uma jornada do visível ao invisível, do exterior ao interior, das lutas temporárias à glória "que durará para sempre" (2 Coríntios 4:17).

Paulo não pediu isso por falta de compaixão pela luta deles. Ele sabia que uma vez que se desapegassem do que podiam entender, seria possível ter o conforto, a alegria e a esperança que desesperadamente precisavam (vv.10,15-16). Eles poderiam descobrir o poder maravilhoso e transformador de Cristo em tornar tudo novo. —*Monica La Rose*

Que possamos seguir a Deus além dos limites daquilo que podemos entender.

13 de fevereiro

Embaixada de Deus

Lucas 14:7-14

*Quando oferecer um banquete ou jantar [...]
convide os pobres [...] você será recompensado...*
—Lucas 14:12-14

Ludmilla, uma viúva de 82 anos, declarou que sua casa na República Tcheca era uma "Embaixada do Reino dos Céus", dizendo: "Minha casa é uma extensão do reino de Cristo". Ela recebe estranhos e amigos que sofrem e precisam de hospitalidade, às vezes provendo comida e abrigo, sempre com compaixão e orações. Ela confia no Espírito Santo para ajudá-la a cuidar de seus visitantes e se alegra com a maneira como Deus responde às suas orações.

Ludmilla serve a Jesus ao abrir sua casa e seu coração, diferentemente do proeminente líder religioso em cuja casa Jesus comeu num sábado. Jesus disse ao mestre da lei que ele deveria receber "os pobres, os aleijados, os mancos e os cegos" em sua casa — e não aqueles que poderiam "lhe retribuir" (Lucas 14:13). Embora as observações de Jesus impliquem que o fariseu tenha recebido Jesus por orgulho (v.12), Ludmilla, tantos anos depois, convida as pessoas à sua casa para que ela possa ser "um instrumento do amor de Deus e Sua sabedoria".

Servir os outros com humildade é uma forma de sermos "representantes do reino dos céus", como diz Ludmilla. Quer possamos ou não prover uma cama para estranhos, podemos colocar as necessidades dos outros antes das nossas, de maneiras diferentes e criativas. Como estenderemos o reino de Deus em nossa parte do mundo hoje? —*Amy Boucher Pye*

*Jesus, transforma-nos para que nos tornemos
mais semelhantes a ti. Capacita-nos para
atender aos necessitados.*

14 de fevereiro
O grande amor de Deus

Lamentações 3:19-26

*O amor do S*ENHOR *não tem fim!*
Suas misericórdias são inesgotáveis.
—LAMENTAÇÕES 3:22

Um amigo me pediu para falar aos adolescentes sobre a pureza e santidade e, eu recusei. Quando adolescente, rebelei-me, lutei e carreguei cicatrizes causadas pela imoralidade. Depois de casar e perder o primeiro filho num aborto involuntário, pensei que Deus me punira por pecados passados. Entreguei minha vida a Cristo aos 30 anos, confessei meus pecados e me arrependi, *repetidamente*. Ainda assim, a culpa e a vergonha me consumiam. *Como eu poderia compartilhar sobre a graça de Deus quando ainda não conseguia receber totalmente o presente de Seu grande amor por mim?* Felizmente, com o tempo, Deus aboliu as mentiras que me acorrentavam antes de confessar meus pecados. Por Sua graça, recebi o perdão que Deus me ofereceu o tempo todo.

Deus compreende os nossos lamentos sobre as aflições e as consequências de nossos pecados anteriores. No entanto, Ele capacita Seu povo a superar o desespero, afastar-se dos pecados e renascer com esperança em Seu grande amor, compaixão e fidelidade. A Bíblia ensina que Deus é a nossa porção, esperança e salvação, e podemos aprender a confiar em Sua bondade (Lamentações 3:19-26).

Nosso pai compassivo nos ajuda a acreditar em Suas promessas. Quando recebemos a plenitude de Seu grande amor por nós, podemos espalhar as boas-novas sobre Sua graça. —*Xochitl Dixon*

Que possamos compreender o grande amor de Deus
por nós enquanto espalhamos as boas-novas.

15 de fevereiro

Conselho sábio

Êxodo 18:13-22

É um trabalho pesado demais para uma pessoa só. —Êxodo 18:18

Enquanto estudava no seminário, também trabalhava em tempo integral. Adicione a tudo isso uma capelania e estágio numa igreja! Eu estava muito ocupada e, quando meu pai me visitou, disse: "Você vai ter um colapso". Dei de ombros pensando que ele era de outra geração e não entendia nada sobre "bater metas". Não tive um colapso, mas caí em depressão. Desde então, aprendi a ouvir conselhos com mais cuidado.

Moisés também era diligente ao servir como juiz de Israel (Êxodo 18:13). No entanto, ele ouviu o aviso de seu sogro (vv.17-18). Jetro não estava inteirado de tudo, mas como amava Moisés e sua família, ele anteviu os problemas à frente. Talvez seja por isso que Moisés tenha sido capaz de ouvi-lo e seguir seu conselho. Moisés criou um sistema para que os homens capazes e honestos enfrentassem as disputas menores, e ele assumiu os casos mais difíceis (vv.21-22). Ele ouviu Jetro, reorganizou seu trabalho, compartilhou a carga e foi capaz de evitar a síndrome do *burnout* ou o esgotamento total naquele momento.

Muitos de nós levamos nosso trabalho por Deus, nossas famílias e outros a sério, apaixonadamente mesmo. Mas ainda precisamos seguir os conselhos de entes queridos e confiar na sabedoria e poder de Deus em tudo o que fazemos.

—*Katara Patton*

Que Deus possa torná-la sábia, para lidar com todas as situações, inclusive em saber como pedir ajuda quando necessário.

16 de fevereiro

Verdadeira hospitalidade

Gênesis 24:12-20

Abram sua casa […] para servir uns aos outros, fazendo bom uso da múltipla e variada graça divina. —1 PEDRO 4:9-10

Kumain ka na ba? (Você já comeu?) Você sempre ouvirá isso ao visitar uma casa nas Filipinas. Essa é a nossa maneira de expressar cuidado e bondade para nossos convidados. E seja como for, seu anfitrião preparará algo para você comer. Os filipinos acreditam que a verdadeira bondade não significa apenas os cumprimentos, mas também ir além das palavras para mostrar verdadeira hospitalidade.

Rebeca também sabia tudo sobre ser gentil. Suas tarefas diárias incluíam tirar água do poço fora da cidade e levar o pote pesado de água para casa. Quando o servo de Abraão, que estava sedento lhe pediu um pouco de água de seu cântaro, ela não hesitou em lhe aliviar a sede (Gênesis 24:17-18).

Mas então Rebeca fez ainda mais. Quando percebeu que os camelos dos visitantes estavam sedentos, rapidamente se ofereceu para voltar e trazer mais água para eles (vv.19-20). Ela não hesitou em ajudar, mesmo que isso significasse fazer uma viagem extra (ou mais) para o poço e voltar com um pesado pote.

A vida é difícil para muitos. Tantas vezes, a prática de um pequeno gesto de bondade pode encorajar e levantar o espírito de alguém. Ser instrumento do amor de Deus nem sempre significa pregar um sermão poderoso ou iniciar uma igreja. Às vezes, pode ser simplesmente dar água a alguém. —*Karen Huang*

Que ato de bondade você pode praticar hoje?

17 de fevereiro

Endereço permanente

Salmo 27:1-6

*A única coisa que peço ao Senhor,
[...] é morar na casa do Senhor...*
—Salmo 27:4

Não faz muito tempo que nos mudamos para uma nova casa a uma curta distância da nossa antiga. Apesar da proximidade, ainda carregamos todos os nossos pertences em um caminhão por causa do tempo das transações financeiras. Entre a venda e a compra, nossos móveis ficaram num depósito temporário e encontramos um local de hospedagem. Fiquei surpresa ao descobrir como me sentia "em casa" apesar do deslocamento de nossa casa física, simplesmente porque eu estava com os que mais amo: minha família.

Durante parte de sua vida, Davi não tinha uma casa física. Ele vivia fugindo do rei Saul. Como Davi fora nomeado por Deus como sucessor ao trono, Saul viu Davi como ameaça e procurou matá-lo. Davi abandonou sua casa e abrigou-se onde conseguia. Embora ele tivesse junto aos seus companheiros, seu desejo era "morar na casa do Senhor", e desfrutar de comunhão permanente com Ele (Salmo 27:4).

Jesus é nosso companheiro constante, nossa referência de "lar" não importa onde estivermos. Está conosco em nossos problemas e prepara um lugar para vivermos com Ele para sempre (João 14:3). Apesar das incertezas que podemos experimentar como cidadãos desta Terra, podemos viver permanentemente em comunhão com Ele todos os dias e em todos os lugares. —*Kirsten Holmberg*

*Sinta-se em casa na presença de Deus,
hoje e sempre!*

18 de fevereiro
Interação nos ônibus

Colossenses 4:2-6

Que suas conversas sejam amistosas e agradáveis...
—Colossenses 4:6

Em 2019, uma empresa lançou, na Inglaterra, um ônibus que instantaneamente se tornou popular. A bordo dele se encontravam pessoas designadas e dispostas a conversar com os passageiros interessados. Essa rota foi a reação a uma pesquisa governamental que descobriu que 30% dos britânicos pelo menos um dia por semana não tem uma conversa significativa sequer.

Muitos dentre nós talvez já tenhamos experimentado a solidão por não ter alguém com quem conversar em momentos de necessidade. Ao refletir sobre isso em minha vida, lembro-me especialmente das interações agradáveis. Esses momentos me trouxeram alegria e encorajamento e me ajudaram a cultivar relações mais profundas.

Paulo encorajou seus leitores colossenses com princípios de vida cristã autêntica, incluindo maneiras de nossas conversas poderem demonstrar amor a todos os que encontramos. O apóstolo escreveu: "Que suas conversas sejam amistosas e agradáveis" (4:6), lembrando-os de que não é apenas a presença de palavras, mas a qualidade delas — "amistosas e agradáveis" — que lhes permitiriam ser um verdadeiro encorajamento aos outros.

Da próxima vez que você puder iniciar uma conversa com alguém, um amigo, colega de trabalho ou um estranho sentado ao seu lado, num ônibus ou sala de espera, busque maneiras de tornar esse tempo significativo e de bênção para ambos. —Lisa M. Samra

Pai, ajuda-me a ser bênção para todas as pessoas com as quais eu me relacionarei hoje.

19 de fevereiro

Como nós, para nós

Hebreus 2:10-18

Portanto, era necessário que ele se tornasse semelhante a seus irmãos em todos os aspectos...
—HEBREUS 2:17

Derek notou que seu filho não queria tirar a camisa para nadar por ter uma marca de nascença cobrindo partes do peito, barriga e braço esquerdo dele. Determinado a ajudá-lo, Derek passou por um doloroso processo de tatuagem para criar uma marca idêntica no próprio corpo.

O amor de Derek por seu filho reflete o amor de Deus por Seus filhos e filhas. Porque nós, Seus filhos, somos "feitos de carne e sangue" (Hebreus 2:14), Jesus tornou-se como nós e assumiu a forma humana e compartilhou da nossa humanidade para nos libertar do poder da morte (v.14). "Portanto, era necessário que ele se tornasse semelhante a seus irmãos em todos os aspectos" (v.17) para nos reconciliar com Deus.

Derek queria ajudar seu filho a superar sua autoconsciência e assim "tornou-se" como ele. Jesus nos ajudou a superar nosso maior problema: a escravidão até a morte. Ele a venceu por nós tornando-se como nós, suportando a consequência do nosso pecado ao morrer em nosso lugar.

A vontade de Jesus de compartilhar da nossa humanidade não só nos garantiu o relacionamento certo com Deus, mas nos permite confiar nele em nossos momentos de luta. Quando enfrentamos tentações e dificuldades, podemos confiar nele para ter forças e amparo porque Jesus "é capaz de ajudar" (v.18). Como um pai amoroso, Jesus nos entende e se importa conosco. —*Kirsten Holmberg*

Obrigada Jesus, pela salvação por meio da Tua morte na cruz!

20 de fevereiro

A cruz de paz

Marcos 15:16-24

*Um homem chamado Simão, de Cirene [...]
passava ali [...] os soldados o obrigaram
a carregar a cruz.* —Marcos 15:21

Os olhos sombrios se destacam na pintura Simão de Cirene, do artista holandês contemporâneo Egbert Modderman. Os olhos de Simão revelam a imensa carga física e emocional de sua responsabilidade. Em Marcos 15, descobrimos que Simão foi retirado da multidão e forçado a carregar a cruz de Jesus.

Simão era de Cirene, uma grande cidade no norte da África com enorme população de judeus durante o tempo de Jesus. Provavelmente, Simão tinha viajado para Jerusalém para celebrar a Páscoa. Lá ele se viu no meio dessa execução injusta e pôde realizar um pequeno, mas significativo ato de assistência a Jesus (Marcos 15:21).

No início do evangelho de Marcos, Jesus diz aos Seus seguidores: "Se alguém quer ser meu seguidor, negue a si mesmo, tome sua cruz e siga-me" (8:34). Na estrada para o Gólgota, Simão literalmente fez o que Jesus pediu aos Seus discípulos: ele pegou a cruz que lhe foi dada e a carregou por amor a Jesus.

Nós também temos *cruzes* para suportar: talvez uma doença, uma atribuição desafiadora do ministério, a perda de um ente querido, ou perseguição por nossa fé. À medida que carregamos esses sofrimentos pela fé, as pessoas ao nosso redor têm a percepção dos sofrimentos de Jesus e Seu sacrifício na cruz. Foi Sua cruz que nos trouxe a paz com Deus e a força para enfrentarmos nossa jornada.
—Lisa M. Samra

Qual o fardo que você está carregando hoje?

21 de fevereiro
Testemunha no local de trabalho

1 Pedro 2:11-21

...se sofrem por terem feito o bem e suportam com paciência, Deus se agrada de vocês.
—1 Pedro 2:20

"Você está chateada que eu quero reduzir o tamanho do seu departamento?" O gerente da Evelyn lhe perguntou. "Não". Ela apertou a mandíbula frustrada por isso parecer provocação. Ela tentava ajudar a empresa a atrair grupos de interesses diferentes, mas o espaço limitado tornara isso quase impossível. Evelyn resistiu às lágrimas e fez o que o gerente lhe pedira. Talvez ela não pudesse fazer as mudanças que esperava, mas ainda poderia fazer o seu trabalho com o melhor de sua capacidade.

Pedro instruiu os cristãos a submeterem-se "a todas as autoridades humanas" (1 Pedro 2:13). Conservar a integridade numa situação difícil no trabalho não é fácil. Mas Pedro nos dá uma razão para continuarmos a fazer o bem: "Procurem viver de maneira exemplar entre os que não creem. Assim, mesmo que eles os acusem de praticar o mal, verão seu comportamento correto e darão glória a Deus" (v.12). Ademais, isso nos ajuda a dar um exemplo divino aos cristãos que nos observam.

Se enfrentamos uma situação de trabalho verdadeiramente abusiva, talvez seja melhor sair, se isso for possível (1 Coríntios 7:21). Mas num ambiente seguro, com a ajuda do Espírito, façamos bem nosso trabalho lembrando-nos de que "Deus se agrada" disso (1 Pedro 2:20). Quando nos submetemos à autoridade, temos a oportunidade de dar aos outros razões para que sigam e glorifiquem a Deus.

—Julie Schwab

Você é um instrumento de benção em seu ambiente de trabalho?

22 de fevereiro

Venha e culte

Deuteronômio 31:9-13

Convoquem todos: homens, mulheres, crianças e os estrangeiros que vivem em suas cidades…
—Deuteronômio 31:12

Enquanto louvavam no culto de adoração multigeracional, muitos experimentaram alegria e paz. Mas uma mãe embalava o seu bebê à beira do choro, e segurava o livro de cânticos para seu filho de 5 anos tentando impedi-lo de escapar dali. Em seguida, um senhor mais velho sentado atrás dela se ofereceu para passear com o bebê pela igreja e, na sequência, alguém se ofereceu para segurar o cancioneiro para a criança mais velha. Em dois minutos, a experiência da mãe foi transformada e ela pôde inspirar, fechar os olhos e adorar a Deus.

Deus sempre desejou que todo o Seu povo o venerasse: homens e mulheres, velhos e jovens, cristãos de longa data e novos convertidos. Quando Moisés abençoou as tribos de Israel, antes de entrarem na Terra Prometida, instou todos a se reunirem, "homens, mulheres, crianças e os estrangeiros que vivem em suas cidades", para que pudessem ouvir e aprender "a temer o Senhor, seu Deus" e seguir suas ordens (Deuteronômio 31:12). Honramos a Deus quando tornamos possível que o Seu povo o adore juntos, não importa a nossa fase da vida.

Naquele culto, a mãe, o senhor idoso e a jovem experimentaram o amor de Deus através das trocas que fizeram. Talvez da próxima vez que estiver na igreja, você possa estender o amor de Deus, ofertando alguma ajuda ou aceitando um ato de bondade e gratidão. —*Amy Boucher Pye*

Que sejamos aquelas que notam os necessitados e estendem a mão com o amor de Deus.

23 de fevereiro

Sobrevivendo e prosperando

Efésios 4:4-16

*Ele faz que todo o corpo se encaixe [...]
para que [...] se desenvolva e seja saudável em amor.*
—Efésios 4:16

Na série *Os Croods*, os membros de uma família de homens das cavernas creem que "o único modo de sobreviver é se o bando [sua pequena família] ficar junto". Eles têm medo do mundo e dos outros, então quando encontram um lugar seguro para viver, ficam com medo ao descobrirem uma família já na área que escolheram. Mas logo aprendem a aceitar as diferenças dos novos vizinhos, fortalecer-se pelo contato e sobreviver juntos. Eles passam a gostar das pessoas e *aceitam* que precisam dos outros para viver plenamente.

Pode ser arriscado ter relacionamentos — as pessoas podem nos ferir. Porém, é por uma boa razão que Deus colocou Seu povo junto, em um corpo: a Igreja. Em comunhão com os outros, crescemos até a maturidade (Efésios 4:13). Aprendemos a depender de Deus para sermos humildes, amáveis e pacientes (v.2). Ajudamos uns aos outros edificando-nos "em amor" (v.16). Quando nos reunimos, usamos nossos dons e aprendemos com os que usam os seus, o que, por sua vez, capacita-nos em nossa caminhada com Deus e em Seu serviço.

À medida que Ele o conduz, se você ainda não encontrou o seu lugar, procure-o entre o povo de Deus. Você fará mais do que sobreviver. Em amor, honrará a Deus e crescerá para ser mais como Jesus. E que todos dependamos dele ao caminhar num relacionamento de contínuo amadurecimento com Ele e outros.

—Anne Cetas

*Como devemos desenvolver relacionamentos
que incentivam o crescimento mútuo?*

24 de fevereiro

Gratidão no dia da Terra

Gênesis 2:4-10,15

*O Senhor Deus colocou o homem no jardim do Éden
para cultivá-lo e tomar conta dele.*
—Gênesis 2:15

O Dia da Terra é celebrado em 22 de abril. Nos últimos anos, mais de um bilhão de pessoas, em cerca de 200 países, já participaram das atividades educacionais nesse dia. Todos os anos, o Dia da Terra nos lembra da importância de cuidar do nosso incrível planeta. Mas a ordem para cuidarmos do meio ambiente é muito mais antiga: remonta à criação.

Em Gênesis, aprendemos que Deus criou todo o Universo e formou a Terra como um lugar para os humanos habitarem. Ele não só formou os picos das montanhas e as planícies exuberantes, mas também criou o jardim do Éden, o belo lugar que fornecia alimento, abrigo e beleza para seus habitantes (Gênesis 2:8-9).

Depois de dar o fôlego da vida à Sua criação mais importante, os seres humanos, Deus os colocou nesse jardim (vv.8,22) e lhes deu a responsabilidade de cultivá-lo e tomar conta dele (v.15). Depois que Adão e Eva foram expulsos do jardim, cuidar da criação de Deus tornou-se mais difícil (3:17-19), mas até hoje o próprio Deus cuida do nosso planeta e de Suas criaturas (Salmo 65:9-13) e pede que façamos o mesmo (Provérbios 12:10).

Quer vivamos em cidades lotadas ou em áreas rurais, todos nós temos maneiras de cuidar das áreas que Deus nos confiou. Ao cuidarmos da Terra, que isso seja um ato de gratidão a Ele por este belo planeta. —*Lisa M. Samra*

*Que parte da criação tira o seu fôlego?
Que possamos honrar a criação de Deus
ao cuidar da Terra!*

25 de fevereiro

O que conta

Romanos 14:13-23

*Portanto, tenhamos como alvo a harmonia
e procuremos edificar uns aos outros.*
—Romanos 14:19

Minha amiga contou-me sobre como um colega cristão lhe questionava sobre o partido político ao qual ela pertencia. Seu objetivo em fazer a pergunta parecia ser descobrir se concordavam em questões que atualmente dividem sua comunidade. No esforço para encontrar um ponto em comum entre eles, ela respondeu: "Como cristãos, prefiro focar em nossa unidade em Cristo".

As opiniões também se dividiam nos dias de Paulo, embora sobre questões diferentes. Temas como quais alimentos comer e que dias eram sagrados causavam discordância entre eles. Apesar de estarem "plenamente convictos do que [faziam]" sobre qualquer posição que ocupassem, Paulo os lembra de seu ponto em comum: viver para Jesus (Romanos 14:5-9). Em vez de julgamento mútuos, ele os encorajou a terem "como alvo a harmonia e [a procurar] edificar uns aos outros" (v.19).

Em muitos países, as igrejas e comunidades estão divididas sobre questões grandes e pequenas. Podemos encaminhar uns aos outros à verdade unificadora da obra de Cristo na cruz para garantir a nossa vida com Ele eternamente. O lembrete de Paulo de que não devemos destruir "a obra de Deus" (v.20) com as nossas posições individuais é tão oportuno hoje como era há 2 mil anos. Em vez de julgar um ao outro, podemos agir com amor e viver de maneira que honre aos nossos irmãos e irmãs. —*Kirsten Holmberg*

*Entre irmãos, a diferença de opiniões
não deve causar divisões.*

26 de fevereiro

Em segurança

2 Samuel 22:13-20

Dos céus estendeu a mão e me resgatou; tirou-me de águas profundas. —2 Samuel 22:17

A garota entrou no riacho enquanto seu pai a observava. Suas botas de borracha alcançavam seus joelhos. Enquanto ela se movia rio abaixo, a água foi se aprofundando e entrou em suas botas impermeáveis. Impossibilitada de dar outro passo, ela gritou: "Papai, estou presa!". Rapidamente, o pai a puxou para a beira. Ela descalçou suas botas e riu vendo a água se derramar no solo.

Depois que Deus resgatou Davi de seus inimigos, ele teve o momento de "tirar suas botas", e permitir que o alívio inundasse a sua alma. O salmista expressou seus sentimentos numa canção, dizendo: "Clamei ao Senhor, que é digno de louvor, e ele me livrou de meus inimigos" (2 Samuel 22:4). Davi louvou a Deus como sua rocha, fortaleza, libertador, escudo e refúgio (vv.2-3) e narrou poeticamente a resposta de Deus: A terra se abalou! Deus abriu os céus! Um clarão resplandeceu ao seu redor. Sua voz trovejou, e Ele o tirou das águas profundas (vv.8,10, 13-15,17).

Talvez hoje você sinta muita oposição ao seu redor. Talvez esteja preso ao pecado que dificulta o seu avanço espiritual. Reflita sobre como Deus o ajudou no passado e louve-o, pedindo para Ele agir novamente! Agradeça-lhe especialmente por resgatá-lo e o trazer para o Seu reino (Colossenses 1:13). —*Jennifer Benson Schuldt*

Louvar a Deus revigora a sua fé.

27 de fevereiro

Crescendo na fé

Tiago 1:2-4

E é necessário que ela cresça, pois quando [...] desenvolvida vocês serão maduros e completos, sem que nada lhes falte. —TIAGO 1:4

Ao aprender sobre jardinagem, eu acordava cedo e corria à horta para ver se algo havia surgido no solo. Depois busquei na internet sobre o "crescimento rápido" e aprendi que a fase de mudas é a mais importante da vida útil da planta. Descobri que não podia apressar o processo e passei a apreciar a força dos brotinhos lutando pelo solo, sol e resiliência. Esperei pacientemente e finalmente vi as erupções de brotos verdes rastejando pelo solo.

É fácil elogiar as vitórias e os triunfos sem reconhecer que o crescimento em nosso caráter muitas vezes vem, da mesma forma, através do tempo e da luta. Tiago nos instrui a considerar "motivo de grande alegria" sempre que passarmos "por qualquer tipo de provação" (Tiago 1:2). Mas o que poderia ser motivo de alegria sobre as provações?

Deus às vezes nos permitirá passar por desafios e dificuldades para que sejamos moldados em quem Ele nos chamou para ser. Ele espera na expectativa que saiamos das provações da vida "maduros e completos, sem que nada [nos] falte" (v.4). Mantendo-nos fundamentados em Jesus, podemos perseverar através de qualquer desafio, ficando mais fortes e, finalmente, permitindo que o fruto do Espírito floresça em nossa vida (Gálatas 5:22-23). Sua sabedoria nos dá o alimento de que precisamos para realmente florescer todos os dias (João 15:5). —*Kimya Loder*

Que nosso Pai celestial lhe dê forças para perseverar, crescer na fé e desenvolver-se na pessoa que Deus a chamou para ser.

28 de fevereiro

Servos do turno da noite

Salmo 134

*De Sião os abençoe o Senhor,
que fez os céus e a terra!* —Salmo 134:3

São três da manhã na ala de cuidados intensivos. Um paciente preocupado chama pela quarta vez numa hora. A enfermeira o atende sem reclamar. Outro paciente grita e pede atenção, mas isso não a surpreende. Ela pediu o turno da noite há 5 anos para evitar o frenesi diurno do hospital. O trabalho noturno significou assumir tarefas extras: levantar e movimentar os pacientes sozinha, monitorar de perto as condições dos pacientes para notificar os médicos das emergências.

Estimulada por seus bons colegas de trabalho, essa enfermeira luta para conseguir dormir adequadamente. Muitas vezes, pede orações à igreja, pois vê sua função como algo essencial. "Louvado seja Deus, as orações deles fazem a diferença." Esse louvor é bom e digno de um trabalhador noturno e de todos nós. O salmista escreveu: "Louvem o Senhor todos vocês, servos do Senhor, todos que servem de noite na casa do Senhor. Levantem suas mãos para o santuário e louvem o Senhor" (Salmo 134:1-2).

Esse salmo, escrito aos levitas que serviam como vigias do Templo, reconheceu o importante trabalho deles em proteger o Templo dia e a noite. Em nosso mundo agitado, é apropriado compartilhar esse salmo especialmente com trabalhadores do período noturno, mas cada um de nós pode louvar a Deus durante a noite. "De Sião os abençoe o Senhor, que fez os céus e a terra!" (v.3). —*Patricia Raybon*

*Oremos a Deus e o agradeçamos
pelos trabalhadores essenciais.*

1.º de março

Haja luz

Gênesis 1:1-5

*Então Deus disse: "Haja luz",
e houve luz.* —Gênesis 1:3

Quando minha filha ainda era criança, eu dava nome às coisas que ela encontrava. Eu identificava os objetos ou a deixava tocá-los e dizia a palavra por ela, trazendo compreensão — e vocabulário — para o vasto mundo diante dela. Embora meu marido e eu pudéssemos naturalmente ter esperado que sua primeira palavra tivesse sido mamãe ou papai, ela nos surpreendeu com algo totalmente diferente: um dia, sua boquinha murmurou *duz* — um eco doce e mal pronunciado da palavra *luz* que eu tinha acabado de repetir para ela.

Luz é uma das primeiras palavras de Deus para nós na Bíblia. Enquanto o Espírito de Deus pairava sobre uma Terra escura, sem forma e vazia, Ele trouxe luz à Sua criação, dizendo: "Haja luz" (Gênesis 1:3). Deus disse que a luz era boa, o que o restante das Escrituras confirma: o salmista explica que as palavras de Deus iluminam nosso entendimento (Salmo 119:130), e Jesus se refere a si mesmo como "a luz do mundo", o doador da luz da vida (João 8:12).

A primeira declaração de Deus na criação foi para iluminar. Não foi porque Ele precisava de luz para fazer Sua obra; não, a luz era para nós. A luz nos permite ver e identificar Suas impressões digitais na criação ao nosso redor, discernir o que é bom do que não é e seguir a Jesus um passo de cada vez neste vasto mundo.

—*Kirsten Holmberg*

*Jesus é a luz da sua vida, e Ele ilumina
o seu caminho todos os dias.*

2 de março

Ansiando por um lar

Salmo 62:1-8

*...derrame o coração diante dele,
pois Deus é nosso refúgio.*
—Salmo 62:8

Anne, a protagonista das histórias de Anne de Green Gables, ansiava por uma família. Órfã, ela havia perdido a esperança de encontrar um lar. Mas então, soube que Matthew e sua irmã Marilla a acolheriam. Na ida de carruagem para a casa deles, Anne se desculpou por falar sem parar, mas o idoso Matthew de poucas palavras, disse: "Você pode falar o quanto quiser. Eu não me importo". Isso era música para os ouvidos dela. Anne sentia que ninguém a queria por perto, muito menos ouvi-la tagarelar. Depois de chegar, suas esperanças foram frustradas quando soube que os irmãos pensaram que estariam recebendo um menino para ajudá-los na fazenda. Anne temia ser devolvida, mas o desejo dela por um lar amoroso foi atendido quando eles a tornaram parte de sua família.

Todos nós já tivemos momentos em que nos sentimos indesejados ou sozinhos. Mas quando nos tornamos parte da família de Deus, por meio da salvação em Jesus, Ele se torna um lar seguro para nós (Salmo 62:2). O Senhor se deleita em nós e nos convida a conversar com Ele a respeito de tudo: preocupações, tentações, tristezas e esperanças. O salmista nos diz que podemos "esperar em Deus" e "derramar o coração diante dele" (vv.5,8).

Não hesite. Fale com Deus o quanto quiser. Ele não vai se importar. Ele se alegra conosco. Nele você encontrará um lar. —*Anne Cetas*

*Deus é o seu refúgio.
O que você quer dizer a Ele, hoje?*

3 de março

Um coração servo

2 Coríntios 9:12-13

Como resultado do serviço de vocês, eles darão glória a Deus... —2 Coríntios 9:13

Um ministério cristão numa cidade norte-americana, serve aos residentes da comunidade mais de 10 toneladas de alimento grátis todos os meses. O líder desse ministério disse: "As pessoas podem vir, e nós as aceitaremos e as acolheremos exatamente como estão. Nosso objetivo é atender às suas necessidades práticas para atingir as suas necessidades espirituais". Como cristãos, Deus deseja que usemos o que nos foi dado para abençoar os outros, aproximando nossas comunidades dele. Como podemos desenvolver um coração para servir que glorifique a Deus?

Desenvolvemos o dom de servir ao pedir a Deus que nos mostre como usar os talentos que Ele nos concedeu em benefício dos outros (1 Pedro 4:10). Assim, oferecemos "gratidão a Deus" pela abundância com que Ele nos abençoou (2 Coríntios 9:12).

Servir aos outros era parte importante do ministério de Jesus. Quando Ele curou e alimentou os famintos, muitos conheceram a bondade e o amor de Deus. Ao cuidar de nossas comunidades, seguimos Seu modelo de discipulado. A sabedoria de Deus nos lembra de que, ao demonstrarmos o amor de Deus por meio de nossas ações, outros "darão glória a Deus" (v.13). Servir não por autogratificação, mas para demonstrar aos outros o amor de Deus e as maneiras milagrosas como Ele opera por meio dos que são chamados pelo Seu nome. —*Kimya Loder*

O que a motiva a servir e fazer a diferença na vida de outras pessoas?

4 de março

Ele conhece

Salmo 139:1-5

*Ó Senhor, tu examinas meu coração
e conheces tudo a meu respeito.* —Salmo 139:1

Lia estava pronta para iniciar como enfermeira em Taiwan, China. Ela poderia sustentar melhor sua família, mais do que em Manila, onde as oportunidades de trabalho eram limitadas. Na noite anterior à sua partida, ela instruiu sua irmã que cuidaria de sua filha de cinco anos. "Ela toma suas vitaminas se você lhe der uma colher de manteiga de amendoim", Lia explicou, "Lembre-se de que ela é tímida, tem medo do escuro e, em algum momento, brincará com os primos. E ela…". Enquanto olhava pela janela do avião no dia seguinte, Lia orou: *Senhor, ninguém conhece minha filha como eu. Eu não posso ficar com ela, mas Tu podes.*

Conhecemos as pessoas que amamos e todos os detalhes sobre elas porque são preciosas para nós. Quando não podemos estar com elas, muitas vezes ficamos preocupados que, uma vez que ninguém as conhece tão bem como nós, elas estarão mais vulneráveis aos danos.

No Salmo 139, Davi nos lembra de que Deus nos conhece mais do que qualquer pessoa. Ele também conhece nossos entes queridos intimamente (vv.1-4). Ele é o Criador deles (vv.13-15) e entende suas necessidades. O Senhor sabe o que acontecerá a cada dia da vida de cada um (v.16) e nunca os deixará (vv.5,7-10). Quando você está ansioso pelos outros, confie-os a Deus, pois Ele os conhece melhor e os ama verdadeiramente. —*Karen Huang*

Embora não possamos estar sempre com aqueles que amamos, nós os confiamos aos cuidados de Deus.

5 de março

O retrato do luto

Jó 19:19-27

Quem dera minhas palavras fossem registradas!
Quem dera fossem escritas num monumento...
—Jó 19:23

Depois de receber o diagnóstico de um câncer cerebral raro e incurável, Caroline encontrou esperança e propósito ao prover voluntariamente um serviço único: fotografia para crianças em estado crítico e suas famílias. Com isso, as famílias puderam capturar os momentos preciosos com seus filhos, tanto no luto quanto "nos momentos de graça e beleza que presumimos não existir nesses lugares de desespero". Ela observou que "nos momentos mais difíceis, essas famílias escolheram amar, apesar de tudo".

Há algo poderoso em capturar a veracidade do luto — tanto a sua realidade devastadora quanto as maneiras como experimentamos a beleza e a esperança em meio a ele.

Muito do livro de Jó é como uma fotografia do luto que captura a jornada de Jó diante de perdas devastadoras (1:18-19). Depois de sentar-se com Jó por vários dias, seus amigos se cansaram de sua dor, tentaram minimizá-la ou explicá-la como sendo o julgamento de Deus. Mas Jó não aceitou isso e insistiu que o que ele passava tinha um propósito e que desejava que seu testemunho fosse "gravado para sempre na rocha!" (19:24).

No livro de Jó, isso está "gravado" — de uma forma que nos leva ao Deus vivo em nossa dor (vv.26-27), que nos encontra em nossa dor, conduzindo-nos da morte para a vida de ressurreição. —*Monica La Rose*

Na presença de Deus, o enfrentamento da dor
pode trazer também a cura.

6 de março

Sempre digno de compartilhar

2 Coríntios 2:12-17

Mas graças a Deus, que [...] por nosso intermédio, ele espalha o conhecimento de Cristo...
—2 Coríntios 2:14

Depois de me tornar cristã, compartilhei o evangelho com minha mãe. Em vez de tomar a decisão de confiar em Jesus, ela parou de falar comigo por um ano. Suas experiências ruins com pessoas que afirmavam seguir Jesus a tornaram cética. O Espírito Santo me confortou e continuou agindo enquanto minha mãe me dava o tratamento do silêncio. Quando ela finalmente atendeu ao meu telefonema, decidi amá-la e compartilhar a verdade de Deus com ela sempre que tivesse oportunidade. Quase um ano depois, ela recebeu Jesus como Salvador e nosso relacionamento se aprofundou.

Os que creem em Jesus têm acesso ao maior presente dado à humanidade: Cristo. O apóstolo Paulo diz que devemos "espalhar o conhecimento de Cristo [...] como um doce perfume" (2 Coríntios 2:14). Ele se refere àqueles que compartilham o evangelho como "um doce perfume" para os que creem, mas reconhece que cheiramos a morte para os que rejeitam Jesus (vv.15-16).

Depois de receber Cristo como Salvador, temos o privilégio de usar nosso tempo na Terra para divulgar Sua verdade e amar os outros. Mesmo durante os momentos mais difíceis, podemos confiar em Sua provisão. Não importa o custo pessoal, sempre vale a pena compartilhar as boas-novas de Deus. —*Xochitl Dixon*

Compartilhe as boas-novas e não desista de espalhar o evangelho.

7 de março

Termine bem

Atos 20:17-24

*Mas minha vida não vale coisa alguma [...]
a menos que eu a use para completar minha carreira...*
— ATOS 20:24

Ao entrar nos instantes finais do meu treino de 40 minutos, quase posso garantir que meu instrutor vai gritar: "Termine bem!" Todo *personal trainer* que conheço usa essa frase antes do desaquecimento. Eles sabem que o final do treino é tão importante quanto o início. E sabem que o corpo humano tende a querer desacelerar ou afrouxar quando está em movimento por um tempo.

Isso também acontece em nossa jornada com Jesus. Ao se dirigir a Jerusalém, onde certamente enfrentaria mais perseguições como apóstolo de Cristo, Paulo disse aos presbíteros da igreja em Éfeso que ele precisava terminar bem (Atos 20:17-24). Ele, entretanto, não se intimidou, pois tinha uma missão: "completar [sua] carreira" que havia começado e fazer o que Deus o chamara para fazer. Paulo tinha uma missão — contar "as boas-novas da graça de Deus" (v.24). E ele queria terminar bem. Mesmo com as dificuldades (v.23), ele continuou a correr em direção à linha de chegada — concentrado e determinado a permanecer firme em sua jornada.

Quer estejamos exercitando os músculos físicos ou praticando as habilidades que Deus nos concedeu, por meio de ações, palavras e feitos, também podemos ser encorajados pelo lembrete para terminar bem: "não nos cansemos" (Gálatas 6:9). Não desistamos! Deus providenciará o que precisamos para terminar bem. —*Katara Patton*

*Que você possa continuar esta jornada e
terminá-la bem, para a glória de Deus.*

8 de março
A dádiva do arrependimento
Joel 2:12-14

*Não rasguem as roupas […] rasguem o coração!
Voltem para o S<small>ENHOR</small>, seu Deus…* —J<small>OEL</small> 2:13

"Não! Eu não fiz isso!" Jane ouviu a negação de seu filho adolescente com o coração apertado, pois sabia que ele estava mentindo. Ela pediu ajuda a Deus antes de perguntar-lhe novamente. O jovem continuou a negar até que finalmente ela, irritada, ergueu as mãos. Dizendo que precisava de um tempo, começou a se afastar quando sentiu a mão dele em seu ombro e ouviu seu pedido de desculpas. Ele respondeu ao toque do Espírito Santo e se arrependeu.

No livro de Joel, Deus chamou Seu povo ao arrependimento, dando-lhes as boas-vindas para que retornassem a Ele de todo o coração (2:12). Deus não buscou atos externos de remorso, mas sim que eles se quebrantassem: "Não rasguem as roupas […] rasguem o coração". Joel lembrou aos israelitas que Deus é "misericordioso e compassivo, lento para se irar e cheio de amor" (v.13).

Podemos achar difícil confessar nossos erros, pois em nosso orgulho não admitimos nossos pecados. Talvez tenhamos falsificado a verdade, justificando nossas ações, dizendo que foi apenas "uma mentirinha inocente". Mas quando damos ouvidos ao gentil, porém firme, pedido de Deus para nos arrependermos, Ele nos perdoa e nos limpa de todos os nossos pecados (1 João 1:9). Podemos nos livrar da culpa e da vergonha, sabendo que somos perdoados. —*Amy Boucher Pye*

*Com o tempo adquirimos entendimento
sobre os nossos atos, e isso nos traz convicção
e verdadeiro arrependimento.*

9 de março

Comida do céu

Êxodo 16:4-5, 13-18

Então o Senhor disse a Moisés: "Vejam, farei chover comida do céu para vocês.
—Êxodo 16:4

Em agosto de 2020, os moradores de Olten, Suíça, surpreenderam-se ao ver que nevava chocolate! Um defeito na ventilação de uma fábrica local lançou partículas de chocolate no ar. Assim, uma poeira de flocos nevados de chocolate comestível cobriu carros e ruas, fazendo a cidade cheirar como se fosse uma loja de doces.

Quando penso em comida deliciosa caindo "magicamente" dos céus, penso na provisão de Deus para o povo de Israel em Êxodo. Após a dramática fuga do Egito, o povo enfrentou grandes desafios no deserto, especialmente a escassez de comida e água. E Deus, movido pela situação difícil deles, prometeu "farei chover comida do céu" (Êxodo 16:4). Na manhã seguinte, uma camada de flocos finos apareceu no solo do deserto. Essa provisão diária, conhecida como maná, continuou pelos quarenta anos seguintes.

Quando Jesus veio à Terra e milagrosamente providenciou pão para uma grande multidão, as pessoas começaram a acreditar que Ele fora enviado por Deus (João 6:5-14). Mas Jesus ensinou que Ele mesmo era o "pão da vida" (v.35), enviado para trazer não apenas alimento temporário, mas vida eterna (v.51).

Para os que estão famintos por alimento espiritual, Jesus estende a oferta de vida eterna com Deus. Que possamos crer e confiar que Ele veio para satisfazer esses anseios mais profundos. —*Lisa M. Samra*

Sentimos satisfação espiritual ao percebermos que precisamos de Jesus: somente Ele nos satisfaz.

10 de março

Coragem incomum

Daniel 2:24-30

...Leve-me ao rei e eu interpretarei o sonho dele.
—Daniel 2:24

Em 1478, Lorenzo de Medici, governante de Florença, Itália, livrou-se de um ataque contra sua vida. Seus compatriotas iniciaram uma guerra ao tentarem retaliar tal ataque. À medida que a situação piorava, o cruel rei Ferrante 1º de Nápoles tornou-se inimigo de Medici. Porém, um ato corajoso do próprio Medici mudou tudo. Ele visitou o rei desarmado e sozinho. Essa bravura, combinada com seu charme e brilho, ganhou a admiração de Ferrante e findou a guerra.

Daniel também ajudou o rei Nabucodonosor a experimentar uma transformação de atitude. Ninguém na Babilônia conseguia descrever ou interpretar o sonho perturbador do rei. Isso o deixou tão zangado que o fez decidir executar todos os seus conselheiros, incluindo Daniel e seus amigos. Mas Daniel pediu para ver o rei. Diante de Nabucodonosor, Daniel deu a Deus todo o crédito por revelar o mistério do sonho (Daniel 2:24,28). Quando o profeta o decifrou, o rei honrou "o maior de todos os deuses" (v.47). A coragem incomum de Daniel, nascida de sua fé em Deus, ajudou-o, e a todos, a escaparem da morte naquele dia.

Em nossa vida, há momentos em que a coragem e a ousadia são necessárias para comunicar mensagens importantes. Que o Senhor oriente e dê a sabedoria para sabermos o que dizer e como dizer. —*Jennifer Benson Schuldt*

Descanse no poder de Deus para agir com coragem e sabedoria.

11 de março

O fruto é digno da árvore

Gálatas 5:22-26

*Mas o Espírito produz [...]: amor, alegria, paz,
paciência, amabilidade, bondade, fidelidade...*
—Gálatas 5:22

A dona de um canteiro considerou várias maneiras antes de vender seus pessegueiros. Deveria alinhar mudas de folhas em sacos de juta em uma bela exibição? Talvez criar um catálogo colorido com pessegueiros em várias fases de crescimento? Por fim, percebeu o que realmente vende um pessegueiro. É o pêssego que ele produz: cheiroso, laranja intenso e de casca aveludada. A melhor maneira de vender um pessegueiro é colher um pêssego maduro, cortá-lo em fatias para que o suco escorra pelo braço do cliente. Quando eles saboreiam o fruto, querem a árvore.

Deus se revela tal como um fruto espiritual em Seus seguidores: *amor, alegria, paz, paciência, amabilidade, bondade, fidelidade, mansidão e domínio próprio* (Gálatas 5:22-23). Quando os cristãos exibem esse fruto, outros também o desejarão e, portanto, buscarão a fonte do fruto.

O fruto é o resultado exterior de um relacionamento interior — a influência do Espírito Santo em nossa vida. O fruto é o "tempero" que leva outras pessoas a conhecerem o Deus a quem representamos. Como os pêssegos reluzentes se destacando nas folhas verdes de uma árvore, o fruto do Espírito anuncia a um mundo faminto: "Aqui está o alimento! Aqui está a vida! Venham e encontrem um modo de sair da exaustão e do desânimo. Venham e encontrem o Senhor Deus!"

—*Elisa Morgan*

*Pratique o fruto do Espírito para que
outras pessoas sejam atraídas a Deus.*

12 de março

Doação generosa

Levítico 19:9-10

*...Não [...] apanhem as uvas que caírem no chão.
Deixem-nas para os pobres e estrangeiros...*
—Levítico 19:10

O general Charles Gordon (1833–85) serviu à rainha Vitória em muitos lugares, mas quando morava na Inglaterra, doava 90% de sua renda. Quando soube da fome em Lancashire, riscou a inscrição de uma medalha de ouro puro que recebera de um líder mundial e a enviou para o norte, dizendo que deveriam derretê-la e usar o dinheiro para comprar pão para os pobres. Naquele dia, ele escreveu em seu diário: "A última coisa terrena que eu tinha neste mundo e que valorizava dei ao Senhor Jesus".

O nível de generosidade do general Gordon pode parecer acima e além de nossa capacidade de compreender, mas Deus sempre chamou Seu povo para cuidar dos necessitados. Nas leis que proferiu por meio de Moisés, Deus instruiu o povo a não colher até os limites do campo nem colher toda a safra. Em vez disso, ao colher uma vinha, disse para deixar as uvas que haviam caído "para os pobres e estrangeiros" (Levítico 19:10). Deus queria que Seu povo conhecesse e cuidasse dos vulneráveis em seu meio.

Por mais generosos que pensamos ser, peçamos a Deus que aumente o nosso desejo de doar aos outros e a buscar Sua sabedoria para encontrar maneiras criativas de o fazer. Ele gosta muito de nos ajudar a demonstrar Seu amor aos outros. Quem tem fome, tem fome agora, não amanhã ou quando estivermos em melhor situação financeira —*Amy Boucher Pye*

Pai, concede-me o privilégio de testemunhar do teu amor a alguém que esteja sofrendo neste dia.

13 de março

Aumente a temperatura

Apocalipse 3:14-22

...seja zeloso e arrependa-se.
—Apocalipse 3:19

As temperaturas onde moro mudam rápido — às vezes em minutos. Então, meu marido ficou curioso sobre as diferenças de temperatura dentro e fora de nossa casa. Fã de aparelhos, ele estava animado com seu mais recente "brinquedo" — um termômetro mostrando a temperatura de quatro "zonas" ao redor de nossa casa. Sempre achei que era um aparelho "desnecessário", mas fiquei surpresa ao me ver verificando as temperaturas constantemente. As diferenças internas e externas me fascinavam.

Jesus usou a temperatura para descrever a igreja "morna", em Laodiceia, uma das mais ricas das sete cidades do Apocalipse. A cidade era prejudicada por um abastecimento de água insuficiente e precisava de um aqueduto para transportar a água de uma fonte termal. Quando ela chegava a Laodiceia, não estava nem quente, nem fria.

A igreja também estava morna. Jesus disse: "...Você não é frio nem quente. Desejaria que fosse um ou o outro! Mas, porque é como água morna [...] eu o vomitarei de minha boca" (Apocalipse 3:15-16). Como Cristo explicou: "Eu corrijo e disciplino aqueles que amo. Por isso, seja zeloso e arrependa-se" (v.19).

O apelo do nosso Salvador é urgente para nós também. Espiritualmente, você não é nem quente nem frio? Aceite Sua correção e peça-lhe para ajudá-lo a viver sua fé com zelo e fervor. —*Patricia Raybon*

Se o seu compromisso com Deus é morno, a sua fé será morna. Aqueça a sua fé!

14 de março

Café "Porta Estreita"

Lucas 13:22-30

Esforcem-se para entrar pela porta estreita...
—Lucas 13:24

Croissants, bolinhos, carne de porco com *curry* e todos os tipos de comida deliciosa aguardam os que entram no *Café Porta Estreita*. Localizado em um país asiático, esse café é literalmente um buraco na parede. Sua entrada tem apenas 40 centímetros de largura — o suficiente para uma pessoa se espremer para entrar! Contudo, apesar do desafio, o café atrai grandes multidões.

Isso será verdade para a porta estreita descrita em Lucas 13:22-30? Perguntaram a Jesus: "Só alguns poucos serão salvos?" (v.23). Em resposta, Jesus desafiou a pessoa a se esforçar "para entrar pela porta estreita" do reino de Deus (v.24). Ele estava essencialmente perguntando: "Os salvos incluirão você?". Jesus usou essa analogia para exortar os judeus a não serem presunçosos. Muitos criam que seriam incluídos no reino de Deus por serem descendentes de Abraão ou por guardarem a Lei. Mas Jesus os desafiou a aceitarem-no antes que "o dono da casa [tivesse] trancado a porta" (v.25).

Nem nossa família, nem nossas ações podem nos tornar justos diante de Deus. Somente a fé em Jesus nos salva (Efésios 2:8-9; Tito 3:5-7). A porta é estreita, mas está bem aberta para os que colocam sua fé em Jesus. Ele nos convida a aproveitar a oportunidade de entrar pela porta estreita de Seu reino. —*Poh Fang Chia*

Pai, que a minha escolha seja sempre a de entrar pela porta estreita e ter a vida eterna com Jesus.

15 de março

A esperança resiste às tempestades

Salmo 107:23-32

Acalmou a tempestade e aquietou as ondas.
—Salmo 107:29

Na primavera de 2021, vários caçadores de tempestades gravaram vídeos e tiraram fotos de um arco-íris próximo a um tornado no Texas, EUA. Em um vídeo, longas hastes de trigo em um campo dobraram sob o poder dos ventos. Um arco-íris brilhante cortou o horizonte cinza e se curvou em direção ao tornado. Os espectadores em outro vídeo pararam à beira da estrada e viram o símbolo da esperança firme ao lado da nuvem em forma de funil.

No Salmo 107, o salmista oferece esperança e nos incentiva a nos voltarmos para Deus em tempos difíceis. Ele descreve alguns que estavam no meio de uma tempestade, "cambaleantes" (v.27). "Em sua aflição, clamaram ao Senhor, e ele os livrou…" (v.28).

Deus entende que Seus filhos às vezes lutam para ter esperança quando a vida parece uma tempestade. Precisamos de lembretes de Sua fidelidade, especialmente quando o horizonte parece escuro e conturbado.

Quer nossas tempestades venham como obstáculos em nossa vida, como turbulência emocional ou como estresse mental, Deus pode acalmá-las e nos guiar a um lugar de refúgio (vv.29-30). Embora possamos não sentir alívio como e quando preferimos, podemos confiar que Deus manterá as promessas que fez nas Escrituras. Sua esperança duradoura resistirá às tempestades. —*Xochitl Dixon*

Deus lhe concede o ânimo e a esperança para enfrentar as turbulências da vida.

16 de março

Doar por amor

Mateus 6:1-4

...seu Pai, que observa em segredo, os recompensará. —Mateus 6:4

Todos os dias, Gilson compra o seu café da manhã num *drive-thru* próximo, e paga o pedido da pessoa no carro logo atrás dele, pedindo ao caixa que deseje a ela um bom dia. Gilson não tem qualquer ligação com quem está no carro de trás, não sabe como reagirá, mas simplesmente acredita que este pequeno gesto é "o mínimo que ele pode fazer". Certa ocasião, porém, ele soube do impacto das suas ações quando leu uma carta anônima ao editor do seu jornal local. Descobriu que seu ato de bondade, em 18 de julho de 2017, permitiu que a pessoa, no carro atrás dele, reconsiderasse os planos de tirar a própria vida, mais tarde, naquele mesmo dia. [O gesto a salvou!].

Gilson doa diariamente às pessoas do carro atrás de si sem receber crédito algum por isso. Somente nessa única ocasião, ele teve um vislumbre do impacto de seu pequeno gesto. Quando Jesus diz: "não deixem que a mão esquerda saiba o que a direita está fazendo" (Mateus 6:3), Ele está nos exortando a doar à maneira de Gilson, sem necessidade de reconhecimento.

Quando doamos por amor a Deus, sem nos preocupar em receber o louvor dos outros, podemos confiar que as nossas dádivas, grandes ou pequenas, serão usadas por Ele para ajudar a satisfazer as necessidades dos que as recebem.
—Kirsten Holmberg

Que tal fazer uma boa-ação "em segredo" hoje?

17 de março

Sinais de esperança

Salmo 42

Espere em Deus! Ainda voltarei a louvá-lo...
—Salmo 42:5

Em uma de minhas férias, a batalha com a dor crônica obrigou-me a passar os primeiros dias em recuperação no quarto. O meu humor parecia o céu nublado. Finalmente nos aventuramos a visitar um farol próximo, mas as nuvens cinzentas bloquearam grande parte da nossa visão. Ainda assim, tirei fotos das montanhas sombrias e do vago horizonte.

Mais tarde, desapontada pela tempestade que nos impediu de sair à noite, revisei as nossas fotos. Suspirando, entreguei a câmera ao meu marido. "Um arco-íris!" Focada na escuridão anterior, eu tinha perdido Deus renovando o meu espírito cansado com esse inesperado vislumbre de esperança (Gênesis 9:13-16).

O sofrimento físico ou emocional pode muitas vezes nos arrastar às profundezas do desespero. Desesperados por um pequeno renovo, temos sede de lembretes da presença constante e do poder infinito de Deus (Salmo 42:1-3). Ao recordarmos as inúmeras vezes que Deus alcançou a nós e a outros no passado, podemos confiar que a nossa esperança está assegurada nele, por mais abatidos que nos sintamos no momento (vv.4-6).

Quando más atitudes ou circunstâncias difíceis obscurecem a visão, Deus nos convida a invocá-lo, ler a Bíblia e confiar na Sua fidelidade (vv.7-11). Ao buscarmos o Senhor, podemos confiar nele para nos ajudar a detectar o arco-íris da esperança iluminando os dias mais sombrios. —*Xochitl Dixon*

Deus transforma os clamores em louvores de esperança.

18 de março

Confiante em Deus

1 João 5:13-15

Estamos certos de que ele nos ouve sempre que lhe pedimos algo conforme sua vontade.
—1 João 5:14

Um estudo realizado em 2018, no Reino Unido, concluiu que, em média, os adultos acordados "verificavam os seus smartphones a cada 12 minutos". Mas essa estatística parece conservadora se considerarmos a frequência com que eu busco respostas ou respondo aos alertas de textos, chamadas e e-mails que chegam ao longo do dia. Olhamos os nossos dispositivos, confiantes de que fornecerão o que precisamos para nos manter organizados, informados e conectados.

Como cristãos, temos um recurso infinitamente melhor do que um smartphone. Deus ama e cuida de nós intimamente. Ele deseja que o busquemos com as nossas necessidades. A Bíblia diz que, quando oramos, podemos confiar "que ele nos ouve sempre que lhe pedimos algo conforme sua vontade" (1 João 5:14). Lendo a Bíblia e guardando as palavras de Deus no nosso coração, podemos orar com segurança por coisas que sabemos que Ele já deseja para nós, incluindo paz, sabedoria, fé e "que ele nos dará o que pedimos" (v.15).

Por vezes, pode parecer que Deus não nos ouve quando a nossa situação não muda. Mas construímos a nossa confiança em Deus, voltando-nos constantemente para Ele em todas as circunstâncias (Salmo 116:2). Isso permite que cresçamos na fé, confiando que, embora possamos não conseguir tudo o que desejamos, Ele prometeu fornecer o que precisamos no Seu tempo. —*Kimya Loder*

Deus supre as suas necessidades de acordo com a vontade dele.

19 de março

Jesus está aqui

Mateus 28:16-20

Ensinem [...] os discípulos a obedecerem a todas as ordens que eu lhes dei. E lembrem-se disto: estou sempre com vocês... —MATEUS 28:20

A minha tia-avó deitou-se na sua cama com um sorriso no rosto. Os seus cabelos grisalhos foram afastados da sua face e as rugas cobriram-lhe as bochechas. Ela não falava muito, mas ainda me lembro das poucas palavras que disse quando meus pais e eu a visitamos. Ela sussurrou: "Eu não me sinto só. Jesus está aqui comigo".

Eu era solteira naquela época e maravilhei-me com a proclamação da minha tia. O marido dela tinha morrido vários anos antes, e os seus filhos viviam longe. Perto do seu nonagésimo ano de vida, ela estava sozinha, na sua cama, mal conseguindo se mexer. No entanto, ela podia dizer que não se sentia só.

A minha tia aceitou as palavras de Jesus aos discípulos literalmente, como todos nós devíamos: "estou sempre com vocês" (Mateus 28:20). Ela sabia que o Espírito de Cristo estava com ela, como Ele prometeu, ao instruir os discípulos para irem ao mundo e anunciarem a Sua mensagem aos outros (v.19). Jesus disse que o Espírito Santo "estará" com os discípulos e conosco (João 14:16-17).

Tenho a certeza de que a minha tia experimentou a realidade dessa promessa. O Espírito estava habitando nela enquanto ela descansava em sua cama. E o Espírito a usou para compartilhar a Sua verdade comigo — uma jovem sobrinha que precisava ouvir essas palavras e aceitá-las. —*Katara Patton*

Jamais esqueça, Jesus está contigo.

20 de março
Tempo suficiente
Eclesiastes 3:1-13

Deus fez tudo apropriado para seu devido tempo.
Ele colocou um senso de eternidade no coração humano...
—Eclesiastes 3:11

Quando vi o livro *Guerra e Paz* de Leo Tolstói (LPM Editores, 2007) na estante do meu amigo, confessei: "Nunca consegui ler até ao fim". "Bem", riu-se ele, "Quando me aposentei como professor, recebi-o como presente de um amigo que me disse: '*Agora* você terá tempo de o ler'".

Nos primeiros oito versículos de Eclesiastes 3, temos um ritmo familiar e natural das atividades da vida com algumas escolhas arbitrárias. Não importa em que fase da vida nos encontramos, muitas vezes é difícil encontrar tempo para fazer tudo o que queremos. É útil termos um planejamento para tomar decisões sábias sobre a gestão do nosso tempo (Salmo 90:12).

O tempo com Deus todos os dias é prioridade à nossa saúde espiritual. Fazer algo produtivo satisfaz nosso espírito (Eclesiastes 3:13). Servir a Deus e ajudar aos outros é essencial para cumprir o propósito de Deus para nós (Efésios 2:10). E os tempos de descanso ou lazer não são desperdícios, pois revigoram o corpo e o espírito.

É fácil nos concentrarmos demais no aqui e agora e encontrar tempo para o que mais nos importa. No entanto, Eclesiastes 3:11 diz que Deus "colocou um senso de eternidade" em nosso coração, lembrando-nos de que as coisas eternas são prioridade. Isso pode nos colocar face a face com algo da maior importância: a perspectiva eterna de Deus "do começo ao fim" (v.11). —*Cindy Hess Kasper*

O que significa ter o "senso de eternidade"
no coração humano?

21 de março

Os movimentos de Deus

Êxodo 12:24-28

*É o sacrifício da Páscoa para o SENHOR,
pois ele passou por sobre as casas [...].
E [...] poupou nossas famílias.* —ÊXODO 12:27

Adoro um bom jogo de *Palavras Cruzadas*. Depois de uma partida, os meus amigos deram o meu nome a um movimento, chamando-o de "Katara". No último lance do jogo, sem mais letras para "comprar", fiz uma palavra com as sete letras em meu estoque. Isto significava que o jogo tinha acabado, e eu recebi 50 pontos de bônus assim como todos os pontos de todos as letras restantes dos meus adversários, saltando do último lugar para o primeiro. Agora, sempre que jogamos, e alguém está atrás, lembram-se do que aconteceu e têm a esperança de uma "Katara".

Recordar o que aconteceu no passado tem o poder de elevar o nosso espírito e nos dar esperança. E foi isso que os israelitas fizeram ao celebrarem a Páscoa — o que Deus fez pelos israelitas quando estavam no Egito, oprimidos pelo Faraó e seu povo (Êxodo 1:6-14). Depois de clamarem a Deus, Ele os libertou de forma poderosa. Disse-lhes que pusessem sangue nos batentes das portas para que o anjo da morte "passasse por cima" de suas casas e dos seus animais (12:12-13). Então seriam mantidos a salvo da morte.

Hoje, recordamos regularmente o Seu sacrifício na cruz, provendo o que precisávamos para sermos libertos do pecado e morte (1 Coríntios 11:23-26). Recordar os atos amorosos de Deus no passado nos dá esperança para hoje. —*Katara Patton*

*Celebre o que Deus fez por você.
Ofereça esperança aos outros a partir
das suas experiências!*

22 de março

Orgulho e engano

Obadias 1:1-4

Foi enganado por seu orgulho...
— Obadias 1:3

Com os ombros descaídos, murmurei essas palavras difíceis: *Amoroso Deus, obrigado por Tua correção suave e incisiva. Tenho sido arrogante, achando que posso fazer tudo sozinha.* Durante meses, tinha sido bem-sucedida; os elogios me fizeram confiar nas minhas capacidades e rejeitar a liderança de Deus. Foi preciso um projeto desafiador para perceber que eu não era tão inteligente como pensava. O meu orgulho me enganou e me fez acreditar que não precisava da ajuda de Deus.

Deus disciplinou o poderoso reino de Edom por seu orgulho que, do alto dos montes, tornou-se aparentemente invulnerável aos inimigos (Obadias 1:3). A rica nação situava-se no centro de rotas comerciais estratégicas e sua riqueza vinda do cobre era altamente valorizada. Estava cheia de coisas boas, mas muito orgulho. Os cidadãos acreditavam que eram invencíveis e oprimiam o povo de Deus (vv.10-14). Mas Deus usou o profeta Obadias para lhes falar do Seu julgamento. As nações se ergueriam, e o outrora poderoso reino seria indefeso e humilhado (vv.1-2).

O orgulho é enganoso e nos faz pensar que podemos viver em nossos termos, sem Deus. Faz-nos sentir invulneráveis à autoridade, correção e fraqueza. Mas Deus quer que nos humilhemos perante Ele (1 Pedro 5:6). Deixemos o orgulho e escolhamos o arrependimento, Deus nos guiará à total confiança nele.

—*Karen Huang*

Que Deus nos proteja do orgulho por meio de um coração humilde.

23 de março

Novo DNA em Jesus

Efésios 4:17-24

...e revistam-se de sua nova natureza, criada para ser verdadeiramente justa e santa como Deus. —EFÉSIOS 4:24

Cristiano testou o seu sangue novamente após quatro anos do seu transplante. O doador tinha fornecido a medula necessária para o curar, mas lhe deixara uma surpresa: o seu DNA. Isso faz sentido: o objetivo do procedimento era substituir o sangue enfraquecido pelo sangue saudável do doador. De certa forma, ele tinha-se tornado outra pessoa, embora retivesse as suas próprias memórias, aparência exterior, e parte do seu DNA original.

A experiência dele tem semelhança com o que acontece na vida daquele que recebe a salvação em Jesus. Quando somos transformados espiritualmente e confiamos em Jesus, tornamo-nos nova criatura (2 Coríntios 5:17). A carta de Paulo à igreja em Éfeso os encorajou a revelar essa transformação interior, a livrar-se de "sua antiga natureza e do seu velho modo de viver e a revestir-se de sua nova natureza, criada para ser verdadeiramente justa e santa com Deus" (Efésios 4:22-24): a ser separado para Cristo.

Não precisamos de cotonetes de DNA ou testes de sangue para mostrar que o poder transformador de Jesus está vivo dentro de nós. Que isso seja evidente na forma como nos envolvemos com o mundo ao redor, revelando como somos "bondosos e [compassivos] uns [com os] outros, perdoando [nos] como Deus [nos] perdoou em Cristo" (v.32). —*Kirsten Holmberg*

Jesus nos transformou para demonstrarmos essa mudança ao nos relacionarmos uns com os outros.

24 de março

Plantados em Deus

Jeremias 17:5-8

É como árvore plantada junto ao rio...
—Jeremias 17:8

"Os lilases se agitam ao vento". Com a abertura do seu poema *Maio*, a poetisa Sara Teasdale capturou a visão dos arbustos lilases balançando ao vento. No entanto, ela lamentava um amor perdido, e o poema rapidamente se tornou triste.

Os lilases do meu quintal também enfrentaram desafios. Depois de sua estação mais exuberante e bela, sentiram o rastelo do jardineiro que os "aparou" até os tocos. Chorei. Três anos depois, ramos estéreis, um surto de fungos, e o meu plano descrente de os desenterrar, os nossos lilases, tão sofridos, recuperaram-se. Eles precisavam de tempo, e eu de esperar pelo que não conseguia ver.

A Bíblia fala de muitas pessoas que esperaram fielmente apesar das adversidades. Noé esperou por chuva. Calebe esperou por 40 anos para viver na Terra Prometida. Rebeca esperou 20 para conceber uma criança. Jacó esperou 7 para casar-se com Raquel. Simeão esperou muito para ver o menino Jesus. A paciência deles foi recompensada.

Em contrapartida, aqueles que olham para os homens serão "como arbusto solitário no deserto" (Jeremias 17:6). A poetisa finalizou seu poema em tal escuridão. "Vou por um caminho invernal" concluiu ela. Mas "feliz é quem confia no Senhor", serão "como árvore plantada junto ao rio" regozijou-se Jeremias. (vv.7-8).

A confiança permanece em Deus, que caminha conosco em meio às alegrias e adversidades da vida. —*Patricia Raybon*

Deus é o solo mais firme,
peça a Ele que cultive a sua confiança,
plantando-a mais profundamente
em Seu firme amor.

25 de março

Amor confiável

Romanos 12:9-21

O amor não faz o mal ao próximo...
—Romanos 13:10

Por que não consigo parar de pensar nisso? Minhas emoções estavam um emaranhado de tristeza, culpa, raiva e confusão.

Anos atrás, tomei a decisão dolorosa de cortar laços com alguém próximo, após tentativas de lidar com um comportamento profundamente doloroso serem rejeitadas e negadas. Hoje, após ouvir que ela visitava a cidade, meus pensamentos remoeram o passado.

Ao lutar para acalmar meus pensamentos, ouvi uma música no rádio. Ela expressava não apenas a angústia da traição, mas também um profundo desejo de mudança e cura em quem causou o mal. Lágrimas escorreram dos meus olhos enquanto eu mergulhava na balada assustadora dando voz aos meus próprios desejos mais profundos.

"Amem as pessoas sem fingimento", escreveu Paulo em Romanos 12:9, um lembrete de que nem todo amor é genuíno. No entanto, o desejo mais profundo do nosso coração é conhecer o amor verdadeiro, que não é egoísta ou manipulador, mas compassivo e generoso. Amor que não necessita controle ou que seja motivado pelo medo, mas sim um compromisso alegre com o bem-estar mútuo (vv.10-13).

Essas são as boas-novas, o evangelho. Por causa de Jesus, podemos finalmente conhecer e compartilhar um amor em que podemos confiar: um amor que nunca nos fará mal (13:10). Viver em Seu amor é ser livre. —*Monica La Rose*

Escolher viver por Jesus é tornar-se livre.

26 de março

A abundância satisfaz a necessidade

2 Coríntios 8:13-15

…vocês têm fartura e podem ajudar os que passam por necessidades.
—2 Coríntios 8:14

As cantinas escolares e os grandes restaurantes geralmente preparam mais comida do que precisam porque não conseguem prever perfeitamente a quantidade necessária, e muita comida vai ao lixo. No entanto, há estudantes que não têm comida suficiente em casa e passam fome nos fins de semana. Numa parceria com uma organização sem fins lucrativos, a solução foi embalar as sobras, que são enviadas às casas estudantis. Essa foi a solução para o desperdício alimentar e a fome.

Embora muitos não olhem a abundância de dinheiro com o mesmo olhar que temos para o desperdício de alimentos, o princípio é o mesmo que Paulo sugere na sua carta aos Coríntios. Ele sabia que as igrejas na Macedônia passavam por dificuldades; por isso, pediu à igreja de Corinto que usasse a sua "abundância" para amparar os necessitados (2 Coríntios 8:14). O objetivo dele era trazer igualdade entre as igrejas, para que nenhuma tivesse muito enquanto outras sofressem.

Paulo não queria que os cristãos empobrecessem por causa das doações, mas que tivessem empatia e generosidade com os macedônios, e reconhecessem que, em algum momento, no futuro, também eles provavelmente precisariam de ajuda semelhante. Quando vemos outros necessitados, avaliemos se temos algo para compartilhar. A nossa doação, grande ou pequena, nunca será desperdício!

—Kirsten Holmberg

Se Deus já supriu as suas necessidades por meio de outra pessoa, por que não retribuir o favor e ajudar alguém necessitado hoje?

27 de março

A mensagem da cruz

1 Coríntios 1:18-25

A mensagem da cruz é [...] o poder de Deus.
—1 Coríntios 1:18

Zhang foi criado sem "nenhum Deus, nenhuma religião, nada". Em 1989, em busca de democracia e liberdade para seu povo, ele ajudou a liderar estudantes em protestos pacíficos. Mas os protestos levaram tragicamente à intervenção do governo e à perda de muitas vidas. Pela sua participação, Zhang tornou-se um dos homens mais procurados do seu país. Após uma curta detenção, fugiu para uma aldeia remota onde conheceu uma idosa agricultora que lhe apresentou o cristianismo. Ela tinha apenas uma cópia manuscrita do evangelho de João, mas não sabia ler e pediu a Zhang que a lesse para ela. À medida que ele lia, ela lhe explicava e, um ano mais tarde, Zhang entregou sua vida a Jesus.

Por tudo o que ele suportou, Zhang crê que Deus o conduzia poderosamente à cruz, onde ele experimentou em primeira mão o que o apóstolo Paulo afirma: "A mensagem da cruz é [...] o poder de Deus" (1 Coríntios 1:18). O que muitos consideravam tolice, fraqueza, tornou-se a força de Zhang. Para alguns de nós, esse também era o nosso pensamento antes de chegarmos a Cristo. Mas por meio do Espírito, sentimos o poder e a sabedoria de Deus invadindo a nossa vida e nos conduzindo a Cristo. Hoje Zhang serve como pastor e espalha a verdade da cruz a todos os que a ouvem.

Jesus tem o poder de mudar até o mais duro coração. Quem precisa hoje do Seu poderoso toque? —*Alyson Kieda*

Estaríamos perdidas sem a salvação em Jesus Cristo.

28 de março

Andar com outros

Romanos 13:8-14

*Não devam nada a ninguém,
a não ser o amor de uns pelos outros.*
—Romanos 13:8

Billy é um cão amoroso e leal e tornou-se uma celebridade norte-americana em 2020. O seu dono, Russell, tinha quebrado o tornozelo e estava usando muletas para andar. O cão também começou a mancar quando caminhava com o seu dono. Preocupado, Russell o levou ao veterinário, mas não havia nada de errado com o cão! Ele corria livremente quando estava sozinho. O cão apenas fingia coxear quando caminhava com o seu dono. É isso que significa tentar identificar-se verdadeiramente com a dor de alguém!

O apóstolo Paulo instruiu a igreja de Roma sobre a importância de andar lado a lado com os outros. Ele resumiu os últimos cinco dos Dez Mandamentos desta forma: "Ame o seu próximo como a si mesmo" (Romanos 13:9). Podemos ver a importância de caminhar com os outros também no versículo 8: "Não devam nada a ninguém, a não ser o amor de uns pelos outros".

A autora Jenny Albers aconselha: "Quando alguém está quebrado, não tente consertá-lo. (Você não consegue!) Quando estiver magoado, não tente tirar-lhe a dor. (Você não consegue!) Em vez disso, ame-os, caminhando ao seu lado na dor. (Você consegue!). Muitas vezes, o que as pessoas realmente precisam é simplesmente saber que não estão sozinhas".

Jesus, o nosso Salvador, caminha ao nosso lado em meio à dor e mágoa; portanto, sabemos o que significa caminhar com os outros. —*Anne Cetas*

Que nesta semana Deus abra seus olhos às necessidades das pessoas que lhe rodeiam.

29 de março

A provisão de Deus

2 Reis 4:1-7

*"O que posso fazer para ajudá-la?", perguntou Eliseu.
"Diga-me, o que você tem em casa?"*
— 2 Reis 4:2

João, de 3 anos, e a mãe, semanalmente, ajudavam a descarregar as compras do caminhão do Ministério da Alimentação da igreja. Quando João ouviu a mãe dizer à avó que o caminhão tinha quebrado, disse: "Como eles vão fazer agora"? A mãe explicou que a igreja teria de angariar dinheiro para comprar outro. O garoto sorriu e disse: "Eu tenho dinheiro". Saiu dali e buscou o seu cofre decorado com adesivos coloridos e quase R$200,00 em moedas. Embora fosse pouco, Deus juntou à oferta sacrificial dele com outras doações para a compra de um caminhão novo e refrigerado. A igreja pôde continuar a servir a sua comunidade.

Uma pequena quantia oferecida com amor é sempre mais do que o suficiente quando colocada nas mãos de Deus. Em 2 Reis 4, uma viúva pobre pediu ajuda financeira ao profeta Eliseu. Ele pediu-lhe que fizesse um inventário dos recursos que possuía, pedisse ajuda aos seus vizinhos e, depois obedecesse às instruções dele (vv.1-4). Numa miraculosa demonstração de provisão, Deus usou o azeite para encher todas as vasilhas que a viúva recolheu entre os seus vizinhos (vv.5-6). Depois disso, Eliseu a instruiu: "Agora venda o azeite e pague suas dívidas. Você e seus filhos poderão viver do que sobrar" (v.7).

Quando focamos naquilo que não temos, arriscamo-nos a perder de ver Deus fazer grandes coisas com o que temos. —*Xochitl Dixon*

Esteja sempre atenta e pronta a compartilhar o que recebeu de Deus, seja isso muito ou pouco, sempre há algo que podemos fazer.

30 de março

Entrego a Deus o meu trabalho

Colossenses 3:22-25

Em tudo que fizerem, trabalhem de bom ânimo, como se fosse para o Senhor, e não para os homens.
—Colossenses 3:23

A revista era considerada "importante". Por isso, esforcei-me por apresentar o melhor artigo possível para o editor sênior. Sentindo pressão para cumprir os seus padrões, continuei a reescrever os meus pensamentos e ideias. Mas qual era o meu problema? Era o tema desafiador? Ou minha verdadeira preocupação seria a editora aprovar a minha pessoa, e não apenas as minhas palavras?

Para essas preocupações, Paulo tem instruções dignas de confiança. Na carta aos colossenses, Paulo exortou os cristãos a trabalharem pela aprovação de Deus, não das pessoas. Ele disse: "Em tudo que fizerem, trabalhem de bom ânimo, como se fosse para o Senhor, e não para os homens. Lembrem-se de que o Senhor lhes dará uma herança como recompensa e de que o Senhor a quem servem é Cristo" (Colossenses 3:23-24).

Reflitamos sobre isso e deixemos de lutar para parecer bem aos olhos dos nossos patrões terrenos. Com certeza, nós os honramos como pessoas e procuramos dar-lhes o nosso melhor. Mas, se trabalharmos "como se fosse para o Senhor", pedindo por Sua liderança e bênção ao nosso trabalho para Ele, o Senhor abrilhantará os nossos esforços. A nossa recompensa? A pressão sobre o trabalho é aliviada e finalizamos nossas tarefas. E um dia o ouviremos dizer: "Muito bem!".

—*Patricia Raybon*

Faça o seu trabalho "como se fosse para o Senhor" e não para as pessoas. Isso a ajudará a lidar com as pressões do dia a dia.

31 de março

Comunhão celestial

1 Coríntios 11:23-26

...cada vez que vocês comem [...] e bebem [...] anunciam a morte do Senhor até que ele venha.
—1 Coríntios 11:26

Quando o módulo *Eagle* da Apollo 11 pousou no Mar da Tranquilidade na Lua, em 20 de julho de 1969, os astronautas levaram certo tempo recuperando-se do voo antes de pisar na superfície lunar. O astronauta Buzz Aldrin havia recebido permissão para levar pão e vinho para celebrar a Ceia do Senhor. Depois de ler as Escrituras, ele provou os primeiros alimentos consumidos na Lua. Mais tarde, ele escreveu: "Coloquei o vinho no cálice que nossa igreja tinha me dado. Na gravidade da Lua, o vinho fazia movimentos circulares lentos e graciosos no cálice". Aldrin desfrutou da comunhão celestial e suas ações proclamaram sua crença no sacrifício de Cristo na cruz e na certeza de Sua segunda vinda.

O apóstolo Paulo nos encoraja a lembrar como Jesus sentou-se com os Seus discípulos "na noite em que [...] foi traído" (1 Coríntios 11:23). Cristo comparou Seu corpo que seria sacrificado ao pão (v.24). Declarou o vinho como um símbolo da "nova aliança" que trouxe o perdão e a salvação através de Seu sangue derramado na cruz (v.25). Sempre e onde quer que celebremos a comunhão, proclamamos nossa confiança no Seu sacrifício e a esperança em Sua segunda vinda (v.26).

Onde quer que estejamos, celebremos nossa fé no único Salvador ressurreto e vindouro — Jesus Cristo. —*Xochitl Dixon*

Senhor Jesus, ajuda-me a viver corajosamente o hoje até a Tua volta!

1.º de abril
O que você busca

João 1:35-42

*Jesus olhou em volta e viu que o seguiam.
"O que vocês querem?", perguntou.*
—João 1:38

Como você responderia se Jesus lhe perguntasse: "O que você quer?" (João 1:38). Você lhe pediria saúde e bem estar físico? Um melhor emprego? Um casamento mais feliz? Segurança financeira? A defesa de uma falsa acusação? A salvação para um ente querido voluntarioso? Uma explicação de um conceito teológico difícil?

Para dois dos discípulos de João Batista, esta situação foi mais do que um exercício de imaginação. Certo dia, enquanto estavam com João, Jesus caminhou por ali e João anunciou: "Vejam! É o Cordeiro de Deus!" (João 1:36). Em vez de continuarem a seguir João, os seus dois discípulos começaram a seguir Jesus. Quando Jesus os viu, perguntou-lhes: "O que vocês querem?" (v.38).

Aparentemente, João os havia ensinado bem porque a sua resposta indicava que eles não estavam buscando algo para si mesmos, mas o próprio Jesus. Eles queriam saber onde Jesus estava hospedado. Jesus não lhes mostrou somente o lugar, mas Ele passou o restante do dia com eles.

Questiono-me sobre quantas vezes desperdiçamos a oportunidade de investir o nosso tempo com Jesus porque buscamos algo mais do que a Sua presença. Sei por experiência própria que quanto mais tempo invisto na presença de Jesus, menos desejo eu tenho por inúmeras coisas que antes pareciam tão importantes.

—Julie Ackerman Link

*Aproveite o seu tempo na presença de quem tem
as respostas certas: Jesus Cristo!*

2 de abril

Não existe amor maior

João 15:9-17

Não existe amor maior do que dar a vida por seus amigos. —João 15:13

As comemorações do 75.º aniversário do Dia D, em 2019, homenagearam os mais de 156.000 soldados que participaram da maior invasão marítima da história para libertar a Europa Ocidental. Na oração transmitida pelo rádio, em 6 de junho de 1944, o presidente Roosevelt pediu a proteção de Deus, dizendo: "Eles não lutam pelo desejo da conquista. Eles lutam para acabar com a conquista. Eles lutam para libertar".

A vontade de colocar-se em perigo para conter o mal e libertar os oprimidos traz-nos à mente as palavras de Jesus: "Não existe amor maior do que dar a vida por seus amigos" (João 15:13). Essas palavras foram ditas quando Cristo ensinava os Seus seguidores a se amarem. Mas Ele queria que eles entendessem o custo e a profundidade desse tipo de amor: um amor exemplificado por alguém que voluntariamente sacrifica sua vida por outra pessoa. O chamado de Jesus para amar sacrificialmente é a base de Seu mandamento: "amem uns aos outros" (v.17).

Talvez possamos demonstrar amor sacrificial cuidando das necessidades de um membro idoso da família. Podemos fazer as tarefas domésticas de um irmão durante uma semana escolar estressante. Podemos até ter cuidados extras à noite com um filho doente para permitir que nosso cônjuge durma. Na medida em que amamos sacrificialmente aos outros, demonstramos a maior expressão de amor.

—*Lisa M. Samra*

Que tal demonstrar amor sacrificial por alguém hoje?

3 de abril
Sabedoria e entendimento

Provérbios 2:1-11

*Pois o SENHOR concede sabedoria;
de sua boca vêm conhecimento e entendimento.*
—PROVÉRBIOS 2:6

Em 1373, Juliana de Norwich, 30, adoeceu e quase morreu. Ao orarem por ela, Juliana teve uma série de visões nas quais contemplou a crucificação de Jesus. Depois de recuperada, ela passou os vinte anos seguintes numa sala lateral da igreja, orando e refletindo. Juliana concluiu que o sacrifício de Cristo é a manifestação suprema do amor de Deus.

As revelações de Juliana são famosas, mas o que as pessoas muitas vezes ignoram é o tempo e o esforço que ela investiu em oração para discernir o que Deus lhe revelou. Durante vinte anos, ela procurou discernir o que a experiência da presença divina significava, suplicando ao Pai por Sua sabedoria e ajuda.

Como Ele fez com Juliana, Deus graciosamente se revela a Seu povo, por meio da Bíblia, do Seu suave sussurro, no refrão de um hino, ou mesmo apenas na percepção de Sua presença. Quando isso acontece, podemos buscar a Sua sabedoria e ajuda. Essa sabedoria é o que o rei Salomão instruiu seu filho a buscar, dizendo que ele deveria dar ouvidos à sabedoria e concentrar o coração no entendimento (Provérbios 2:2). Assim, ele obteria "o conhecimento de Deus" (v.5).

Deus promete nos conceder discernimento e entendimento. Quando conhecemos mais profundamente o Seu caráter e os Seus caminhos, podemos honrá-lo e compreendê-lo mais. —*Amy Boucher Pye*

Deus, nosso Pai, queremos compreender e conhecer mais o Teu caráter e o Teu amor.

4 de abril

Comida favorita

Lucas 22:14-20

Tomou o pão e agradeceu a Deus. Depois, partiu-o e o deu aos discípulos... —Lucas 22:19

Participei de uma festa de aniversário cujo tema era "coisas favoritas" na decoração, nos presentes e na comida. Como a aniversariante adorava bife e salada — e bolo de framboesa com chocolate branco — a anfitriã grelhou bife, preparou espinafre e encomendou o bolo favorito. As comidas favoritas dizem: "Eu te amo".

A Bíblia contém muitas referências à festividades, combinando comida com celebrações da fidelidade de Deus. As festas faziam parte do sistema sacrificial de adoração dos israelitas (Números 28:11-31), como a Páscoa, a festa das semanas e as da Lua Nova realizadas todos os meses. Deus prepara uma mesa com uma refeição abundante com cálices que transbordam de misericórdia e amor (Salmo 23:5). Talvez a combinação mais suntuosa de comida e vinho já expressada tenha sido quando Jesus partiu o pão e tomou um cálice de vinho, ilustrando a dádiva de Sua morte em uma cruz para nossa salvação. Ele então nos desafiou, dizendo: "Façam isto em memória de mim" (Lucas 22:19).

Quando você participar da refeição hoje, tire um momento para pensar no Deus que fez a boca e o estômago e lhe oferece a comida como expressão de Seu amor na celebração de Sua fidelidade. O nosso Deus festeja com os fiéis, combinando Sua provisão perfeita com nossa grande necessidade, dizendo: "Eu te amo".

—Elisa Morgan

Obrigada, Senhor, somos gratas por Tuas bençãos e dádivas, nosso alimento diário e todas as grandes e pequenas coisas.

5 de abril

O time dos sonhos

Romanos 12:3-8

*...Somos membros diferentes do mesmo corpo,
e todos pertencemos uns aos outros.*
—Romanos 12:5

Melissa e Tércio trilharam quilômetros juntos, mas, não seriam capazes de fazê-lo individualmente. Ela usa uma cadeira de rodas. Ele perdeu a visão para o glaucoma. A dupla percebeu que se complementava perfeitamente para desfrutarem juntos da natureza: Enquanto ele caminha pelas trilhas carregando-a nas costas, ela lhe dá instruções verbais. Eles se descrevem como um "time dos sonhos".

Paulo descreve os que creem em Jesus como — o Corpo de Cristo — algo semelhante ao "time dos sonhos". Ele instou os romanos a reconhecer como os dons individuais beneficiaram a todos. Assim como o nosso corpo possui muitas partes, cada uma com funções diferentes, juntos "formamos um corpo [espiritual]", e nossos dons devem ser dados em serviço para o benefício coletivo da Igreja (Romanos 12:5). Seja na forma de doação, encorajamento ou ensino, ou qualquer outro dom espiritual, Paulo nos instrui a ver a nós mesmos e nossos dons como pertencentes a todos os outros (vv.5-8).

Melissa e Tércio não estão focados no que não têm, nem orgulhosos do que têm em comparação um com o outro. Em vez disso, eles alegremente dão seus "dons" a serviço do outro, reconhecendo o quanto ambos são melhores pela mútua colaboração. Que possamos combinar os dons que Deus nos deu com os dos outros — por amor de Cristo. —*Kirsten Holmberg*

Pai, mostra-nos como usar os Teus recursos e habilidades para beneficiar o Corpo de Cristo.

6 de abril

Verdadeira liberdade

1 Coríntios 10:23-24; 11:1

Não se preocupem com seu próprio bem, mas com o bem dos outros. —1 Coríntios 10:24

Enquanto Milena lia no trem; ela destacava algumas frases e escrevia notas nas margens de seu livro. Mas uma conversa entre uma mãe e uma criança sentadas próximas a fez parar. A mãe corrigia seu filho por rabiscar no livro retirado da biblioteca. Milena guardou sua caneta, não querendo que a criança ignorasse as palavras de sua mãe, seguindo o exemplo dela mesma. A jovem sabia que a criança não entenderia a diferença entre danificar um livro emprestado e fazer anotações em um que fosse seu.

A atitude dela me lembrou das palavras inspiradas do apóstolo Paulo em 1 Coríntios 10:23-24: "'Tudo é permitido', você diz— mas nem tudo convém. 'Tudo é permitido' — mas nem tudo traz benefícios. Não se preocupem com seu próprio bem, mas com o bem dos outros".

Os cristãos, na jovem igreja em Corinto, viram sua liberdade em Cristo como uma oportunidade para buscar interesses pessoais. Mas Paulo escreveu que eles deveriam vê-la como oportunidade para beneficiar e edificar os outros. Ele lhes ensinou que a verdadeira liberdade não é o direito de fazer o que se quer, mas a liberdade de o fazer por Deus.

Seguimos os passos de Jesus quando usamos a nossa liberdade para escolher edificar aos outros em vez de servir a nós mesmas. —Poh Fang Chia

Como você pode ser mais atenciosa com os outros no exercício de sua liberdade em Cristo?

7 de abril

Quem é Jesus?

Marcos 8:27-30

Quem as pessoas dizem que eu sou?
—Marcos 8:27

Alguns creem que Jesus foi um bom mestre, mas apenas um homem. C. S. Lewis escreveu em *Cristianismo Puro e Simples* (Ed. Thomas Nelson, 2017): "Ou esse homem era, e é, o Filho de Deus, ou não passa de um louco ou algo pior. Você pode querer calá-lo por ser um louco, pode cuspir nele e matá-lo como a um demônio ou pode prosternar-se a Seus pés e chamá-lo de Senhor e Deus, mas que ninguém venha, com paternal condescendência, dizer que Ele não passava de um grande mestre humano". Essas palavras hoje famosas propõem que Jesus não teria sido um grande profeta se Ele afirmasse falsamente que é Deus. Isso seria a suprema heresia.

Jesus perguntou aos Seus discípulos: "Quem as pessoas dizem que eu sou?" (Marcos 8:27). As respostas incluíam João Batista, Elias, e um dos profetas (v.28). Mas Jesus insistiu: "Quem vocês dizem que eu sou?" Pedro respondeu: "O senhor é o Cristo" (v.29), o Salvador.

Mas quem nós dizemos que Jesus é? Jesus não poderia ter sido um bom mestre ou profeta se o que Ele disse sobre si mesmo — que Ele e o Pai (Deus) são "um" (João 10:30)— não fosse verdade. Seus seguidores e até os demônios declararam Sua divindade como o Filho de Deus (Mateus 8:29; 16:16; 1 João 5:20). Que hoje possamos compartilhar quem Cristo é à medida que Ele nos concede o que precisamos. —*Alyson Kieda*

De que maneira você vai compartilhar as boas-novas com alguém hoje?

8 de abril

Exercitando os músculos da fé

Salmo 46

Aquietem-se e saibam que eu sou Deus!
—Salmo 46:10

Ao visitar o zoológico, parei perto do bicho-preguiça. Ele estava pendurado de cabeça para baixo e parecia contente por estar imóvel. Suspirei. Por causa de minha saúde, lutava contra a imobilidade e queria desesperadamente seguir em frente, fazer algo. Ressentida com minhas limitações, ansiava por parar de me sentir tão fraca. Mas, enquanto o observava, vi como ele esticou um braço, agarrou um galho próximo e parou novamente. Ficar imóvel requer força. Se eu quisesse me contentar com movimentos lentos ou ser tão imóvel quanto o bicho-preguiça, precisaria muito mais do que a incrível força muscular. Para confiar em Deus, em meio às dores, eu precisava do poder *sobrenatural*.

Deus não apenas nos *concede* força, Ele é a nossa força (Salmo 46:1). Não importa o que aconteça, "o Senhor dos exércitos está entre nós" (v.7). O salmista repete essa verdade com convicção (v.11).

Como o bicho-preguiça, nossas aventuras muitas vezes requerem passos lentos e longos períodos de quietude aparentemente impossível. Quando confiamos no caráter imutável de Deus, podemos depender de Sua força, não importa qual plano e ritmo Ele tenha para nós.

Embora continuemos a lutar contra aflições ou esperas, Deus permanece presente. Mesmo quando não nos sentimos fortes, Ele nos ajudará a exercitarmos a fé. —*Xochitl Dixon*

Pai celestial, ajuda-nos a perseverar, usufruir da Tua presença, e reconhecer que somente Tu és Senhor.

9 de abril

Sem amor é inútil

1 Coríntios 13:1-7

*Se desse tudo que tenho aos pobres [...]
e não tivesse amor, de nada me adiantaria.*
—1 Coríntios 13:3

Depois de pegar as peças da caixa para a mesa que encomendei e colocá-las diante de mim, notei que algo não estava certo. A bela parte superior da mesa e outras partes estavam lá, mas estava faltando uma das pernas. Sem todas as pernas, eu não poderia montar a mesa, tornando-a inútil.

Não são apenas as mesas que são inúteis quando falta uma peça essencial. Em 1 Coríntios, Paulo lembrou aos seus leitores que lhes faltava algo essencial. Os cristãos possuíam muitos dons espirituais, mas lhes faltava o amor.

Usando uma linguagem exagerada para enfatizar seu ponto de vista, Paulo escreveu que, mesmo que seus leitores tivessem todo o conhecimento, se dessem *tudo* o que possuíam, e mesmo que voluntariamente passassem dificuldades, sem a base essencial do amor, suas ações de nada adiantariam (1 coríntios 13:1-3). Paulo os encorajou a sempre inspirar suas ações com amor, descrevendo comoventemente a beleza de um amor que sempre protege, confia, espera e persevera (vv.4-7).

Ao utilizarmos os nossos dons espirituais, talvez para ensinar, encorajar ou servir em nossas comunidades de fé, lembremo-nos de que o projeto de Deus sempre pede por amor. Caso contrário, é como uma mesa faltando uma perna. Não pode alcançar o verdadeiro propósito para o qual foi projetada. —Lisa M. Samra

*Amemos uns aos outros
como Deus nos ama.*

10 de abril

Um simples lanche

1 Pedro 5:1-6

…vistam-se de humildade…
—1 PEDRO 5:5

O pacote de salgadinhos era pequeno, mas ensinou uma grande lição a uma missionária norte-americana. Trabalhando na República Dominicana, ela chegou a uma reunião da igreja e abriu seu salgadinho. Alguém que ela mal conhecia pegou alguns do pacote e outros também se serviram.

Que falta de educação, ela pensou, mas recebeu uma lição de humildade. Ela ainda não entendia a cultura local. Em vez de enfatizar o individualismo, aprendeu que, na República Dominicana, vive-se em comunidade. Compartilhar a comida e os bens é um modo de se relacionarem. O jeito dela não era melhor, apenas diferente. Ela confessou: "Foi humilhante descobrir isso sobre mim". Quando ela reconheceu os seus preconceitos, descobriu que compartilhar a ajudou a servi-los melhor.

Pedro ensinou isto aos líderes da igreja: tratar os outros com humildade. Aconselhou os presbíteros: "Não abusem de sua autoridade com aqueles que foram colocados sob seus cuidados" (1 Pedro 5:3). E aos mais jovens: "aceitem a autoridade dos presbíteros […] vistam-se de humildade" (v.5). Ele declarou: "Deus se opõe aos orgulhosos, mas concede graça aos humildes". "Portanto, humilhem-se sob o grande poder de Deus e […] ele os exaltará" (v.6). Que Ele nos ajude a viver humildemente diante dele e dos outros. —*Patricia Raybon*

Senhor, transforma os nossos preconceitos culturais para que sirvamos a todos com humildade.

11 de abril

O Deus que me vê

Gênesis 16:7-16

...Tu és o Deus que me vê.
—Gênesis 16:13

As manhãs, logo cedo, podem ser dolorosas para minha amiga Vilma, mãe solteira com dois filhos. Ela diz: "Quando tudo está quieto, as preocupações surgem. Ao fazer as tarefas domésticas, penso nas nossas finanças e na saúde e estudos das crianças".

Quando seu marido a abandonou, Vilma ficou responsável por criar seus filhos. "É difícil", diz ela, "mas sei que Deus vê a mim e minha família. Ele me dá forças para trabalhar em dois empregos, supre nossas necessidades, e permite que meus filhos experimentem o Seu direcionamento a cada dia".

Hagar, uma serva egípcia, entendeu o que significava ser vista por Deus. Depois que engravidou de Abrão, começou a desprezar Sarai (Gênesis 16:4), que, por sua vez, a maltratava, causando sua fuga para o deserto. Hagar encontrou-se sozinha, enfrentando um futuro que parecia sombrio e sem esperança para ela e seu filho ainda não nascido.

Mas foi no deserto que "o anjo do Senhor" (v.7) a encontrou e disse: "O Senhor ouviu seu clamor angustiado" (v.11). O anjo de Deus orientou Hagar sobre o que fazer, e Ele lhe garantiu um futuro. Com ela, aprendemos um dos nomes de Deus: *El Roi*, "o Deus que me vê" (v.13).

Como Hagar, talvez você enfrente uma jornada difícil — sentindo-se perdida e sozinha. Mas lembre-se de que, mesmo no deserto, Deus a vê. Busque-o e confie nele para orientá-la. —*Karen Huang*

Deus a vê. Lembre-se disso!

12 de abril

Deus sabe

Josué 22:21-27

*O Senhor, o Poderoso, é Deus!
Ele sabe a verdade...* —Josué 22:22

Um casal parou para admirar uma enorme pintura abstrata e viu latas de tinta abertas e pincéis abaixo dela. Presumiram ser uma "obra inacabada" e deram algumas pinceladas. O material fazia parte dessa exibição. Após ver as imagens do incidente, a galeria reconheceu o mal-entendido e não prestou queixa.

Os israelitas a leste do Jordão criaram um mal-entendido ao construírem um altar ao lado do rio. As tribos ocidentais viram isso como uma rebelião contra Deus, pois sabiam que o tabernáculo era o único lugar de adoração (Josué 22:16).

As tensões aumentaram até que as tribos orientais explicaram que só pretendiam fazer uma réplica do altar de Deus. Queriam que os seus descendentes a vissem e reconhecessem sua conexão espiritual e ancestral com Israel (vv.28-29). Eles exclamaram: "O Senhor, o Poderoso, é Deus! Ele sabe... (v.22). Felizmente, os outros entenderam. Viram o que estava acontecendo, louvaram a Deus e voltaram para casa.

Porque Deus "vê todos os corações e conhece todos os planos e pensamentos" (1 Crônicas 28:9), as motivações de todas as pessoas são claras para Ele. Se pedirmos Sua ajuda para resolver situações confusas, Ele pode nos dar a chance de nos explicarmos ou a graça para perdoar as ofensas. Podemos recorrer a Ele quando buscamos a unidade com os outros. —*Jennifer Benson Schuldt*

*Pai celestial, ajuda-nos a te ouvir atentamente
e a nos expressarmos com humildade.*

13 de abril

Viajando leve

Hebreus 12:1-3

...corramos com perseverança a corrida que foi posta diante de nós. —Hebreus 12:1

Um homem chamado Tiago fez uma viagem de mais de 2.000 quilômetros pedalando pela costa do Oceano Pacífico. Um amigo meu encontrou esse ciclista a 1.500 quilômetros do seu ponto de partida. Depois de saber que alguém tinha roubado o equipamento de acampamento de Tiago, meu amigo ofereceu seu cobertor e suéter, mas o ciclista recusou. Ele lhe disse que à medida que descesse para o sul com o clima mais quente, precisava começar a se livrar de alguns itens. E quanto mais perto chegasse do destino, mais cansado se sentiria, por isso precisava reduzir o peso que já carregava.

A dedução dele foi inteligente. É um reflexo do que o escritor de Hebreus também diz. À medida que continuamos nossa jornada na vida, precisamos nos livrar "de todo peso que nos torna vagarosos e do pecado que nos atrapalha" (12:1). Precisamos viajar com pouco peso para ir adiante.

Como cristãos, participar dessa corrida exige "perseverança" (v.1). Uma das maneiras de garantir que continuemos é nos livrarmos do peso da falta de perdão, mesquinharia e outros pecados que nos atrapalham e prejudicam.

Sem a ajuda de Jesus, é impossível completar essa corrida bem. Que possamos olhar para o "líder e aperfeiçoador de nossa fé" para que não fiquemos "cansados nem desanimados" (vv.2-3). —*Katara Patton*

Persevere e livre-se de todo peso que a torna lenta na jornada. Corra com perseverança!

14 de abril

A chave

Mateus 11:25-29

Deixem que eu lhes ensine [...] sou manso e humilde de coração, e encontrarão descanso para a alma.
—Mateus 11:29

No livro *A Condição Humana* (Santuário, 2006), Thomas Keating relata um conto memorável. Certo professor perdeu a chave de casa e a procura em meio à grama. Seus alunos decidem ajudá-lo, mas sem sucesso. Finalmente, um dos alunos pergunta: "Mestre, você sabe onde pode ter perdido a chave?" O professor responde: "Claro! Na casa". Eles exclamam: "Então por que estamos procurando aqui fora?". "Não é óbvio? Há mais luz aqui", diz ele.

Perdemos a *chave* para ter "intimidade com Deus, a experiência da presença divina", conclui Keating. "Sem essa experiência, nada mais funciona; com ela, quase tudo funciona".

Como é fácil esquecer que nos altos e baixos da vida, Deus é a solução para nossos mais profundos anseios. Entretanto, quando estamos prontos a parar de procurar em todos os lugares errados, Deus está pronto para nos mostrar o verdadeiro descanso. Jesus louva o Pai por revelar os Seus caminhos, não aos "sábios e instruídos", mas "aos que são como crianças" (Mateus 11:25). Em seguida, Jesus convida "todos que estão cansados e sobrecarregados" (v.28) a ir a Ele para descansar.

Como crianças, podemos encontrar o verdadeiro descanso ao aprendermos os caminhos do Mestre, que é "manso e humilde de coração" (v.29). Deus deseja nos receber em casa. —*Monica La Rose*

Lembre-se de buscar a paz somente em Deus.

15 de abril
A bondade de Deus me seguirá

Salmo 23

Certamente a bondade e o amor me seguirão todos os dias da minha vida... —Salmo 23:6

O meu primeiro emprego foi numa loja de roupas femininas na qual uma mulher disfarçada de cliente vigiava as pessoas suspeitas de furtar mercadorias. Segundo os donos da loja, algumas pessoas se encaixavam nesse perfil. Outras não consideradas como ameaça eram ignoradas. Eu também já fui seguida nas lojas, uma experiência interessante, pois ainda reconheço essa tática.

Diferentemente disso, Davi declarou que era seguido por bênçãos divinas: a bondade e o amor. Essas duas dádivas estão conectadas, seguindo-o não com suspeita, mas com amor verdadeiro. Esses "anjos da guarda" gêmeos, como o evangelista Charles Spurgeon descreveu a dupla, seguem os cristãos durante os dias sombrios e brilhantes. "Os dias sombrios do inverno, bem como os dias brilhantes do verão. A bondade supre as nossas necessidades, e o amor misericordioso apaga os nossos pecados".

Sendo pastor, Davi entendeu essa combinação de bondade e amor concedida por Deus. Outras coisas poderiam seguir os cristãos: medo, preocupação, tentação, dúvidas. Mas "certamente", Davi declara com muita convicção, a benignidade de Deus e Seu amor misericordioso nos seguem continuamente.

Como Davi se alegrou: "Certamente a bondade e o amor me seguirão todos os dias de minha vida, e viverei na casa do Senhor para sempre." (Salmo 23:6). Que dádiva incrível! —*Patricia Raybon*

Podemos suportar as dores do mundo com a bondade e o amor misericordioso de Deus nos abençoando.

16 de abril

Crítica construtiva

Provérbios 15:31-33

*Quem dá ouvidos à crítica construtiva
se sente à vontade entre os sábios.*
—PROVÉRBIOS 15:31

"Tivemos uma conversa difícil recentemente", disse Sheila. "Não acho que nenhuma de nós tenha gostado, mas senti que sua atitude e ações precisavam ser abordadas para não magoar as pessoas ao seu redor". Sheila estava falando sobre a jovem que ela orienta. Embora desconfortável, a conversa foi frutífera e fortalecedora. Pouco depois, as duas lideraram um estudo sobre a oração na igreja com o tema humildade.

Mesmo não sendo mentores, teremos conversas difíceis com irmãos em Cristo. Em Provérbios, um livro cheio de sabedoria, a importância da humildade em dar e receber correção é um tema recorrente. De fato, a crítica construtiva é chamada de "vivificante" e leva à verdadeira sabedoria. Na Bíblia está escrito que o tolo rejeita a disciplina, enquanto aqueles que acatam a correção mostram bom senso. Resumindo: "quem odeia a repreensão morrerá" (Provérbios 15:5,10). Como Sheila relatou, a verdade falada em amor pode trazer nova vida a um relacionamento.

Há alguém que precise ouvir uma crítica construtiva em amor? Ou talvez você tenha recebido recentemente uma sábia advertência e foi tentado a responder com raiva ou indiferença. Rejeitar a disciplina é prejudicar-se a si mesmo, mas quem dá ouvidos à repreensão adquire entendimento (v.32). Peçamos a ajuda de Deus para darmos e recebermos correção com humildade. —*Karen Pimpo*

*Senhor Deus, ajuda-nos a aprender a aceitar as
críticas construtivas e a nos tornarmos mais humildes.*

17 de abril
O privilégio da mordomia
Gênesis 1:20-21, 24-28

...Dominem sobre os peixes do mar, sobre as aves do céu e sobre todos os animais que rastejam...
—Gênesis 1:28

Durante as férias, meu marido e eu caminhávamos ao longo da praia e vimos uma cerca improvisada bloqueando parte da área. Um jovem explicou que uma equipe de voluntários mantinha sob guarda os ovos de tartarugas marinhas, em cada ninho, 24 horas por dia. Assim que os filhotes saem de seu ninho, a presença de animais e humanos ameaça e diminui a chance de sobrevivência deles. "Mesmo com todos os nossos esforços", disse ele, "estima-se que apenas um em cada cinco mil filhotes atinja a idade adulta". Mesmo assim, esses números desoladores não desencorajaram esse jovem. Sua paixão por cuidar dos filhotes intensificou o meu desejo de respeitar e proteger as tartarugas marinhas. Agora, uso um pingente de tartaruga marinha que me lembra da responsabilidade dada por Deus para cuidar das criaturas que Ele criou.

Quando Deus criou o mundo, Ele providenciou um *habitat* onde cada criatura poderia viver e se reproduzir (Gênesis 1:20-25). Quando Deus nos criou à Sua imagem, Ele planejou que dominássemos "sobre os peixes do mar, sobre as aves do céu, sobre os animais domésticos, sobre todos os animais selvagens da terra e sobre todos os animais que rastejam pelo chão" (v.26). Deus nos ajuda a servi-lo como mordomos responsáveis que usam a autoridade concedida por Ele para cuidar de Sua criação. —*Xochitl Dixon*

Como ser uma melhor administradora da criação divina ao cuidar dos animais?

18 de abril

Força para abrir mão

Isaías 40:28-31

...*Ele nunca perde as forças nem se cansa...*
—Isaías 40:28

O halterofilista Paul Anderson estabeleceu um recorde mundial nas Olimpíadas de 1956, em Melbourne, Austrália, mesmo estando com febre alta e dor de ouvido. Ficando para trás dos competidores classificados, sua única chance de medalha de ouro era estabelecer um novo recorde em sua última prova. Suas duas primeiras tentativas falharam terrivelmente. Então, o atleta fez o que até o mais fraco pode fazer. Ele clamou a Deus por mais força, renunciando ao seu próprio eu. Como ele disse mais tarde: "Não foi uma barganha. Eu precisava de ajuda". Com seu levantamento final, ele içou 187,5 kg sobre a cabeça.

O apóstolo Paulo escreveu: "Pois, quando sou fraco, então é que sou forte" (2 Coríntios 12:10). Ele falava de força espiritual, sabendo que o poder de Deus "opera melhor na fraqueza" (v.9). Como o profeta Isaías declarou: "[O Senhor] dá força aos cansados e vigor aos fracos" (40:29).

Como adquirir tanta força? Permanecer em Jesus. "Pois, sem mim, vocês não podem fazer coisa alguma", disse Ele (João 15:5). Como o halterofilista costumava dizer: "Se o homem mais forte do mundo não consegue passar um dia sem o poder de Jesus Cristo, o que você deve fazer?" Para descobrir, podemos nos libertar de nossa força ilusória, pedindo a Deus por Sua ajuda. —*Patricia Raybon*

Ao permanecermos firmes em Jesus, somos fortalecidas.

19 de abril

A humildade é a verdade

Tiago 4:1-11

Humilhem-se diante do Senhor, e ele os exaltará.
—Tiago 4:10

Refletindo sobre o motivo de Deus valorizar tanto a humildade, Teresa de Ávila, no século 16, de repente percebeu a resposta: "É porque Deus é a Verdade suprema, e a humildade é a verdade. Nada de bom em nós surge do nosso interior. Em vez disso, vem das águas da graça, perto das quais a alma repousa, como uma árvore plantada perto de um rio, e daquele Sol que dá vida às nossas obras". Teresa concluiu que é por meio da oração que nos ancoramos nessa realidade, pois "todo o fundamento da oração é a humildade. Quanto mais nos humilhamos em oração, mais Deus nos exaltará".

As palavras de Teresa sobre humildade ecoam com as Escrituras, em Tiago 4. Nessa passagem, Tiago alertou sobre a natureza autodestrutiva do orgulho e da ambição egoísta, o oposto de uma vida sob a dependência da graça de Deus (vv.1-6). Ele enfatizou que a única solução para uma vida de ganância, desespero e conflito constante é nos arrependermos de nosso orgulho em troca da graça de Deus. Ou, em outras palavras, "humilhem-se diante do Senhor", com a certeza de que "ele os exaltará" (v.10).

Somente quando estamos enraizados nas águas da graça, podemos estar nutridos pela "sabedoria que vem do alto" (3:17). Somente em Deus podemos ser exaltados pela verdade. —*Monica La Rose*

Pai celestial, não permita que o orgulho nos impeça de orar e verdadeiramente experimentar a Tua graça.

20 de abril

O amor vale o risco

João 21:15-19

Se vocês me amam, obedeçam a meus mandamentos.
—João 14:15

Quando um amigo encerrou nossa amizade sem explicação voltei ao meu antigo hábito de manter os amigos mais próximos. Ao processar minha dor, reli *Os quatro amores* de C. S. Lewis. O autor observa que o amor exige vulnerabilidade, afirmando que "não há investimento seguro" quando alguém se arrisca a amar. O autor sugere que amar "qualquer coisa fará seu coração se contorcer e possivelmente quebrantar". Ler essas palavras mudou a forma como li o relato da terceira vez que Jesus apareceu aos Seus discípulos após Sua ressurreição (João 21:1-14), depois que Pedro o traiu não uma, mas três vezes (18:15-27).

Jesus disse: "Simão filho de João, você me ama mais do que estes?" (21:15).

Depois de experimentar a traição e rejeição, Jesus falou com Pedro com coragem, e não medo; força, e não fraqueza; altruísmo, e não desespero. Ele demonstrou misericórdia, e não ira, confirmando Sua vontade de amar.

O texto revela que "Pedro ficou triste porque Jesus [perguntou] pela terceira vez" (v.17): você me ama? "Mas quando Jesus pediu a Pedro para provar seu amor amando os outros (vv.15-17) e seguindo-o (v.19), convidou todos os Seus discípulos a arriscarem-se a amar incondicionalmente. Cada um de nós terá que responder quando Jesus perguntar: "Você me ama?" Nossa resposta afetará como amamos os outros. —*Xochitl Dixon*

Uma comunhão íntima com Deus pode ajudá-la a se sentir segura para amar como o Senhor a amou.

21 de abril

Posicionando-se com ousadia

Ester 4:7-14

...Quem sabe não foi justamente para uma ocasião como esta que você chegou à posição de rainha?
—Ester 4:14

Em uma pequena cidade, a violência doméstica representa 40% dos crimes. O pastor local diz que o problema está frequentemente escondido em nossas comunidades de fé por ser desconfortável falar sobre isso. Assim, em vez de se esquivar do problema, os pastores optaram por abordá-lo corajosamente. Eles aprenderam a reconhecer os sinais de violência e apoiam as organizações sem fins lucrativos que enfrentam essa questão. Reconhecendo o poder da fé e da ação, um deles disse: "Nossas orações, compaixão e apoio verdadeiro podem fazer significativa diferença".

Quando Ester, rainha da Pérsia, hesitou em falar contra uma lei que autorizava o genocídio de seu povo, ela foi avisada por seu tio que, se permanecesse em silêncio, ela e sua família morreriam também (Ester 4:13-14). Sabendo que era hora de ser ousado e posicionar-se, Mardoqueu lhe perguntou: "Quem sabe não foi justamente para uma ocasião como esta que você chegou à posição de rainha?" (v.14). Quer sejamos chamados a nos posicionar contra a injustiça ou a perdoar alguém que tenha nos causado angústia, a Bíblia nos garante que, em circunstâncias desafiadoras, Deus nunca nos abandonará (Hebreus 13:5-6). Quando buscamos a ajuda de Deus nos momentos difíceis, Ele nos dará "poder, amor e autocontrole" para cumprirmos a nossa tarefa até o fim (2 Timóteo 1:7). —*Kimya Loder*

Olhe ao seu redor e pense: Quais ferramentas Deus me concedeu para lidar com os problemas hoje?

22 de abril
Gratidão no dia da Terra

Gênesis 2:4-10,15

O Senhor Deus colocou o homem no jardim do Éden para cultivá-lo e tomar conta dele.
—Gênesis 2:15

O Dia da Terra é celebrado em 22 de abril. Nos últimos anos, mais de um bilhão de pessoas, em cerca de 200 países, já participaram das atividades educacionais nesse dia. Todos os anos, o Dia da Terra nos lembra da importância de cuidar do nosso incrível planeta. Mas a ordem para cuidarmos do meio ambiente é muito mais antiga: remonta à criação.

Em Gênesis, aprendemos que Deus criou todo o Universo e formou a Terra como um lugar para os humanos habitarem. Ele não só formou os picos das montanhas e as planícies exuberantes, mas também criou o jardim do Éden, o belo lugar que fornecia alimento, abrigo e beleza para seus habitantes (Gênesis 2:8-9).

Depois de dar o fôlego da vida à Sua criação mais importante, os seres humanos, Deus os colocou nesse jardim (vv.8,22) e lhes deu a responsabilidade de cultivá-lo e tomar conta dele (v.15). Depois que Adão e Eva foram expulsos do jardim, cuidar da criação de Deus tornou-se mais difícil (3:17-19), mas até hoje o próprio Deus cuida do nosso planeta e de Suas criaturas (Salmo 65:9-13) e pede que façamos o mesmo (Provérbios 12:10).

Quer vivamos em cidades lotadas ou em áreas rurais, todos nós temos maneiras de cuidar das áreas que Deus nos confiou. Ao cuidarmos da Terra, que isso seja um ato de gratidão a Ele por este belo planeta. A criação de Deus é de tirar o fôlego! —Lisa M. Samra

Como você pode cuidar da parte da criação que Deus confiou a você?

23 de abril

Monstro, o peixe dourado

Lucas 10:27-37

...Ame o seu próximo como a si mesmo.
—Lucas 10:27

Laura estava num *pet shop*, e um peixe triste no fundo do aquário chamou sua atenção. Suas escamas estavam pretas e havia lesões no corpo dele. Ela resgatou o peixe e o chamou de "Monstro" em homenagem à baleia no conto Pinóquio. Colocou-o num aquário "hospital", e trocou a água diariamente. Lentamente, o Monstro melhorou, começou a nadar e cresceu. Suas escamas negras se tornaram douradas e, com o cuidado de Laura, ele voltou a ser saudável!

Jesus nos conta sobre um viajante que foi espancado, roubado e deixado para morrer. Um sacerdote e um levita passaram, ignorando o sofrimento dele. Mas um samaritano — membro de um grupo de pessoas desprezadas — cuidou dele, e até pagou por suas despesas (Lucas 10:33-35). Ao declarar o samaritano como o verdadeiro "próximo", Jesus encorajou os Seus ouvintes a fazerem o mesmo.

O que Laura fez por um peixinho moribundo podemos fazer pelos necessitados ao nosso redor. Sem-teto, desempregados, portadores de necessidades especiais e "próximos" solitários que estão em nosso caminho. Que a tristeza deles atraia os nossos olhos e nos leve a responder com generosidade. Uma saudação gentil. Uma refeição compartilhada. Algum dinheiro colocado na palma da mão ao cumprimentar. Como Deus pode nos usar para oferecer Seu amor aos outros, um amor que pode renovar todas as coisas? —*Elisa Morgan*

O Senhor espera que tratemos com bondade e que ajudemos os necessitados ao nosso redor.

24 de abril

Graça para as provações

Deuteronômio 31:1-8

Não tenha medo nem desanime [...] Ele estará com vocês; não os deixará nem os abandonará.
—Deuteronômio 31:8

Annie Johnson Flint teve artrite severa quando era jovem, parou de andar e passou a depender da ajuda de outras pessoas. Por causa de sua poesia e hinos, recebia muitas visitas, incluindo uma diaconisa desanimada com seu próprio ministério. Numa carta posterior, essa visitante indagou a Annie porque Deus permitia tantas dificuldades na vida dessa mesma senhora.

Em resposta, Annie lhe enviou um poema: "Deus não prometeu céus sempre azuis, caminhos repletos de flores por toda a nossa vida…" Ela sabia que o sofrimento ocorre com frequência, mas que Deus nunca abandona aqueles a quem ama. Em vez disso, Ele prometeu dar "graça para as provações, ajuda do alto / simpatia infalível, amor eterno". Esse poema é o hino *What God Hath Promised* (O que Deus prometeu).

Moisés também enfrentou conflitos, mas sabia que a presença de Deus estava com ele. Quando passou a liderança que exercia a Josué, disse-lhe para ser forte e corajoso, porque "o Senhor, seu Deus, irá adiante de vocês" (Deuteronômio 31:6). Moisés, sabendo que o povo de Israel enfrentaria inimigos na Terra Prometida, disse a Josué: "Não tenha medo nem desanime" (v.8).

Como discípulos de Cristo, enfrentaremos dificuldades e lutas, mas temos o Espírito de Deus para nos encorajar. Ele nunca nos deixará. —*Amy Boucher Pye*

Senhor, confio em ti ao passar por provações, pois a Tua força e presença me sustentam.

25 de abril

Moído e belo

Salmo 51:10-17

O sacrifício que desejas é um espírito quebrantado; não rejeitarás um coração humilde e arrependido.
—Salmo 51:17

À primeira vista, não gostei da pintura *Consider the lilies*, de Makoto Fujimura. Era simples e monocromática com um lírio aparentemente escondido no fundo. No entanto, ela ganhou vida quando soube que foi pintada com mais de *80 camadas* de minerais finamente moídos em um estilo de arte japonesa que Fujimura chama de "arte lenta". Olhando de perto, veem-se camadas de complexidade e beleza. O artista explica que vê o evangelho como essa técnica que traz "beleza por meio do quebrantamento", assim como o sofrimento de Jesus trouxe plenitude e esperança ao mundo.

Deus ama utilizar aspectos de nossa vida onde fomos moídos e quebrados e criar algo novo e belo. O rei Davi precisava da ajuda divina para reparar o que suas próprias ações causaram na vida dele. No Salmo 51, escrito após ele admitir que abusou de seu poder real para tomar a esposa de outro homem e providenciar o assassinato dele, Davi ofereceu a Deus seu "coração humilde e arrependido" (v.17) e implorou por misericórdia. A palavra hebraica para "arrependido" é *nidkeh*, que significa "moído".

Para que Deus remodelasse o coração de Davi (v.10), ele teve de oferecer a Ele os pedaços quebrados, admitir seu pesar e confiar. Davi confiou seu coração ao Deus fiel e misericordioso, que utiliza o que foi moído e o transforma em algo belo. —*Lisa M. Samra*

Entregue o seu coração quebrantado a Deus e Ele a transformará em serva fiel.

26 de abril

Como fui formado

Atos 15:36-40

Barnabé queria levar João Marcos, mas Paulo se opôs... —Atos 15:37-38

Aos 7 anos, Thomas Edison não gostava e nem ia bem na escola. Foi até chamado de mentalmente confuso por uma professora. Depois de falar com essa professora, sua mãe, também professora, decidiu ensinar o filho em casa. Ajudado por seu amor e incentivo (e sua genialidade dada por Deus), Thomas tornou-se um grande inventor. Posteriormente, ele escreveu: "Minha mãe me fez crescer. Ela era tão verdadeira, tão segura de mim, e eu senti que tinha alguém por quem viver, que não devia decepcioná-la".

Em Atos 15, lemos que Barnabé e o apóstolo Paulo serviram juntos como missionários até que se desentenderam sobre se deviam ou não levar João Marcos com eles. Paulo se opôs, pois Marcos os havia "abandonado na Panfília" (vv.36-38). Como resultado, Paulo e Barnabé se separaram. Paulo levou Silas; Barnabé levou Marcos. Barnabé estava disposto a dar a Marcos uma segunda chance, e seu encorajamento contribuiu para a habilidade de Marcos em servir e ser bem-sucedido como missionário. O jovem escreveu o evangelho de Marcos e foi conforto para Paulo enquanto este estava na prisão (2 Timóteo 4:11).

Muitos de nós podemos olhar retrospectivamente e destacar alguém que nos encorajou e ajudou ao longo do caminho. Quem sabe, Deus esteja lhe chamando para fazer o mesmo por outra pessoa. Quem você pode encorajar? —*Alyson Kieda*

Quem a encorajou quando você enfrentou provações? Não perca a oportunidade de encorajar alguém hoje!

27 de abril
Tão forte quanto o ferro
Jeremias 1:14-19

Pois hoje eu o fortaleci como uma cidade fortificada, como uma coluna de ferro... —Jeremias 1:18

Os besouros de ferro são conhecidos pelo casco resistente, que os protege de predadores. Uma variedade, entretanto, tem uma força *extraordinária* sob pressão. Sua casca externa dura se estende, não racha. Seu dorso reto o ajuda a resistir a fraturas. Testes científicos mostram que eles suportam a força de compressão de quase 40.000 vezes o seu peso corporal.

O mesmo Deus que criou esse inseto super-resistente, deu resiliência a Jeremias. O profeta enfrentou intensa pressão ao pregar para Israel, mas Deus prometeu fazer dele "uma coluna de ferro" (Jeremias 1:18). Jeremias não seria esmagado e suas palavras seriam fortes por causa da presença e do poder de Deus e do Seu poder de salvar.

Jeremias foi falsamente acusado, preso, julgado, espancado, aprisionado e jogado em um poço, mas sobreviveu. Ele também persistiu, apesar do peso de suas lutas. A dúvida e a dor o atormentavam. A rejeição constante e o pavor de uma invasão babilônica aumentavam seu estresse.

Deus ajudou Jeremias a não ter seu espírito e testemunho abalados. Quando sentimos vontade de desistir da missão que Ele nos deu, ou recuar de uma vida de fé, lembremo-nos de que o Deus de Jeremias é o nosso Deus. Ele pode nos tornar fortes como o ferro, pois Seu poder é aperfeiçoado em nossa fraqueza (2 Coríntios 12:9). —*Jennifer Benson Schuldt*

Que os bons exemplos dos personagens da Bíblia a inspirem e fortaleçam a seguir pelo caminho estreito.

28 de abril

Viajantes brilhantes

Filipenses 3:10-21

Contudo, devemos prosseguir de maneira coerente com o que já alcançamos. —Filipenses 3:16

Sob o céu noturno da primavera de 2020, alguns surfistas surfaram ondas bioluminescentes ao longo da costa de San Diego. Esse show de luzes foi causado por organismos microscópicos chamados fitoplâncton, um nome derivado de uma palavra grega que significa "andarilho" ou "viajante". Durante o dia, os organismos criam marés vermelhas e captam a luz solar convertendo-a em energia química. Quando se sentem perturbados na escuridão da noite, produzem uma luz elétrica azul.

Os cristãos são cidadãos do céu que, assim como as algas da maré vermelha, vivem como viajantes ou andarilhos na terra. Quando circunstâncias difíceis perturbam nossos planos bem traçados, o Espírito Santo nos capacita a reagir como Jesus, a Luz do Mundo, para que possamos refletir Seu caráter radiante na escuridão. De acordo com o apóstolo Paulo, nada é mais valioso do que nossa intimidade com Cristo e a justiça que vem por meio de nossa fé nele (Filipenses 3:8-9). Sua vida provou que conhecer Jesus e o poder de Sua ressurreição nos transforma, impactando a maneira como vivemos e como reagimos quando as provações atrapalham nossa vida (vv. 10-16).

Quando investimos tempo com o Filho de Deus diariamente, o Espírito Santo nos equipa com a verdade de que precisamos, capacitando-nos a enfrentar todos os desafios desta terra de maneira que reflita o caráter de Cristo (vv. 17-21). Podemos ser faróis do amor e da esperança de Deus, cortando a escuridão até o dia em que Ele nos chamar para casa ou quando Ele voltar. —*Xochitl Dixon*

Pai, queremos refletir a luz de Cristo perante a escuridão que surgir ao longo de nossa caminhada.

29 de abril

Transmitindo a verdade

Deuteronômio 4:9-14

...enquanto viverem. Passem-nas [as leis e ensinamentos de Deus] adiante a seus filhos e netos. —Deuteronômio 4:9

Impossibilitados de ver seus netos pessoalmente, durante a pandemia da COVID-19, muitos avós buscaram novas formas de conexão. Uma pesquisa mostrou que muitos avós utilizaram as mensagens de texto e as redes sociais para manter seu precioso vínculo com os netos. Alguns até cultuavam com seus familiares por videochamada.

Uma das maneiras mais maravilhosas que os pais e avós podem influenciar seus filhos é transmitindo-lhes as verdades bíblicas. Em Deuteronômio 4, Moisés instruiu o povo de Deus a não esquecer o que tinham visto sobre o Senhor nem deixar que isso se apagasse da memória deles (v.9). Prosseguiu dizendo que compartilhar essas coisas com seus filhos e netos os ensinaria a "temê-lo" (v.10) e a viver segundo a Sua verdade.

Certamente, devemos usufruir dos relacionamentos que Deus nos dá com as nossas famílias e amigos. O propósito de Deus é que eles também sejam um canal para transmitir a Sua sabedoria de uma geração a outra, ensinando-as na verdade e capacitando-as para "toda boa obra" (2 Timóteo 3:16-17). Quando compartilhamos sobre a presença de Deus e o agir dele em nossa vida com a geração seguinte, seja por mensagem de texto, chamada, vídeo ou conversa presencial, nós os preparamos para verem e apreciarem a obra de Deus na vida deles também.

—*Kirsten Holmberg*

Qual será o seu legado de fé? Você ensina os ensinamentos de Cristo aos que estão ao seu redor?

30 de abril

Quando preciso de ajuda

Salmo 121

*Meu socorro vem do Senhor,
que fez os céus e a terra!* —Salmo 121:2

Era uma manhã de segunda-feira, mas o meu amigo Chia-ming não estava no escritório. Ele estava limpando a casa dele. Estava há um mês desempregado, pois a empresa onde ele trabalhava tinha fechado devido à pandemia. As preocupações com o futuro o encheram de medo. Ele pensava: *"Preciso sustentar a minha família. Onde poderei buscar ajuda?"*.

No Salmo 121:1, os peregrinos que seguiam para Jerusalém fizeram pergunta semelhante. A ida até a Cidade Santa foi longa e potencialmente perigosa, com os viajantes suportando uma subida íngreme. Os desafios que enfrentaram podem parecer as jornadas difíceis da vida de hoje: doenças, problemas de relacionamento, luto, estresse no trabalho, dificuldades financeiras ou desemprego.

Mas podemos confiar, pois o próprio Criador do Céu e da Terra nos socorre (v.2). Ele zela por nossa vida (vv.3,5,7-8) e sabe do que precisamos. *Shamar*, a palavra hebraica para "zelar", significa "permanecer atento". O Criador do Universo é o nosso guardião. Estamos sob Sua proteção. Chia-ming compartilhou recentemente que Deus cuidou dele e da sua família, e acrescentou: "No momento certo, Ele me proveu um emprego como professor".

Ao confiar em Deus e obedecê-lo, podemos olhar para frente com esperança, sabendo que estamos sob a proteção de Sua sabedoria e amor. Tudo acontece no tempo de Deus, tenha coragem! —*Karen Huang*

*Enfrente as provações sabendo que Alguém maior,
o Deus Criador está contigo.*

1.º de maio

Deixe a luz acesa

Mateus 5:13-16

Vocês são a luz do mundo. É impossível esconder uma cidade construída no alto de um monte. —MATEUS 5:14

O comercial de uma rede de hotéis exibia um pequeno edifício em uma noite escura. Não havia nada mais ao redor. A única luz na cena vinha de uma pequena lâmpada perto da porta da varanda. A lâmpada lançava iluminação suficiente para que um visitante subisse as escadas e entrasse no prédio. O comercial terminava com a frase: "Vamos deixar a luz acesa para você".

A luz da varanda é semelhante a um sinal de boas-vindas, lembrando os viajantes cansados que há um lugar confortável ainda aberto, onde podem parar e descansar. A luz convida os que passam a entrar e escapar da jornada escura e cansativa.

Jesus diz que a vida daqueles que acreditam nele deve ser semelhante à de uma luz acolhedora. Ele disse a Seus seguidores: "Vocês são a luz do mundo…" (Mateus 5:14). Como cristãos, devemos iluminar um mundo escuro.

À medida que Ele nos orienta e capacita, as pessoas podem ver nossas boas obras e louvar nosso Pai que está nos céus (v.16). Ao deixarmos as nossas luzes acesas, as pessoas se sentirão bem-vindas em vir até nós para aprender mais sobre a única e verdadeira Luz do Mundo: Jesus (João 8:12). Em um mundo cansado e escuro, a Luz de Cristo permanece sempre acesa.

A sua luz está acesa? À medida que Jesus brilha através de você hoje, outros podem ver e começar a irradiar Sua luz também. —*Katara Patton*

Pai, ajuda-me a refletir a grandiosidade do Teu amor aos que me cercam.

2 de maio

Quando nos reunimos

Hebreus 10:19-25

*E não deixemos de nos reunir [...],
mas encorajemo-nos mutuamente...* —Hebreus 10:25

De acordo com o *Relatório Mundial da Felicidade*, a Dinamarca está entre os países mais felizes do mundo. Os dinamarqueses resistem aos invernos longos e sombrios, reunindo-se com os amigos e compartilhando uma bebida quente ou uma refeição gostosa. Eles usam a palavra *hygge* para descrever os sentimentos associados a esses momentos. Esse sentimento de aconchego os ajuda a compensar o impacto de ter menos luz do sol do que as pessoas que moram em locais mais quentes. Ao redor de uma simples mesa com seus entes queridos, o coração deles se aquece.

O escritor de Hebreus encoraja o ato de nos reunirmos. Reconhece que haverá dias difíceis exigindo a perseverança na fé em Cristo. Embora Jesus tenha assegurado nossa aceitação por Deus por meio de nossa fé no Salvador, podemos lutar contra a vergonha, dúvida ou oposição. Ao nos reunirmos, podemos nos encorajar mutuamente, ter comunhão, "...motivar uns aos outros na prática do amor e das boas obras", e isso fortalece a nossa fé (10:24).

O encontro com os amigos é algo que a Bíblia nos encoraja a praticar como um meio de nos apoiarmos na fé ao enfrentarmos as frustrações comuns da vida. Que motivo maravilhoso para buscarmos a comunhão com uma igreja! Ou para abrir nossas casas com a simplicidade dinamarquesa para nos fortalecermos mutuamente. —*Kirsten Holmberg*

*Encoraje alguém com o coração sedento
e compartilhe as bênçãos do Senhor.*

3 de maio

Enraizados no amor

Rute 2:5-13

...você deixou seu pai, sua mãe e sua própria terra para viver aqui no meio de desconhecidos.
—RUTE 2:11

Sentia-me só e com medo quando cuidei de minha mãe no centro de tratamento do câncer. Minha família e meu sistema de apoio estavam bem distantes. Mas encontrei Frank; com um sorriso enorme, ele se ofereceu para me ajudar com as malas. Chegamos ao sexto andar, e eu já planejava conhecer sua esposa que cuidava dele durante seu tratamento. Tornamo-nos quase como uma família, confiávamos em Deus e nos apoiávamos mutuamente. Ríamos, desabafávamos, chorávamos e orávamos juntos. Embora nos sentíssemos deslocados ali, nossa conexão com Deus e uns com os outros nos mantinha enraizados no amor e apoio mútuo.

Quando Rute se comprometeu a cuidar de sua sogra, Noemi, ela abandonou sua segurança familiar. Rute "saiu para colher espigas após os ceifeiros" (Rute 2:3). O capataz contou a Boaz, o proprietário do campo, que Rute "desde que chegou, não parou de trabalhar um instante sequer, a não ser por alguns minutos de descanso no abrigo" (v.7). Rute encontrou segurança com pessoas dispostas a cuidar dela como ela cuidava da sua sogra Noemi (vv.8-9). E Deus as proveu por intermédio da generosidade de Boaz (vv.14-16).

As circunstâncias da vida podem proporcionar estradas para lugares inesperados e muito além de nossas zonas de conforto. À medida que permanecemos firmes em Deus e uns nos outros, Ele nos manterá enraizados no amor. —*Xochitl Dixon*

Deus a consolará quando você se sentir sozinha, confie!

4 de maio

Redescoberto

2 Crônicas 34:29-31

Leu para eles todo o Livro da Aliança encontrado no templo do Senhor. —2 Crônicas 34:30

Em 1970, um executivo de automóveis que visitava a Dinamarca soube que um residente local possuía um exemplar do *Buick Dual Cowl Phaeton* de 1939. Como o carro nunca chegou a ser produzido, era um veículo raro e único. Encantado com a descoberta, o executivo comprou aquele carro e investiu seu tempo e dinheiro para tê-lo restaurado. Atualmente, esse carro singular faz parte de uma coleção de veículos clássicos de renome mundial.

Lemos sobre a descoberta de outro tesouro perdido. Josias começou a restaurar o Templo em Jerusalém 18 anos depois de seu reinado como rei de Judá. Durante esse processo, o sacerdote Hilquias encontrou o "Livro da Lei no templo" (2 Crônicas 34:15). O Livro da Lei continha os primeiros cinco livros do Antigo Testamento e provavelmente tinha sido escondido décadas antes para mantê-lo a salvo dos exércitos invasores. Com o tempo, ele havia sido simplesmente esquecido.

Quando o rei Josias foi informado sobre essa descoberta, percebeu a importância de tal achado. Josias reuniu todo o povo e leu o Livro da Lei por completo para que todos pudessem se comprometer a guardar tudo o que estava escrito nele (vv.30-31).

O Livro de Deus continua a ter suma importância para a nossa vida hoje. Nós temos a maravilhosa bênção de ter acesso a todos os 66 livros da Bíblia, um tesouro de valor infinito. —Lisa M. Samra

A Bíblia é um tesouro maravilhoso que você pode usufruir.

5 de maio

Um buraco no muro

Provérbios 25:16-28

Quem não tem domínio próprio é como uma cidade sem muros. —PROVÉRBIOS 25:28

Um pequeno intruso estava comendo minhas flores. No dia anterior, elas aprumavam-se orgulhosamente, porém no dia seguinte, eram caules sem folhas. Percorri o quintal e descobri um vão do tamanho de um coelho na cerca de madeira. Os coelhinhos são bonitos, mas podem destruir um jardim em minutos.

Será que pode haver "intrusos" destruindo o caráter de Deus em minha vida? "Quem não tem domínio próprio é como uma cidade sem muros" (Provérbios 25:28). Nos tempos antigos, a muralha da cidade a protegia de invasões e até mesmo uma pequena abertura no muro significava que a cidade inteira estava aberta ao ataque.

Muitos provérbios referem-se ao autocontrole: "Se você encontrar mel, não coma demais, para não enjoar e vomitar" (v.16). O domínio próprio é o fruto do Espírito que nos protege de perdermos terreno para a impaciência, amargura, ganância e outras pragas que podem invadir e destruir a colheita de Deus em nossa vida (Gálatas 5:22-23). Ter domínio próprio é ter a mente saudável que vigia as brechas no "muro" da nossa vida e os mantém sempre restaurados.

Quando inspeciono o quintal de minha vida, às vezes encontro pontos vulneráveis: um lugar onde cedo continuamente à tentação, uma área de impaciência. Como preciso do domínio próprio saudável que vem de Deus para me proteger desses intrusos! —*Elisa Morgan*

Pai celestial, protege-nos dos intrusos destruidores que nos rondam.

6 de maio

Uma reunião celestial

1 Tessalonicenses 4:13-18

Então, estaremos com o Senhor para sempre.
—1 Tessalonicenses 4:17

Quando escrevi a nota de falecimento de minha mãe, senti que a palavra *morreu* parecia definitiva demais para a esperança que eu tinha em nossa prometida reunião celestial. Portanto, escrevi: "Jesus a acolheu em Seus braços". Ainda assim, há dias que lamento quando olho as fotos atuais da família que já não incluem a minha mãe. Recentemente, porém, descobri um pintor que cria retratos de família para incluir aqueles que perdemos. O artista usa as fotos de entes queridos que já partiram e os insere no quadro da família. Com pinceladas, ele representa a promessa de Deus de uma reunião celestial. Derramei lágrimas de gratidão ao pensar em ver minha mãe sorrindo ao meu lado novamente.

O apóstolo Paulo afirma que os cristãos não precisam sofrer "como os que não tem esperança" (1 Tessalonicenses 4:13). "Porque cremos que Jesus morreu e foi ressuscitado, também cremos que Deus trará de volta à vida, com Jesus, todos os que morreram" (v.14). Paulo reconhece a segunda vinda de Jesus e proclama que todos os que creem nele se reunirão com Ele (v.17).

Essa promessa nos conforta ao sofrermos a perda de alguém querido que confiou em Jesus. Nosso futuro prometido com o Rei ressuscitado também nos dá esperança ao enfrentarmos a nossa imortalidade, até o dia em que Jesus vier ou nos chamar de volta para casa. —*Xochitl Dixon*

Deus nos prometeu uma "reunião celestial" e isso nos consola quando enfrentamos o luto.

7 de maio
Confiança em Seu nome
Salmo 9:7-12

Quem conhece teu nome confia em ti...
—Salmo 9:10

Houve um tempo em que eu temia ir à escola porque algumas garotas me intimidavam com brincadeiras cruéis. No recreio, escondia-me na biblioteca e lia as histórias cristãs. Lembro-me da primeira vez que li o nome "Jesus". De algum forma, eu sabia que era o nome de Alguém que me amava. Nos meses seguintes, temendo o tormento que me esperava na escola, eu orava: "Jesus, protege-me". Sentia-me mais forte sabendo que Ele cuidava de mim. Com o tempo, elas se cansaram e pararam de me intimidar.

Muitos anos se passaram e confiar em Seu nome continua a me sustentar em tempos difíceis. Confiar no nome de Jesus é crer que o que Ele afirma sobre o Seu caráter é verdade, permitindo que eu descanse nele.

Davi, também, conhecia a segurança de confiar no nome de Deus. Ao escrever o Salmo 9, ele já havia experimentado Deus como o Todo-poderoso governante que é justo e fiel (vv.7-8,10,16). Davi demonstrou a sua confiança no nome de Deus lutando contra os seus inimigos, confiando não em suas armas ou habilidade militar, mas em Deus, que para ele foi um "abrigo para os oprimidos" (v.9).

Quando criança, eu invoquei o nome de Jesus e experimentei como o Senhor cumpre as Suas promessas. Que todos nós possamos sempre confiar em Seu nome, Jesus, o nome Daquele que nos ama. —*Karen Huang*

Reflita e medite sobre o nome de Jesus.
Ele a ajudará a construir a sua confiança nele.

8 de maio

Onde eu pertenço

Salmo 133

Como é bom e agradável quando os irmãos vivem em união! —Salmo 133:1

Ao final da refeição para celebrar a Páscoa, que celebra a grandeza da obra salvadora de Deus, os membros da igreja expressaram sua alegria dançando juntos em círculo. Bruno se afastou e os observou sorrindo. Ele comentou o quanto amava essas ocasiões, dizendo: "Esta é a minha família agora, é a minha comunidade. Encontrei o lugar onde sei que posso amar e ser amado, onde pertenço". Em sua infância, o cruel abuso emocional e físico roubou-lhe a alegria. Mas sua igreja local o acolheu e o apresentou a Jesus. Por causa dessa união e da alegria contagiante, Bruno começou a seguir a Cristo e se sentiu amado e aceito.

No Salmo 133, o rei Davi usou imagens poderosas para ilustrar os efeitos duradouros gerados pela "boa e agradável" união do povo de Deus. Ele disse que é como alguém que é ungido com óleo precioso, com o perfume escorrendo "até a bainha de suas vestes" (v.2). Era comum na época que essa unção fosse usada para receber bem quem entrava em um lar. Davi também comparou a união com o orvalho que cai na montanha, trazendo vida e bênção (v.3).

O óleo libera uma fragrância que preenche o ambiente e o orvalho umedece os lugares secos. A união também tem efeitos bons e agradáveis, como o de acolher aqueles que estão sozinhos. Sejamos unidos em Cristo para que Deus possa trazer o bem por nosso intermédio. —*Amy Boucher Pye*

Pai celestial, ajuda-nos a verdadeiramente vivenciar a união com Cristo na comunidade que pertencemos.

9 de maio

Aleluia!

Apocalipse 11:15-18

...ele reinará para todo o sempre.
—Apocalipse 11:15

Surpreendentemente, Handel levou apenas 24 dias para escrever a música orquestral para o oratório *Messias*. Talvez essa seja a composição musical mais famosa de todos os tempos e é executada milhares de vezes todos os anos no mundo todo. Essa magnífica obra atinge seu clímax quase duas horas depois de começar com a parte mais famosa do oratório, o refrão "Aleluia". Enquanto os instrumentos anunciam o início do coro, as vozes se sobrepõem cantando as palavras de Apocalipse 11:15: "E ele reinará para todo o sempre". É uma declaração triunfante da esperança da eternidade no Céu com Jesus.

Muitas das palavras do oratório *Messias* são do relato do apóstolo João sobre a visão que ele teve perto do fim de sua vida e descrevem os acontecimentos que culminarão com o retorno de Cristo. No livro de Apocalipse, João escreve repetidamente sobre o retorno de Jesus ressuscitado à Terra, quando haverá grande alegria com o som de altos clamores de "Aleluia!" (19:1-8). O mundo se regozijará porque Jesus terá derrotado os poderes das trevas e da morte e estabelecido um reino de paz.

Todos os povos "diante do trono e diante do Cordeiro" proclamarão a majestade de Jesus e a bênção de Seu reinado (7:9). Até lá, vivemos, trabalhamos, oramos e o aguardamos esperançosos. —*Lisa M. Samra*

Aguardamos a segunda vinda de Jesus com esperança.

10 de maio

Aprender a amar

Marcos 10:13-16

Então tomou as crianças nos braços, […] e as abençoou. —MARCOS 10:16

Três professoras em licença-maternidade levavam seus bebês à escola a cada duas semanas para interagir com os alunos. Isso ensinava os alunos a terem empatia, isto é, o cuidado e o sentimento pelos outros. Os mais receptivos eram os alunos "um pouco desafiadores". "As crianças em idade escolar interagem mais em nível individual, porém, elas aprendem sobre como é difícil cuidar de uma criança e sobre os sentimentos do outro também".

Aprender com uma criança não é novidade para os cristãos, pois conhecemos Aquele que veio como bebê a este mundo. O Seu nascimento mudou a nossa compreensão sobre o cuidado com os outros. Os primeiros a saber do nascimento de Cristo foram os humildes pastores, que cuidavam de ovelhas fracas e vulneráveis. Mais tarde, quando as crianças foram trazidas a Jesus, o Senhor corrigiu os discípulos que as achavam indignas. "Deixem que as crianças venham a mim. Não as impeçam, pois o reino de Deus pertence aos que são como elas" (Marcos 10:14).

Jesus "tomou as crianças nos braços, pôs as mãos sobre a cabeça delas e as abençoou" (v.16). Em nossa vida, às vezes somos Seus filhos "desafiadores", e também poderíamos ser considerados indignos. Em vez disso, como Aquele que veio quando criança, Cristo nos aceita com Seu amor, ensinando-nos o poder de cuidar dos bebês e de todas as pessoas. —*Patricia Raybon*

Senhor Jesus, ensina-nos a amar como o Senhor amou e a cuidar do nosso próximo como o Senhor cuidou.

11 de maio

O poder de um nome

Gênesis 17:1-8, 15-16

Você já não será chamado Abrão, mas sim Abraão, pois será o pai de muitas nações. —Gênesis 17:5

Procurando valorizar algumas crianças em situação de rua da Índia, Ranjit criou uma canção com os nomes delas. Com melodias únicas para cada nome, ele lhes ensinou a canção, esperando dar-lhes uma memória positiva relacionada aos seus nomes. Ele lhes deu a dádiva do respeito uma vez que, com frequência, essas crianças não ouvem o seu nome dito com amor.

Os nomes são importantes na Bíblia, e muitas vezes refletem o caráter de uma pessoa ou seu novo papel. Deus mudou os nomes de Abrão e Sarai quando fez um pacto de amor com eles, prometendo-lhes que Ele seria seu Deus e que eles seriam Seu povo. Abrão, que significa "pai exaltado", tornou-se Abraão — "pai de muitos". E Sarai, que significa "princesa", tornou-se Sara — "princesa de muitos" (Gênesis 17:5,15).

Esses nomes dados por Deus incluíam a misericordiosa promessa de que não seriam mais um casal sem filhos. Quando Sara deu à luz seu filho, eles ficaram felizes e o chamaram de Isaque, que significa "ele ri". "Sara declarou: 'Deus me fez sorrir. Todos que ficarem sabendo do que aconteceu vão rir comigo'" (21:6).

Honramos e respeitamos as pessoas quando as chamamos pelo nome e reconhecemos que Deus as criou para serem o que são. Um nome amoroso que afirma as qualidades únicas de alguém que foi criado à imagem de Deus pode transmitir o mesmo. Um apelido carinhoso pode refletir o caráter de quem somos aos outros. —*Amy Boucher Pye*

Somos gratas, Pai querido, por sermos criadas à imagem e semelhança do Senhor.

12 de maio

Escolha sábia

Marcos 8:34-38

Que vantagem há em ganhar o mundo inteiro, mas perder a vida? —Marcos 8:36

Como comandante da tripulação de uma viagem até a *Estação Espacial Internacional*, o astronauta Chris Ferguson precisou tomar uma decisão difícil. Mas isso não teve nada a ver com a mecânica de voo ou a segurança dos astronautas. Referia-se ao que ele considera a missão mais importante: sua família. Ferguson optou por manter seus pés firmemente plantados na Terra para que pudesse estar presente no casamento de sua filha.

Todos nós enfrentamos decisões difíceis, e, às vezes, elas exigem que avaliemos o que é mais importante para cada um de nós, porque uma opção vem em detrimento da outra. O objetivo de Jesus era comunicar a verdade aos Seus discípulos e à multidão de espectadores sobre a decisão mais importante da vida de alguém: segui-lo. Para serem discípulos, disse Ele, seria necessário que negassem "a si mesmo" para caminhar com Ele (Marcos 8:34).

Talvez Seus discípulos tenham se sentido inclinados a se poupar dos sacrifícios necessários para seguir a Cristo e, em vez disso, buscar seus próprios desejos, porém, Jesus lhes lembrou de que isso viria ao preço de algo de valor ainda maior.

Muitas vezes temos o forte desejo de perseguir coisas que parecem de grande valor, mas que nos distraem de seguir Jesus. Peçamos a orientação de Deus nas escolhas que enfrentamos a cada dia para escolhermos sabiamente e o honrarmos.

—*Kirsten Holmberg*

Faça escolhas que a tragam para perto de Jesus.

13 de maio

A Água viva

João 7:37-39

...Jesus [...] disse em alta voz: "Quem tem sede, venha a mim e beba!". —João 7:37

As flores vindas do Equador chegaram à minha casa já murchas da longa viagem. As instruções diziam para reanimá-las com água fresca. Antes, porém, eu deveria aparar os caules para que as flores pudessem absorver a água mais facilmente. Mas será que sobreviveriam? Na manhã seguinte, o buquê estava maravilhoso, com flores que eu jamais vira. A água fresca fez toda a diferença e isso me lembrou do que Jesus disse sobre a água e o que ela significa para os que creem nele.

Quando Jesus pediu um copo de água à mulher samaritana, Ele demonstrou que beberia a água que ela retirava do poço, e isso mudou a vida dela. A mulher surpreendeu-se com o pedido de Jesus, porque os judeus desprezavam os samaritanos. Mas Jesus lhe disse: "Se ao menos você soubesse que presente Deus tem para você e com quem está falando, você me pediria e eu lhe daria água viva" (João 4:10). Mais tarde, no Templo, Ele disse em alta voz: "Quem tem sede, venha a mim e beba!" (7:37). Dos que cressem nele, "rios de água viva [brotariam] do interior...". Jesus se referia ao Espírito "que seria dado mais tarde a todos que nele cressem" (vv.38-39).

O Espírito revigorante de Deus nos reaviva hoje quando estamos sobrecarregados. Ele é a Água viva e habita em nossa alma com santo vigor. Que hoje possamos beber profundamente dessa fonte de Água viva: Jesus. —*Patricia Raybon*

Jesus, pedimos-te que nos conceda mais de Tua fonte de água viva à medida que te buscamos.

14 de maio

O milagre da salvação

João 11:38-44

Eu não lhe disse que, se você cresse, veria a glória de Deus? —João 11:40

A vida do blogueiro Kevin Lynn parecia desmoronar-se. Em um artigo ele escreveu: "Eu literalmente coloquei uma arma na cabeça. Foi preciso que Deus entrasse sobrenaturalmente em meu quarto e em minha vida. Descobri finalmente quem Deus é". Deus o impediu de tirar a própria vida, encheu-o de convicção e lhe concedeu uma lembrança incisiva de Sua amorosa presença. Em vez de esconder esse encontro, Lynn compartilhou a sua experiência com o mundo, criando um ministério no *YouTube* no qual compartilha sua história de transformação, e a de tantos outros.

Quando Lázaro, seguidor e amigo de Jesus, morreu, muitos concluíram que Jesus tinha chegado tarde demais (João 11:32). Lázaro ficou em sua tumba por quatro dias antes da chegada de Cristo, mas o Senhor transformou aquele momento de angústia num milagre quando o ressuscitou (v.38). "Eu não lhe disse que, se você cresse, veria a glória de Deus?" (v.40).

Assim como Jesus ressuscitou Lázaro da morte para a vida, Ele nos oferece uma nova vida por meio dele. Ao sacrificar Sua vida na cruz, Cristo pagou a pena por nossos pecados e nos oferece o perdão quando nós aceitamos a Sua dádiva da graça. Somos libertos da escravidão de nossos pecados, restaurados por Seu amor eterno, e nos é dada a oportunidade de mudar o curso da nossa vida. —*Kimya Loder*

Jamais esqueça que o seu testemunho pode aproximar outras pessoas de Jesus.

15 de maio

A ajuda divina e o nosso futuro

Salmo 90:12-17

*Satisfaze-nos a cada manhã com o teu amor,
para que cantemos de alegria até o final da vida.*
—Salmo 90:14

A psicóloga Meg Jay diz que a nossa mente tende a pensar em nosso futuro de forma semelhante à que pensamos sobre pessoas completamente estranhas. Por quê? Talvez devido ao que às vezes se chama de "lacuna de empatia". Pode ser difícil empatizar e importar-se com pessoas que não conhecemos pessoalmente, mesmo elas sendo as versões futuras de nós mesmos. Assim, Jay tenta ajudar os jovens a imaginarem como será o seu futuro e toma medidas para que cuidem dele. Isso inclui a elaboração de planos de ação para prepará-los naquilo que um dia serão e abre o caminho para que eles possam perseguir seus sonhos e continuar a se desenvolver.

No Salmo 90, somos convidados a nos vermos não apenas no presente, mas como um todo, e a pedir que Deus nos ajude a "entender como a vida é breve, para que vivamos com sabedoria" (v.12). Reconhecer que o nosso tempo na Terra é limitado pode nos lembrar de nossa urgente necessidade de confiar em Deus. Precisamos da ajuda de Deus para aprender a encontrar satisfação e alegria, não apenas agora, mas "até o final da vida" (v.14). Precisamos de ajuda divina para aprender a pensar não apenas em nós mesmos, mas nas gerações futuras (v.16). Precisamos da ajuda do Senhor para servi-lo, na medida em que Ele estabelece o trabalho de nossas mãos e do nosso coração (v.17). —*Monica La Rose*

*Compartilhemos sobre a eternidade
que teremos junto a Deus tanto com esta geração
quanto com as futuras.*

16 de maio

Para onde virar?

Isaías 30:12-18

Portanto, o S<small>ENHOR</small> esperará até que voltem para ele, para lhes mostrar seu amor e compaixão.
—I<small>SAÍAS</small> 30:18

No colégio, todos admiravam o jeito de ser do João e suas habilidades atléticas. Ele parecia mais feliz quando buscava equilibrar-se com os braços no ar acima de uma pista de skate. Esse jovem decidiu seguir Jesus após frequentar uma igreja local. João tinha suportado lutas familiares significativas e usado drogas para diminuir a sua dor. Tudo parecia estar indo bem para ele, porém anos depois, João viciou-se novamente. Sem uma intervenção adequada e contínua, ele morreu de overdose.

É fácil voltar ao que lhe é familiar quando enfrentamos as dificuldades. Quando os israelitas sentiram a angústia de um ataque assírio, rastejaram de volta para os egípcios, de quem haviam sido escravos, em busca de ajuda (Isaías 30:1-5). Deus previu que isso seria desastroso, mas continuou a cuidar deles, embora eles tivessem feito a escolha errada. Isaías declarou que: "o S<small>ENHOR</small> esperará até que voltem para ele, para lhes mostrar seu amor e compaixão" (v.18).

Esta é a atitude de Deus para conosco, mesmo quando escolhemos olhar para o outro lado a fim de entorpecer a nossa dor. Ele quer nos ajudar e não quer que nos machuquemos com hábitos que trazem escravidão. Certas substâncias e ações nos tentam com a rápida sensação de alívio, mas Deus quer proporcionar uma cura autêntica enquanto caminhamos com Ele. —*Jennifer Benson Schuldt*

Pai, reconhecemos que somente a Tua graça nos sustenta em tempos de aflição.

17 de maio

Teste do espelho

Tiago 1:22-27

*Se [...] observarem atentamente a lei perfeita
que os liberta [...], serão felizes...*
—Tiago 1:25

Ao conduzirem um teste de autorreconhecimento, os psicólogos perguntam para as crianças: "Quem é aquele ali no espelho?". Até os 18 meses, a criança normalmente não associa aquela imagem a si mesma. À medida que crescem, elas percebem que estão olhando para a imagem de si mesmas. O autorreconhecimento é uma marca importante que sinaliza o crescimento saudável e maturidade.

O autorreconhecimento também é importante no crescimento daqueles que creem em Jesus. Tiago nos ensina sobre isso e apresenta um teste em que o espelho é a "palavra verdadeira" de Deus (Tiago 1:18). Quando lemos as Escrituras, o que vemos nelas? Nós nos reconhecemos ao ler sobre amor e humildade? Nossas ações revelam o que Deus nos ordena? Ao olharmos para dentro do nosso coração e avaliarmos as nossas ações, a Bíblia pode nos ajudar a reconhecer se estamos alinhados com o desejo de Deus para nós ou se precisamos buscar arrependimento e fazer mudanças.

Tiago nos alerta a não apenas lermos a Palavra e depois abandoná-la, dizendo: "só enganarão a si mesmos" (v.22) ao esquecer que recebemos. A Bíblia fornece um mapa para viver sabiamente de acordo com os planos de Deus. Ao ler, alimentarmo-nos e meditarmos nela, podemos pedir que Ele nos conceda discernimento e força para que façamos as mudanças necessárias. —*Katara Patton*

*O que precisamos fazer para crescermos
em amor e humildade e nos tornarmos mais
semelhante a Jesus?*

18 de maio

Sofrendo, mas sendo grato

Jó 1:13-22

*…O Senhor me deu o que eu tinha,
e o Senhor o tomou. Louvado seja
o nome do Senhor!"* —Jó 1:21

Após a morte de minha mãe, uma amiga sua, também paciente de câncer, chorando muito, disse-me: "Sua mãe era gentil comigo. Estou arrasada por ela ter morrido, e não eu". Respondi: "Ela amava você. Nós rogávamos a Deus que lhe permitisse ver os seus filhos crescerem". De mãos dadas, choramos, pedi que Deus a guiasse com ternura pelo luto e agradeci pela remissão do câncer, que a permitiu continuar ao lado da sua amada família.

A Bíblia revela a complexidade do luto ao mostrar a terrível perda que Jó sofreu, inclusive de todos os seus filhos. Jó sofreu muito e "prostrou-se com o rosto no chão em adoração" (Jó 1:20). Num ato de rendição, humildade e esperança, ele expressou gratidão: "O Senhor me deu o que eu tinha, e o Senhor o tomou. Louvado seja o nome do Senhor" (v.21). Embora Jó ainda tivesse que enfrentar grandes conflitos no seu luto e na reconstrução de sua vida, naquele momento ele aceitou e até celebrou a autoridade de Deus sobre as situações boas e más.

Deus compreende as formas como processamos e lutamos com nossas emoções. Ele nos convida a passar pela dor de forma honesta e vulnerável. Mesmo quando o sofrimento parece sem fim e insuportável, Deus afirma que Ele não mudou nem mudará. Isso nos conforta e empodera a sermos gratos por Sua presença. —*Xochitl Dixon*

*Demonstre a sua gratidão a Deus
praticando os ensinamentos dele.*

19 de maio

A graça gentil de Deus

Efésios 4:2-15

Sejam sempre humildes e amáveis, tolerando pacientemente uns aos outros em amor. —Efésios 4:2

A poetisa Emily Dickinson escreveu que toda a verdade deve ser dita de forma gradual e sugeriu que, pelo fato de a verdade e a glória de Deus "brilharem demais", para que os frágeis humanos as compreendam ou recebam de uma vez só, seria melhor que as recebêssemos e compartilhássemos de Sua graça e verdade de maneira "gradativa", gentil e indireta. Ela concluiu que a Verdade deve deslumbrar gradualmente, ou todo homem ficaria cego.

O apóstolo Paulo também nos aconselha a sermos "humildes e amáveis […] tolerando pacientemente uns aos outros em amor" (Efésios 4:2). A base para a gentileza e graça dos cristãos uns com os outros é o jeito misericordioso de Cristo para conosco. Em Sua encarnação (vv.9-10), Jesus revelou-se na forma calma e gentil que as pessoas precisavam para confiar nele e recebê-lo.

Ele se revela abençoando e empoderando Seu povo da forma que precisam para crescer e amadurecer "para […] edificar o corpo de Cristo, até que todos alcancemos a unidade que a fé e o conhecimento do Filho de Deus produzem e amadureçamos, chegando à completa medida da estatura de Cristo" (vv.12-13). Ao crescermos, ficamos menos vulneráveis a procurar esperança em outros lugares e mais confiantes em praticar o exemplo de Jesus: "falaremos a verdade em amor" (vv.14-16). —Monica La Rose

A misericordiosa graça de Deus permite que nos reconciliemos com os que nos feriram.

20 de maio

Aves do céu

Mateus 6:25-33

…não se preocupem com a vida diária…
—Mateus 6:25

Num amanhecer de verão, eu cuidava do meu jardim quando minha vizinha sorriu e chamou a minha atenção sussurrando. "O quê?", sussurrei também, curiosa. Ela apontou para um sino dos ventos em seu jardim onde havia uma tacinha de palha. "Um ninho de beija-flor", ela disse. "Está vendo os filhotes?" Quase não se viam os dois bicos, finos como alfinetes. "Estão esperando a mamãezinha". Ficamos olhando, maravilhadas, e preparei meu celular para fotografar. "Não chegue muito perto para evitar de assustar a mãe", ela sugeriu. Assim, apadrinhamos à distância aquela família voadora. Durou pouco: na outra semana, eles haviam ido embora, tão discretamente quanto haviam chegado. Mas quem cuidaria deles agora?

A Bíblia nos dá uma resposta gloriosa que, de tão conhecida, passa despercebida: "…não se preocupem com a vida […] Observem os pássaros. Eles não plantam nem colhem, nem guardam alimento em celeiros, pois seu Pai celestial os alimenta…" (Mateus 6:25-26). É uma instrução simples, porém linda, contendo uma das promessas de Jesus.

Assim como Deus protege e cuida dos passarinhos, Ele cuida de nós — nutrindo nossa mente, corpo, alma e espírito. É uma promessa magnífica. Que possamos buscar a Deus diariamente e nos ampararmos despreocupados sob Suas asas. Por hoje, tente não se preocupar. Ao invés de contar as suas dores, conte as suas bênçãos: você sentirá o cuidado de Deus. —*Patricia Raybon*

*Os ensinamentos do Senhor
nos tornam sábias e prudentes.*

21 de maio

Autocontrole na força de Deus

2 Pedro 1:3-10

Deus, com seu poder divino, nos concede tudo de que necessitamos para uma vida de devoção...
—2 Pedro 1:3

Em 1972, foi desenvolvido um estudo conhecido como "o experimento do *marshmallow*". Nele, avaliou-se a capacidade das crianças em adiar a satisfação de seus desejos. Oferecia-se o doce para a criança, mas diziam-lhe que, se ela esperasse dez minutos sem prová-lo, ganharia outro *marshmallow*. Parte das crianças conseguiu esperar e recebeu a recompensa maior, mas outra parte engoliu o *marshmallow* em menos de 30 segundos!

Nós também lutamos com o autocontrole quando nos é oferecido algo que desejamos, mesmo se soubermos que teremos um benefício maior se esperarmos. Ainda assim, Pedro nos aconselha a "acrescentar à [nossa] fé" muitas virtudes importantes, incluindo o domínio próprio (2 Pedro 1:5-6). Apegado à sua fé em Jesus, Pedro encorajou-nos a continuar a crescermos em excelência moral, conhecimento, perseverança, devoção, fraternidade e amor como evidência da fé (vv.5-8).

Tais virtudes não nos garantem um lugar no Céu ou o favor de Deus, mas demonstram, a nós mesmos e aos que nos cercam, nossa necessidade de autocontrole, enquanto Deus nos provê a força e a sabedoria para tanto. O melhor de tudo é que Ele "nos concede tudo de que necessitamos para uma vida de devoção" (v.3). Torna-se possível cultivar as virtudes ensinadas por Jesus somente pelo poder do Espírito Santo. —*Kirsten Holmberg*

Pai, ajuda-nos a reter tudo o que é bom e vem de ti e a praticar a Tua Palavra em todas as circunstâncias.

22 de maio

Ação de graças e felicidade

Filipenses 4:4-7

Orem a Deus pedindo aquilo de que precisam e agradecendo-lhe por tudo que ele já fez...
—Filipenses 4:6

Num estudo proposto pelo psicólogo R. Emmons, os participantes deveriam listar 5 itens toda semana. Eles foram divididos em três grupos: alguns escreveriam 5 motivos de gratidão; outros, 5 de preocupações; e o grupo controle, 5 fatos que os impactaram na semana. Concluiu-se que o grupo dos agradecidos se sentia melhor sobre a vida em geral, era mais otimista quanto ao futuro e relatou menos problemas de saúde. Agradecer muda como olhamos a vida e a gratidão pode até nos tornar mais felizes.

A Bíblia destaca em vários trechos os benefícios de agradecer a Deus, porque fazer isso nos lembra o Seu caráter. Os salmos repetidamente convocam o povo de Deus a agradecer-lhe "Pois o Senhor é bom! Seu amor dura para sempre" (Salmo 100:5), e a ser grato pelo Seu grande amor e por Suas maravilhas (107:8,15,21,31).

A carta de Paulo aos filipenses é como uma nota de agradecimento àquela igreja que apoiava seu ministério. No seu encerramento, Paulo vincula as orações de gratidão à "paz de Deus, que excede todo entendimento" (4:7). Ao focarmos em Deus e Sua bondade, descobrimos que podemos orar sem ansiedade, em toda situação, com ações de graças. Agradecer traz a paz que protege nosso coração e mente de forma única, mudando nosso olhar para a vida. Um coração cheio de gratidão alimenta um espírito feliz. —*Elisa Morgan*

Leve os seus pedidos a Deus e o agradeça por tudo que Ele já fez em sua caminhada com Ele.

23 de maio

Você ainda vai me amar?

Romanos 5:6-11cc

Cristo [morreu] por nós quando ainda éramos pecadores. —Romanos 5:8

Lyn-Lyn foi finalmente adotada aos 10 anos, mas ela estava receosa. Ela era punida por qualquer pequeno erro que cometesse no orfanato em que havia crescido. Lyn-Lyn perguntou para sua mãe adotiva, que é uma das minhas amigas: "Mamãe, você me ama?". Quando minha amiga lhe afirmou que sim, ela perguntou: "Se eu fizer algo errado, você ainda vai me amar?". Mesmo que não falemos assim, alguns de nós temos esta mesma dúvida quando sentimos que desapontamos a Deus: O Senhor ainda vai nos amar? Sabemos que, enquanto vivermos nesta Terra, vamos falhar e pecar às vezes. Será que o amor de Deus por nós será afetado?

O versículo no evangelho de João comprova o amor de Deus. Ele entregou Seu filho Jesus para morrer por nós para que, se crermos nele, recebamos a vida eterna (3:16). E se falharmos com o Pai mesmo depois de já termos crido? Aí precisaremos nos lembrar de que Cristo morreu "por nós quando ainda éramos pecadores" (v.8). Se Deus nos amou em nossa pior condição; como poderemos duvidar do Seu amor agora que somos Seus filhos?

Se pecarmos, nosso Pai amorosamente nos corrigirá e disciplinará. Isso não é rejeição (Romanos 8:1); é amor (Hebreus 12:6). Então, vivamos como filhos amados de Deus, descansando na certeza bendita de que Seu amor é inabalável e eterno. Ao compreender o amor de Deus, sua visão sobre o pecado e a obediência se expandirá: a punição e a disciplina não são, necessariamente, a mesma coisa.

—*Karen Huang*

O Senhor é o nosso esconderijo e nos preserva das tribulações. Ele nos cerca com alegres cantos de livramento.

24 de maio

Sinais de vida

Jeremias 29:4-14

...eu virei e cumprirei todas as boas promessas que lhes fiz... —Jeremias 29:10

Minha filha ganhou caranguejos de estimação. Ela encheu um tanque com areia para que eles pudessem cavar e escalar e todos os dias lhes servia água, proteína e vegetais. Eles pareciam felizes e por isso foi um choque quando sumiram. Procuramos em todos os lugares; descobrimos que estavam sob a areia e ficariam lá por cerca de dois meses, para trocar de carapaça. Os dois meses se passaram, então *mais um mês*, e eu comecei a recear que tivessem morrido. Quanto mais esperávamos, mais impaciente eu ficava. Finalmente, vimos alguns sinais de vida e os caranguejos apareceram novamente.

Questiono-me se o povo de Israel duvidava da profecia de Deus enquanto viviam exilados na Babilônia. Será que sentiam desespero? Ou temiam ficar lá para sempre? Deus disse por intermédio de Jeremias: "Eu virei e cumprirei todas as boas promessas que lhes fiz e os trarei de volta para casa (Jeremias 29:10). De fato, 70 anos depois, Deus moveu Ciro, o rei persa, a liberar os judeus para retornar e reconstruir o templo em Jerusalém (Esdras 1:1-14).

Em tempos de espera, quando parece que nada está acontecendo, Deus não se esquece de nós. Enquanto o Espírito Santo nos ensina a paciência, saibamos que o Consolador é a nossa fonte de esperança, a garantia da promessa e aquele que controla o futuro.

À medida que compreendemos o caráter de Deus, os tempos de espera são mais fáceis de enfrentar. —*Jennifer Benson Schuldt*

Pai, como é grande a Tua bondade, confiamos todos os nossos dias em Tuas mãos.

25 de maio

Cristo em nós

João 14:15-24

[Naquele dia], vocês saberão que eu estou em meu Pai, vocês em mim, e eu em vocês.

—João 14:20

O pregador inglês F. B. Meyer (1847–1929) usava o ovo para exemplificar o que ele chamava de "a profunda filosofia de Cristo em nós". Ele percebeu como um ovo fecundado tem um "broto de vida" que cresce a cada dia até completar a formação do pintinho dentro da casca. Dessa mesma maneira, Cristo habita em nosso interior pelo Espírito Santo e transforma-nos diariamente. Meyer afirmou: "Cristo crescerá e absorverá em si tudo o que há em sua vida, sendo formado em você".

Ele admitiu que não poderia expressar em palavras a maravilhosa realidade de Cristo fazer morada no cristão por intermédio do Espírito Santo. Ainda assim, ele encorajava os seus ouvintes a compartilharem, mesmo de forma imperfeita, o que Jesus quis dizer ao afirmar: "No dia em que eu for ressuscitado, vocês saberão que eu estou em meu Pai, vocês em mim, e eu em vocês" (João 14:20). Jesus disse essas palavras na última ceia com Seus amigos porque queria que soubessem que Ele e o Pai habitariam naqueles que os obedecessem (v.23). Isso é possível porque, pelo Espírito, Jesus habita naqueles que creem nele, transformando-os a partir do seu interior.

Podemos visualizar essa verdade de diferentes formas. Temos a confiança de que Cristo vive em nós, guiando-nos e ajudando-nos a crescer à Sua semelhança. A presença de Cristo em você transforma a sua vida. —*Amy Boucher Pye*

Jesus, a Tua presença em nós nos concede a confiante esperança de participar de Tua glória.

26 de maio

Razões para alegrar-se

Salmo 64

*Os justos se alegrarão no Senhor
e nele encontrarão refúgio...* —Salmo 64:10

Quando dona Brenda entrou no salão da igreja, sua alegria contagiante encheu o ambiente. Ela havia acabado de se recuperar de um procedimento médico difícil. Quando veio me cumprimentar após o culto, agradeci a Deus pelas tantas vezes em que ela havia chorado comigo e me exortado e encorajado em amor. Chegou a pedir perdão por achar que estava me magoando com suas palavras sábias. Qualquer que fosse a situação, ela sempre me convidava a dividir minhas lutas com sinceridade e lembrava-me das nossas muitas razões para louvar a Deus.

Tia Brenda, como ela me deixava chamá-la, me deu um abraço carinhoso e disse: "Oi, menina!". Conversamos um pouco, oramos juntas, e então ela saiu, cantarolando como sempre, procurando outra pessoa para abençoar.

No Salmo 64, Davi apresenta ousadamente suas queixas e reclamações a Deus (v.1). Ele fala sobre a perversidade ao seu redor (vv.2-6), mas sem perder a confiança no poder de Deus e nem na firmeza de Suas promessas (vv.7-9). Davi sabia que um dia "Os justos se alegrarão no Senhor e nele encontrarão refúgio, e os que têm coração íntegro o louvarão" (v.10). Até a volta de Jesus, passaremos por tempos difíceis. Mas sempre teremos razões para nos alegrarmos nos dias que o Senhor nos concede. Deus nos concede razões para sermos gratas e felizes pelo que Ele é, pelo que Ele fez e por tudo o que Ele ainda fará. —*Xochitl Dixon*

Senhor, queremos permanecer longe do que te desagrada. Seja sempre o nosso refúgio e rocha firme.

27 de maio

Escolhendo a compaixão

Obadias 1:8-15

...Não deveria ter se alegrado quando o povo de Judá sofreu tamanha desgraça... —Obadias 1:12

Um programa de TV transmitiu cinco minutos de acidentes na neve. Eram vídeos caseiros de pessoas esquiando sobre telhados, batendo em objetos e deslizando no gelo, levando o público ao vivo e os que assistiam em suas casas às gargalhadas — especialmente quando a pessoa no vídeo parecia merecer a queda por estar se comportando de modo irresponsável.

Não há nada de errado com vídeos caseiros engraçados, mas eles nos revelam algo: tendemos a rir ou tirar vantagem do sofrimento alheio. Uma história assim está registrada no livro de Obadias: as nações de Israel e Edom eram rivais e, quando Israel foi punido por seu pecado, Edom comemorou. Eles se aproveitaram dos israelitas, saquearam suas cidades, sabotaram sua fuga e apoiaram seus inimigos (Obadias 1:13-14). O profeta Obadias advertiu Edom: "...Não deveria ter se alegrado quando o povo de Judá sofreu tamanha desgraça...", porque "Está próximo o dia em que eu, o Senhor, julgarei todas as nações!..." (vv.12,15).

Quando vemos as pessoas passarem por desafios ou sofrimentos, mesmo que pareçam merecidos, devemos escolher ter compaixão e não o orgulho. Não estamos em posição de julgar ninguém; apenas Deus pode fazer isso. O reino deste mundo pertence a Ele (v.21), o único que detém o poder para exercer justiça e misericórdia. —*Karen Pimpo*

Diante do sofrimento alheio, demonstre amor e misericórdia em todas as oportunidades.

28 de maio

Mudança radical

Efésios 4:17-24

…Livrem-se de sua antiga natureza e de seu velho modo de viver… —Efésios 4:22

Cláudio cresceu num lar problemático, em Londres. Ele começou a vender maconha aos 15 anos e heroína aos 25. Com o intuito de camuflar suas atividades, com o tempo, tornou-se um conselheiro juvenil. No entanto, ele logo sentiu-se intrigado com seu coordenador, um seguidor de Jesus, e quis saber mais. Após ser apresentado à fé cristã, ele "desafiou" Jesus a entrar em sua vida. "Senti uma presença tão acolhedora! As pessoas viram uma mudança imediata em mim. Eu era o traficante mais feliz do mundo!".

Jesus não fez só isso. No dia seguinte, enquanto o jovem separava um pacote de cocaína, ele pensou: Isso é loucura. Estou envenenando as pessoas! Cláudio percebeu que precisava parar com aquilo e arranjar um emprego. Com a ajuda do Espírito Santo, desligou seus telefones e nunca olhou para trás.

É deste tipo de mudança que Paulo falava à igreja em Éfeso. Convocando o povo a viver com Deus, ele os aconselhava a livrar-se "da sua antiga natureza humana e de seu velho modo de viver, corrompido pelos desejos impuros e pelo engano" (Efésios 4:22). Paulo lhes pediu para que deixassem o Espírito renovar os pensamentos e atitudes deles, e a revestirem-se "de sua nova natureza, criada para ser verdadeiramente justa e santa como Deus". (v.24). Paulo ensina a todas nós que também devemos nos revestir de nossa nova natureza diariamente.

O Espírito Santo se alegra em nos fazer viver a nova natureza e em nos tornar mais semelhantes a Jesus. A transformação que Jesus fez em sua vida edifica os seus relacionamentos? —*Amy Boucher Pye*

*Senhor, renova as nossas forças
e guia-nos pelos caminhos da justiça.
Queremos honrar o Teu nome.*

29 de maio

Confiando na visão de Deus

Mateus 2:1-2, 7-12

...retornaram para sua terra por outro caminho...
—MATEUS 2:12

Viajando por um local desconhecido, meu marido percebeu que os direcionamentos do GPS pareciam incorretos. Seguíamos numa boa estrada de quatro faixas, mas a indicação era que trocássemos para a pequena marginal ao lado. Meu marido disse: "Vou confiar nisso", mesmo o fluxo sendo rápido. Apenas quinze quilômetros à frente, o trânsito na rodovia ao nosso lado era tão lento que os carros praticamente estacionavam. O problema era uma grande obra na pista. Já a marginal onde estávamos seguia livre, sendo um caminho tranquilo até o nosso destino. "Eu não tinha como ver à frente, mas o GPS, sim", disse meu marido, e eu respondi: "Assim como Deus".

Sabendo o que aconteceria mais à frente, Deus mudou a rota dos sábios do oriente que foram adorar a Jesus, o "rei dos judeus" (Mateus 2:2). O rei Herodes, perturbado com a chegada de um "rival", mentiu aos sábios, dizendo: "...Quando o encontrarem, voltem e digam-me, para que eu vá e também o adore" (v.8). Alertados em sonho para não voltarem ao rei, "retornaram para sua terra por outro caminho" (v.12).

Deus guiará os nossos passos também. Ao seguirmos pelas estradas da vida, podemos confiar que o Senhor vê à frente e que, ao buscarmos "a vontade dele em tudo", Ele nos mostrará o caminho que devemos seguir (Provérbios 3:6).

—*Patricia Raybon*

Se Deus já lhe indicou uma mudança de rumo em sua vida, faça. Confie no Senhor.

30 de maio

Azarão

Isaías 55:9-11

...Minha palavra [...] fará o que desejo e prosperará aonde quer que eu a enviar. —Isaías 55:11

Azarão é uma narrativa fascinante de Ben Malcolmson, um estudante pouco experiente no futebol norte-americano do time da Universidade do Sul da Califórnia que ganhou a copa *Rose Bowl*. Seus colegas foram recrutados ainda no colégio; ele não. Como jornalista universitário, Malcolmson escreveu um relato em primeira pessoa sobre o extenuante processo de seleção e, para sua surpresa, ele foi selecionado para uma disputada vaga.

Já no time, a sua fé em Deus o moveu a buscar o propósito divino naquela situação inesperada. Mas a indiferença de seus colegas quanto à fé o desencorajou. Malcolmson orou por direção do Senhor e leu o lembrete poderoso de Deus: "Minha palavra [...] fará o que desejo e prosperará aonde quer que eu a enviar" (Isaías 55:11). Inspirado por este texto, ele deu, anonimamente, uma Bíblia para cada jogador, mas também foi rejeitado pela maioria. Anos mais tarde, ele descobriu que um daqueles jogadores havia lido a Bíblia que recebera e, pouco antes de sua morte trágica, tinha demonstrado ter comunhão e fome de conhecimento por Deus e relacionamento com Ele.

É provável que muitos de nós já tenhamos compartilhado Jesus com um amigo ou um familiar e encontrado apenas indiferença, quando não rejeição explícita. Mesmo sem ver resultados imediatos, a verdade de Deus é poderosa e cumprirá os Seus propósitos no tempo dele. —Lisa M. Samra

Reflita e agradeça a Deus por Seu poder, pois com certeza Ele a abençoa de maneira poderosa e surpreendente.

31 de maio

Por causa do evangelho

Tito 2:1-10

*...tornarão atraente em todos os sentidos
o ensino a respeito de Deus, nosso Salvador.*
—Tito 2:10

Nelson Bell, médico recém-formado em 1916, e sua noiva casaram-se naquele mesmo ano e em seis meses foram para a China. Com apenas 22 anos, tornou-se cirurgião no Hospital Amor e Misericórdia, o único da região para pelo menos dois milhões de chineses. Bell e sua família viveram lá por 24 anos, conduzindo o hospital, realizando cirurgias e compartilhando o evangelho com milhares. No início, ele era chamado de "demônio estrangeiro" pelos que desconfiavam dos forasteiros; mas depois passou a ser conhecido como "o Bell que ama os chineses". Sua filha Ruth viria a se casar com o evangelista Billy Graham.

Apesar de ser um ótimo cirurgião e professor da Bíblia, não foram suas habilidades que atraíram muitos a Cristo, e sim o seu caráter e sua forma de viver o evangelho. Na carta de Paulo a Tito, um jovem líder gentio que cuidava da igreja em Creta, o apóstolo diz que viver como Cristo é essencial porque torna o evangelho "atraente" (Tito 2:10). No entanto, não o fazemos por nossa própria força; a graça de Deus nos ajuda a vivermos "com sabedoria, justiça e devoção"(v.12), refletindo as verdades que fazem parte de nossa fé (v.1).

Muitas pessoas ao nosso redor ainda não conhecem as boas-novas de Jesus Cristo, mas nos conhecem. Que Ele nos ajude a expor Sua mensagem de formas atrativas. —*Karen Huang*

Encontre tempo para praticar e testemunhar sobre o evangelho de Cristo, pois isso a transformará.

1.º de junho

Esperança em Deus

Lamentações 3:22-26

Digo a mim mesmo: "O Senhor é minha porção; por isso, esperarei nele!". —Lamentações 3:24

Próximo à época das festas, os envios de encomendas costumavam atrasar devido ao fluxo maior de compras *on-line*. Lembro-me de que minha família preferia ir às lojas e comprar os presentes, porque sabíamos que os prazos de entrega fugiam ao nosso controle. Mas, desde que minha mãe assinou um serviço que inclui envio rápido, temos a garantia de entrega em até 48 horas. Acostumamo-nos a receber tudo logo e nos frustramos com eventuais atrasos.

Vivemos num tempo de gratificação instantânea, e esperar pode ser muito difícil. Mas, no reino espiritual, a paciência ainda é recompensada. O livro de Lamentações foi escrito quando os israelitas choravam a destruição de Jerusalém pelo exército babilônico e enfrentavam tempos muito desafiadores. Em meio ao caos, porém, o escritor ousadamente afirma confiar que Deus atenderia às suas necessidades e, por isso, esperaria no Senhor (Lamentações 3:24). Deus sabe que aguardar por uma resposta pode nos deixar ansiosos, mas a Bíblia nos encoraja a esperar nele. Não precisamos ficar desanimados ou preocupados porque "Suas misericórdias são inesgotáveis" (v.22); em vez disso, com a ajuda de Deus, podemos nos aquietar no Senhor e descansar nele pacientemente (Salmo 37:7). Que esperemos em Deus, confiando em Seu amor e fidelidade mesmo lutando com anseios e orações não respondidas. —*Kimya Loder*

Espere em Deus.
Confie e descanse no Senhor!

2 de junho

Oportunidades para brilhar

Mateus 5:13-16

…suas boas obras devem brilhar, para que todos as vejam e louvem seu Pai, que está no céu. —Mateus 5:16

Em março de 2020, um consultor aposentado andava com seu cão no parque da sua cidade quando viu caminhões, pilhas de lona e tendas brancas com uma cruz e o nome de uma ONG desconhecida. Ao saber que construíam um hospital de campanha para os cidadãos infectados com o coronavírus, ele se voluntariou para ajudar. Por semanas, mesmo com fé e opiniões políticas diferentes, esse homem e sua família trabalharam arduamente onde quer que fosse necessário. "Todos que conheci eram de fato boas pessoas", ele disse, aplaudindo todos por terem trabalhado de graça para "ajudar minha cidade na hora da mais profunda necessidade".

Em resposta às tremendas carências vindas da pandemia COVID 19, formaram-se parcerias inusitadas, e os servos de Jesus tiveram novas oportunidades para compartilhar a luz de Cristo de novas maneiras. No Sermão do Monte, Jesus ensinou Seus discípulos que "…suas boas obras devem brilhar, para que todos as vejam…" (Mateus 5:16). Levamos a luz de Cristo ao permitir que o Espírito nos conduza com amor, bondade, palavras e ações gentis e amorosas (Gálatas 5:22-23). Dessa maneira, a luz divina resplandece em nossa vida diária e nosso "…Pai, que está no céu" (v.16) é louvado.

Brilhemos para Cristo hoje e sempre, à medida que Ele nos ajuda a sermos sal e luz neste mundo tão carente de Deus. —*Alyson Kieda*

Leve a luz e a esperança de Jesus para quem precisa dela.

3 de junho

Melhor é estar juntos

Atos 2:42-47

Os que criam se reuniam num só lugar e compartilhavam tudo que possuíam.
—Atos 2:44

Maria era mãe solo, trabalhava, mas raramente perdia o culto na igreja ou estudo bíblico. A cada semana, ela ia de ônibus com seus cinco filhos e ajudava na organização e limpeza do templo. Num domingo, o pastor lhe disse que alguns membros da igreja haviam doado presentes à família. Um casal proveu-lhes uma casa com aluguel reduzido. Outro ofereceu um emprego com todos os benefícios. Um jovem lhe deu um carro usado e comprometeu-se com a manutenção do veículo. Maria agradeceu a Deus pela alegria de viver naquela comunidade dedicada a servir ao Senhor e uns aos outros.

Embora nem todos possamos ofertar como aqueles membros, fomos designados para nos ajudar mutuamente. Lucas descreve os cristãos como pessoas dedicadas ao "ensino dos apóstolos, à comunhão" (Atos 2:42). Quando combinamos nossos recursos, podemos cooperar para ajudar os necessitados como fizeram os primeiros cristãos (vv.44-45). À medida que nos aproximamos de Deus e do nosso próximo, podemos cuidar uns dos outros. Quem observa o amor de Deus sendo demonstrado por meio das ações de Seu povo pode ser levado a conhecer a salvação por intermédio de Jesus (vv.46-47).

Sirvamos uns aos outros com um sorriso ou um ato bondoso, com recursos financeiros ou oração. Como Deus age dentro e através de nós, somos melhores quando compartilhamos. —*Xochitl Dixon*

Por amor a Cristo, sirva a alguém esta semana.

4 de junho

Ouça Cristo, não o caos

João 10:1-6,27

Minhas ovelhas ouvem a minha voz...
—João 10:27

Após assistir às notícias da TV durante horas a cada dia, o idoso se agitava e ficava ansioso e preocupado por achar que o mundo desmoronava ao redor dele. "Por favor, desligue a TV. Apenas pare de assistir", sua filha insistia. Mas ele continuou a investir seu tempo em mídias sociais e outras fontes de notícias.

O que escutamos é profundamente importante. Vemos isso no encontro de Jesus com Pôncio Pilatos. Respondendo as acusações criminais feitas contra Jesus por líderes religiosos, Pilatos o convocou e perguntou: "Você é o rei dos judeus? (João 18:33). Jesus respondeu com uma pergunta desconcertante: "Essa pergunta é sua ou os outros lhe falaram a meu respeito?" (v.34).

Somos confrontados pela mesma pergunta. Neste mundo em pânico, estamos ouvindo o caos ou a voz de Cristo? Ele diz: "Minhas ovelhas ouvem a minha voz; eu as conheço, e elas me seguem" (10:27). Jesus usou "essa ilustração" (v.6) para explicar sobre si mesmo aos líderes religiosos que duvidavam. Como um bom pastor, Ele disse que Suas ovelhas "o seguem porque conhecem sua voz. Nunca seguirão um desconhecido; antes fugirão dele, pois não reconhecem sua voz" (vv.4-5).

Sendo Jesus o nosso Bom Pastor, Ele nos pede para ouvi-lo acima de tudo. Que o ouçamos bem e encontremos a Sua paz. —*Patricia Raybon*

Deixe o celular ou a TV de lado esta semana e invista mais do seu tempo para ouvir a voz de Deus.

5 de junho

Deus, redime nossa dor

Rute 2:20-22; 4:13-17

O SENHOR o abençoe! [...]. Esse homem é um de nossos parentes mais próximos.
—RUTE 2:20

Olívia viu seu amigo levar os equipamentos. Era um colega dentista que comprara dela o seu material odontológico novíssimo. Há anos a dentista sonhara ter a sua própria clínica, mas, quando o filho dela nasceu com paralisia cerebral, Olívia percebeu que tinha que parar de trabalhar e cuidar dele. "Se eu tivesse um milhão de vidas, faria a mesma escolha", disse-me Olívia. "Mas desistir da odontologia foi difícil; era o fim de um sonho".

Muitas vezes passamos por dificuldades que não conseguimos entender. Para Olívia, foi a dor da inesperada condição médica de seu filho e o abandono de suas próprias ambições. Para Noemi, foi a dor de perder a família. Em Rute 1:21, ela lamentou: "o Todo-poderoso trouxe calamidade sobre mim".

Mas Deus não a abandonou; Ele trouxe a restauração, dando-lhe um neto (4:17). Obede continuaria o nome do marido e filho de Noemi, e, por meio dele, ela seria parente de um ancestral (Boaz) do próprio Jesus (Mateus 1:5,16).

Deus redimiu a dor dessa viúva e também redimiu a dor da Olívia, ajudando-a a iniciar um ministério para crianças com diferentes condições neurológicas. Podemos experimentar dor no coração, mas podemos confiar que, ao obedecermos e seguirmos a Deus, Ele pode redimir a nossa dor. Em Seu amor e sabedoria, Ele pode trazer o bem em meio ao sofrimento. —*Karen Huang*

A dor auxilia o crescimento e amadurecimento espiritual. Confie em Jesus, a dor passará e Ele trará o bem em meio ao sofrimento.

6 de junho
Gratidão por segunda-feira

Eclesiastes 2:17-25

Por isso, concluí que a melhor coisa a fazer é [...] encontrar satisfação no trabalho.
—Eclesiastes 2:24

Às vezes, eu me sentava na estação de metrô tentando atrasar a chegada ao trabalho nas segundas-feiras, nem que fosse por alguns minutos. Meu coração batia rápido por me preocupar em cumprir os prazos e administrar os humores de um chefe temperamental.

Para alguns de nós, pode ser difícil começar outra semana de trabalho monótono. Talvez nos sintamos sobrecarregados ou subvalorizados. O rei Salomão descreveu a labuta do trabalho quando escreveu: "O que as pessoas ganham com tanto esforço e ansiedade debaixo do sol? Seus dias seu trabalho são cheios de dor e tristeza…" (Eclesiastes 2:22-23).

Embora o sábio rei não nos tenha dado a cura nem nos ensinado como tornar o trabalho menos estressante ou mais gratificante, ele nos ofereceu uma mudança de perspectiva. Não importa a dificuldade, ele nos encoraja a "encontrar satisfação" no trabalho com a ajuda de Deus (v.24). Talvez ela venha à medida que o Espírito Santo nos permita mostrar o caráter semelhante ao de Cristo ou por alguém que tenha sido abençoado por meio de nosso serviço. Talvez ocorra ao nos lembrarmos da sabedoria que Deus nos deu para lidar com as situações difíceis. Embora o trabalho possa ser difícil, Deus é fiel e está conosco. Sua presença e poder iluminam até mesmo os dias sombrios e com Sua ajuda, sejamos sempre gratos por um novo dia. —*Poh Fang Chia*

Pai, ajuda-me a encontrar satisfação no trabalho. Reconheço que como parte do Corpo de Cristo, tenho um propósito e sou útil.

7 de junho

Amor por nossos vizinhos

Levítico 19:15-18

Não procurem se vingar nem guardem rancor [...], mas cada um ame o seu próximo como a si mesmo.
—Levítico 19:18

Nos dias de distanciamento social durante a pandemia de coronavírus, as palavras de Martin Luther King Jr. soaram especialmente verdadeiras. Ele observou que não podia ficar ocioso em uma cidade sem se preocupar com o que acontecia em outra: "Estamos presos em uma rede inescapável de mutualidade, ligados num único e mesmo destino. O que afeta diretamente a um afeta a todos nós indiretamente". A pandemia destacou a nossa conexão, já que em todo o mundo os países se fecharam para impedir a propagação do vírus. O que afetava uma cidade logo afetava outra.

Há muitos séculos, Deus instruiu o Seu povo a demonstrar preocupação com os outros. Por Moisés, Ele deu aos israelitas a lei para guiá-los e ajudá-los a viver juntos dizendo-lhes: "Não fiquem de braços cruzados quando a vida do seu próximo correr perigo" (Levítico 19:16) e ordenou que não buscassem vingança ou guardassem rancor contra os outros, mas amassem o "próximo como a si mesmo" (v.18). Deus sabia que as comunidades começariam a se separar se as pessoas não olhassem ao redor, valorizando a vida do outro tanto quanto a sua.

Nós também podemos acolher a sabedoria das instruções de Deus. Ao realizarmos nossas atividades diárias, lembremo-nos de como estamos interconectados aos outros, perguntando ao Senhor como amá-los e servi-los bem.

—Amy Boucher Pye

Coloque a instrução divina "amar ao próximo como a si mesmo" em ação hoje.

8 de junho

Ambos são verdadeiros

Gênesis 45:3-11

Foi Deus quem me enviou adiante de vocês para lhes preservar a vida. —GÊNESIS 45:5

Feng Lulu reuniu-se com sua família biológica após três décadas. Ela fora raptada ainda criança, mas enfim tinha sido localizada. A jovem cresceu acreditando que havia sido vendida porque seus pais não tinham condições de mantê-la. Saber a verdade lhe trouxe muita emoção e questionamentos.

Quando José reencontrou seus irmãos, é provável que ele tenha experimentado emoções complexas. Ele era jovem quando eles o venderam para ser escravo no Egito. Com reviravoltas dolorosas, Deus o colocou numa posição de autoridade. Quando seus irmãos, numa época de fome, foram ao Egito para comprar comida, inconscientemente eles a compraram do próprio irmão.

José reconheceu que Deus redimira os erros deles dizendo-lhes que o Senhor os usou para que pudesse preservar a vida deles e de muitos outros (Gênesis 45:7). No entanto, José não subestimou as ações dolorosas que os irmãos praticaram e lhes relembrou que fora vendido por eles (v.5).

Muitas vezes queremos reverter com positividade as situações difíceis, concentrando-nos nas boas ações de Deus sem reconhecer a luta emocional que sofremos. Cuidemos para não aceitar um erro como algo bom simplesmente porque Deus o redimiu. Podemos buscar a Deus pedindo-lhe que algo bom possa surgir do mal e, ao mesmo tempo, reconhecer a dor causada pelo erro. Ambos são sentimentos verdadeiros. —*Kirsten Holmberg*

O sofrimento que outros lhe causaram no passado, apesar de doloroso, também foi um aprendizado que a ajudou a tornar-se a mulher que você é hoje, a amadurecer na fé.

9 de junho

Pequenos atos de amor

Colossenses 3:12-17

...revistam-se de compaixão, bondade, humildade, mansidão e paciência. —Colossenses 3:12

Amanda trabalha como enfermeira em várias casas de repouso e muitas vezes leva sua filha Rebeka de 11 anos para o trabalho. Para ocupar-se, a garota começou a perguntar aos residentes: "Se você pudesse ter três coisas, o que gostaria?". Surpreendentemente, muitos desses desejos eram por pequenas coisas: linguiças, tortas de chocolate, queijos, abacates. A garota montou uma "vaquinha virtual" para ajudá-la a satisfazer tais desejos. E quando ela entrega as guloseimas, ela também doa abraços. Rebeka me disse: "Isso me anima. De verdade!".

Quando demonstramos compaixão e bondade, refletimos o nosso Deus que "é misericordioso e compassivo [...] e cheio de amor" (Salmo 145:8). O apóstolo Paulo nos exortou, como Seu povo santo e amado: "revistam-se de compaixão, bondade, humildade, mansidão e paciência" (Colossenses 3:12). Porque Deus tem demonstrado grande compaixão por nós, naturalmente desejamos compartilhar Sua compaixão com os outros. E à medida que o fazemos intencionalmente, "revestimo-nos" disso.

Paulo ainda nos ensina: "Acima de tudo, revistam-se do amor que une todos nós em perfeita harmonia" (v.14). O apóstolo nos lembra de que devemos fazer tudo "em nome do Senhor Jesus" (v.17), lembrando que todas as coisas boas vêm de Deus. Quando somos gentis com os outros, somos abençoados. —*Alyson Kieda*

Reflita sobre as gentilezas que estão ao seu alcance e a quem você pode alcançar hoje, pondo-as em prática.

10 de junho

Usando sua voz

Êxodo 4:10-17

Eu estarei com você quando falar e o instruirei a respeito do que deve dizer. —Êxodo 4:12

Desde os 8 anos, Lisa lutou com a gagueira e sentia medo de situações sociais que exigiam que ela falasse com as pessoas. Mas, depois que a fonoterapia a ajudou a superar seu desafio, ela decidiu usar sua voz para ajudar os outros. Lisa atuou como conselheira voluntária de um serviço telefônico de atendimento a emergências emocionais.

Moisés teve que enfrentar suas preocupações com a fala para ajudar a tirar os israelitas do cativeiro. Deus ordenou que falasse com o faraó, mas Moisés protestou por não confiar em sua capacidade de se expressar (Êxodo 4:10). Deus o desafiou: "Quem forma a boca do ser humano?". Ele tranquilizou Moisés dizendo: Eu "o instruirei a respeito do que deve dizer" (vv.11-12).

A resposta de Deus nos lembra de que Ele pode agir poderosamente por nosso intermédio e também em nossas limitações. Mesmo reconhecendo isso, pode ser algo difícil de colocarmos em prática. Moisés continuou a lutar e implorou a Deus que enviasse outra pessoa (v.13); por isso, Deus permitiu que o irmão de Moisés, Aarão, o acompanhasse (v.14).

Cada um de nós tem uma voz que pode ajudar os outros. Podemos nos sentir incapazes, ter medo ou a consciência de não termos as palavras certas. Deus sabe como nos sentimos. Ele pode suprir as palavras e tudo o que precisamos para servir aos outros e realizar a Sua obra. —*Jennifer Benson Schuldt*

Deus, ensina-me a apoiar os outros. Quero servir-te e desejo que a minha voz seja um instrumento em Tuas mãos.

11 de junho

Avante! Inabalável

1 Tessalonicenses 3:11-13; 4:9-12

*...vivam de modo que Deus considere digno,
[...] ele os chamou para terem parte em seu reino...*
—1 Tessalonicenses 2:12

No poema "Descanso", o poeta desafia nossa tendência de separar o "lazer" do "trabalho", perguntando: "O verdadeiro lazer não é verdadeira labuta?". Se você quer experimentar o verdadeiro lazer, em vez de tentar evitar os deveres da vida, o autor insiste: "Faça o seu melhor. Use bem o tempo, não o desperdice, senão não é descanso. Contemple a beleza ao redor, em toda parte! O único dever é a missão de a encontrar". O poeta conclui que o verdadeiro descanso e a alegria se encontram no amor e no bem servir, uma ideia que traz à mente o encorajamento de Paulo.

Depois de Paulo descrever o seu chamado para encorajar os cristãos a viver de modo digno perante Deus (1 Tessalonicenses 2:12), ele dá mais detalhes. Para viver de modo que Deus considere digno, é necessário ser íntegro, amar e servir. Paulo ora para que Deus "faça crescer e transbordar o amor [...] uns pelos outros" (3:12). E os exorta a terem "como objetivo uma vida tranquila, ocupando-se com seus próprios assuntos e trabalhando com suas próprias mãos" (4:11).

É esse o tipo de vida — amar silenciosamente e servir de todas as maneiras que Deus nos permitir — que revela aos outros a beleza de uma vida de fé (v.12). Ou, como disse o poeta, a verdadeira alegria é: "amar e servir / Ao máximo e melhor; / Avante! Inabalável! Esse é o verdadeiro descanso". —*Monica La Rose*

Querido Deus, somente a presença de Deus nos concede a verdadeira alegria.

12 de junho

Deus a conhece

Salmo 139:1-12

*Ó Senhor, tu examinas meu coração
e conheces tudo a meu respeito.* —Salmo 139:1

Parece que minha mãe pode sentir os problemas a quilômetros de distância. Certa vez, após um dia difícil na escola, tentei mascarar minha frustração na esperança de que ninguém notasse. "Qual é o problema?", ela perguntou e acrescentou: "Antes que você me diga que não é nada, lembre-se de que sou sua mãe, dei-lhe à luz e a conheço melhor do que você mesma". Ela reafirma constantemente que tem profunda consciência de quem eu sou e que isso a ajuda a estar presente nos momentos em que mais preciso dela.

Como cristãos, somos cuidados por um Deus que nos conhece intimamente. O salmista Davi o elogiou por Sua atenção à vida de seus filhos dizendo: "Ó Senhor, tu examinas meu coração e conheces tudo a meu respeito. Sabes quando me sento e quando me levanto; mesmo de longe, conheces meus pensamentos" (Salmo 139:1-2). Porque Deus sabe quem somos, os nossos pensamentos, desejos e ações, não há lugar onde possamos ir e ficar fora dos limites de Seu abundante amor e cuidado (vv.7-12). Como escreveu Davi, "se habitar do outro lado do oceano, mesmo ali tua mão me guiará" (vv.9-10). Confortemo-nos sabendo que, não importa onde estejamos na vida, quando clamarmos a Deus em oração, Ele nos oferecerá o amor, a sabedoria e a orientação que precisamos. —*Kimya Loder*

Se você já sentiu que ninguém mais poderia entender como você se sentia — Coloque-se na presença de Deus. Ele a vê e Ele a ama, mesmo quando lhe parecer que ninguém mais a enxerga.

13 de junho

Fé em ação

Tiago 2:14-26

...a fé sem obras está morta.
—Tiago 2:26

Um tornado passou pela comunidade numa noite de verão, destruindo o celeiro de uma fazenda. Foi triste porque aquele celeiro estava na propriedade da família desde o final dos anos 1800. Quando João e Bárbara passaram por ali a caminho da igreja na manhã seguinte e viram os danos, eles se questionaram sobre como poderiam ajudar. O casal parou e descobriu que a família precisava de ajuda com a limpeza. Voltando rapidamente ao carro, voltaram para casa e trocaram de roupas para ficar o dia inteiro ajudando a limpar a bagunça que os ventos violentos haviam feito. Eles colocaram sua fé em ação enquanto serviam à família.

Tiago disse que "a fé sem obras está morta" (Tiago 2:26). Ele dá o exemplo de Abraão, que em obediência seguiu a Deus quando não sabia para onde ir (v.23; Gênesis 12:1-4; 15:6; Hebreus 11:8). Tiago também menciona Raabe, que demonstrou crer no Deus de Israel quando escondeu os espiões que vieram para sondar a cidade de Jericó (Tiago 2:25; Josué 2, 6:17).

"De que adianta, meus irmãos, dizerem que têm fé se não a demonstram por meio de suas ações?" (Tiago 2:14), isso não lhes faz bem algum. "A fé é a raiz, as boas obras são os frutos", comenta outro autor, "e devemos cuidar para que tenhamos ambos". Deus não precisa de nossas boas obras, mas nossa fé é comprovada por nossas ações. —*Anne Cetas*

Tiago escreveu que "a fé sem obras está morta" (2:26) — É importante que você realize boas ações por vontade própria: a sua fé vive, ela não está morta!

14 de junho

Esperanças e anseios

Provérbios 13:12-19

A esperança adiada faz o coração ficar doente, mas o sonho realizado é árvore de vida.
—Provérbios 13:12

Quando me mudei para a Inglaterra, o feriado norte-americano de Ação de Graças tornou-se apenas uma quinta-feira normal em novembro. Embora eu o celebrasse no fim de semana seguinte, ansiava por estar com a família e amigos nesse dia. No entanto, entendi que meus desejos não eram só meus. Todos nós ansiamos por estar com pessoas que nos são queridas em ocasiões especiais e feriados. E mesmo quando comemoramos, podemos sentir falta de alguém que não está conosco e orar para que nossos queridos ausentes estejam em paz.

Nesses momentos, orar e refletir sobre a sabedoria da Bíblia me ajuda, inclusive este provérbio do rei Salomão: "A esperança adiada faz o coração ficar doente, mas o sonho realizado é árvore de vida" (Provérbios 13:12). Neste provérbio em que Salomão compartilhou sua sabedoria, ele observa o efeito que a "esperança adiada" pode ter: o atraso de algo muito desejado pode resultar em raiva e dor. Mas, quando o desejo é realizado, é como uma árvore de vida que nos revigora e renova.

Algumas de nossas esperanças e desejos podem não se realizar de imediato, e alguns só serão satisfeitos por Deus após a nossa morte. Qualquer que seja nosso desejo, podemos confiar no Senhor, sabendo que Ele nos ama incessantemente. E, um dia, estaremos reunidos com pessoas queridas banqueteando com Ele e dando-lhe graças (Apocalipse 19:6-9). —*Amy Boucher Pye*

"No mundo vocês terão aflições" (João 16:33).
Deus já a acolheu em seu momento de necessidade antes, e Ele a acolherá quando a dor vier novamente.
Entregue seus anseios a Ele.
Confie em Deus.

15 de junho

Esperança duradoura

Apocalipse 21:1-8

Ele lhes enxugará dos olhos toda lágrima, e não haverá mais morte, nem tristeza, nem choro, nem dor. —Apocalipse 21:4

Aos quatro anos, Sandro foi diagnosticado como portador de Distrofia Muscular de Duchenne, uma doença progressiva e degenerativa dos músculos. Um ano depois, os médicos discutiram sobre o uso de cadeiras de rodas, mas o garoto resistiu ao uso. Os familiares e amigos oraram por ele e arrecadaram fundos para treinar um cão de serviço para mantê-lo fora da cadeira de rodas o máximo de tempo possível. A organização *Tails for Life*, que treinou o meu cão de serviço, *Callie*, está treinando o *Panqueca* para servir ao Sandro.

Embora Sandro aceite o seu tratamento e muitas vezes cante louvores a Deus, alguns dias são mais difíceis. Num desses dias difíceis, Sandro abraçou sua mãe e disse: "Estou feliz por não haver essa distrofia no Céu".

Os efeitos degenerativos das doenças afetam todas as pessoas deste lado da eternidade. Como Sandro, porém, temos uma esperança duradoura a qual pode fortalecer a nossa determinação nos dias inevitáveis e difíceis. Deus nos dá a promessa de "um novo céu e uma nova terra" (Apocalipse 21:1). Nosso Criador e Sustentador "habitará" entre nós, fará Sua morada entre nós (v.3). Ele "enxugará cada lágrima" de nossos olhos, e "não haverá mais morte, nem tristeza, nem choro, nem dor" (v.4). Quando a espera parecer muito dura ou demorada, podemos experimentar a paz, pois a promessa de Deus se cumprirá. —*Xochitl Dixon*

Encoraje alguém, seja familiar, colega, amigo ou mesmo um desconhecido, com a esperança nas promessas de Deus hoje.

16 de junho

Tão bonito

Efésios 2:1-10

Pois somos obra-prima de Deus, criados em Cristo Jesus a fim de realizar as boas obras... —Efésios 2:10

Eu era muito jovem quando espreitei pela janela de um hospital e vi um recém-nascido pela primeira vez. Na minha ignorância, fiquei consternada ao ver uma criança tão pequena, enrugada, sem cabelos e enrolada feito um cone. A mãe do bebê, no entanto, que estava perto de nós, não conseguia parar de perguntar a todos: "Ele não é lindo?". Lembrei-me daquele momento quando vi um vídeo de um jovem pai cantando ternamente a canção "Você é tão linda" para sua filhinha. Para o pai extasiado, a menina era a pessoa mais linda já criada.

É assim que Deus olha para nós? A Bíblia diz que somos Sua "obra-prima". Conscientes de nossas próprias falhas, pode ser difícil aceitarmos o quanto Ele nos ama ou acreditar que alguma vez poderemos ser de algum valor para Ele. Mas Deus não nos ama porque merecemos amor (Efésios 2:3-4); Ele nos ama porque Ele é amor (1 João 4:8). Seu amor é de graça, e Ele mostrou a profundidade desse amor quando, pelo sacrifício de Jesus, nos deu nova vida nele quando estávamos mortos em nossos pecados (Efésios 2:5,8).

O amor de Deus é constante. Ele ama os imperfeitos, os quebrantados, os fracos e os que fazem asneiras. Quando caímos, Ele está presente para nos levantar. Somos Seu tesouro, e para Ele somos bonitos. —*Cindy Hess Kasper*

Nós não merecemos Seu amor neste estado caído e imperfeito, mas Deus nos ama e vê o que podemos nos tornar. Seremos moldadas durante a vida, e aos poucos tornamo-nos mais parecidas com Cristo.

17 de junho

Uma refeição quente

Mateus 25:34-40

Eu lhes digo a verdade: quando fizeram isso ao menor destes meus irmãos, foi a mim que o fizeram. —Mateus 25:40

Frango assado, vagens, espaguete, pãezinhos. Em um dia frio de outubro, pelo menos 54 desabrigados receberam esta refeição quente de uma mulher que comemorava os seus 54 anos. A mulher e seus amigos decidiram renunciar ao habitual jantar de aniversário em um restaurante e cozinhar e servir refeições para as pessoas nas ruas da cidade. Nas mídias sociais, ela encorajou outros a realizarem também um ato de bondade como presente de aniversário.

Esta história me faz lembrar as palavras de Jesus em Mateus 25: "Eu lhes digo a verdade: quando fizeram isso ao menor destes meus irmãos, foi a mim que o fizeram" (v.40). Jesus disse estas palavras depois de declarar que Suas ovelhas serão convidadas a entrar em Seu reino eterno para receber sua herança (v.34). Na ocasião, Jesus reconhecerá que eles são o povo que o alimentou e vestiu por causa de sua fé genuína nele, ao contrário dos orgulhosos religiosos que não creram em Jesus (26:3-5). Embora os "justos" venham a questionar quando alimentaram e vestiram Jesus (25:37), Ele lhes garantirá que o que fizeram pelos outros também foi feito por Ele (v.40).

Alimentar os famintos é apenas uma forma de Deus nos ajudar a cuidar de Seu povo e demonstrar o nosso amor por Ele e comunhão com o Senhor. Que Jesus nos ajude a satisfazer as necessidades dos outros hoje. —*Katara Patton*

Demonstre o amor de Deus por meio de uma boa ação, não apenas hoje, mas sempre que puder. É a prática da bondade que tornará ela um hábito comum do dia a dia.

18 de junho

Plano de resgate

Salmo 38:11-22

Pois espero por ti, ó Senhor; responde por mim, Senhor, meu Deus. —Salmo 38:15

Alguns voluntários de uma organização de resgate animal encontraram uma ovelha vagando perdida com um peso de mais 34 quilos de lã emaranhada e imunda. Os resgatadores estimavam que aquela ovelha tivesse se afastado do rebanho e andasse pelas matas há pelo menos cinco anos. A tosa foi desconfortável, mas aliviou o peso sobre o carneiro Baraque, que pôde comer e, aos poucos, tornar-se um animal mais forte e confiante ao conviver com outros animais resgatados e os voluntários.

O salmista Davi compreendia a dor de ser sobrecarregado com fardos pesados, sentir-se cansado e perdido, precisar desesperadamente de um resgate. Davi clamou a Deus. Ele havia passado por isolamento, traição e desamparo (Salmo 38:11-14). Ainda assim, ele orou com confiança: "Pois espero por ti, ó Senhor; responde por mim, Senhor, meu Deus" (v.15). Davi não negou sua provação, não minimizou sua turbulência interior ou seu sofrimento físico (vv.16-20). Pelo contrário, ele confiou que Deus estaria próximo e o responderia no tempo certo e no momento adequado (vv.21-22).

Quando carregamos pesados fardos físicos, mentais ou emocionais, Deus continua firme no Seu plano de resgate escrito no dia que Ele nos criou. Podemos contar com Sua presença ao clamarmos a Ele: "Vem depressa me ajudar, ó Senhor, meu salvador!" (v.22). —*Xochitl Dixon*

Quando você se sentir sobrecarregada, olhe para o alto. Respire. Dê glória a Deus. Tenha paciência. Deus a reconfortará com a Sua presença.

19 de junho

Uma nova visão

Isaías 43:18-21

Abrirei um caminho no meio do deserto,
farei rios na terra seca. —Isaías 43:19

Cheguei à igreja usando meus óculos novos, sentei-me e vi uma amiga do outro lado do salão. Acenei para ela e reparei como ela parecia estar mais próxima, mais nítida! Parecia que eu poderia tocá-la se esticasse o braço, mesmo ela estando a vários metros de distância. Quando conversamos depois do culto, percebi que ela estivera no mesmo lugar de sempre; era eu que estava usando óculos no grau correto, de forma que conseguia enxergá-la melhor.

Deus, ao falar por meio do profeta Isaías, sabia que os israelitas no cativeiro babilônico também precisavam de uma correção de grau: uma nova visão. Ele disse: "Pois estou prestes a realizar algo novo […]. Abrirei um caminho no meio do deserto…" (Isaías 43:19). Essa nova mensagem de esperança lembrava ao povo que eles haviam sido criados e redimidos por Deus que estaria com eles. Deus encorajou o povo, dizendo: "…você é meu" (v.1).

Seja o que for que você esteja passando, o Espírito Santo pode dar-lhe uma perspectiva melhor para que o velho fique para trás e você busque por algo novo. Veja o que Deus faz florescer para você por amá-lo (v.4)! Você enxerga o que Ele está fazendo em meio à sua dor e escravidão? Vamos usar os nossos novos óculos espirituais para ver o novo que Deus está fazendo até mesmo em nossos momentos em meio aos desertos. —*Katara Patton*

Ajuste a sua visão, olhe para o alto,
para o que Deus fará, e não para o passado!

20 de junho

Um abrigo aconchegante

João 14:1-4

Vou preparar lugar para vocês.
—João 14:2

As andorinhas-do-barranco são pequenas aves que cavam seus ninhos em margens de rios. A modificação nas paisagens naturais tem reduzido seu habitat, e a cada ano estes pássaros têm mais dificuldade para construir seus ninhos quando regressam da migração de inverno. Alguns ativistas construíram um enorme banco de areia artificial para que eles pudessem fazer seus ninhos e, com o apoio de uma empresa especializada em esculturas feitas na areia, eles moldaram espaços na areia para onde as andorinhas pudessem se abrigar por muitos anos.

Este adorável ato de compaixão ilustra com clareza as palavras de Jesus aos Seus discípulos. Após dizer que iria para o Pai e que os discípulos ainda não poderiam ir com Ele por um tempo (João 13:36), Ele lhes garantiu que iria lhes "preparar lugar" no Céu (v.2). Apesar de estarem naturalmente tristes, já que Jesus partiria, e eles não poderiam segui-lo, Ele os encorajou a ver esta jornada santa como parte de Sua preparação para recebê-los no Céu — e também a nós.

Sem a obra sacrificial de Jesus na cruz, não poderíamos entrar nas "muitas moradas" da casa do Pai (v.2). Por Jesus ter ido antes preparar tudo, podemos ter a confiança de que retornará e levará os que confiam em Seu sacrifício para estarem com Ele. No Céu, viveremos com Ele em eterna felicidade. —*Kirsten Holmberg*

Podemos até nos sentir deslocadas deste lado da eternidade, mas Jesus está preparando uma morada para cada uma de nós do outro lado da eternidade.

21 de junho

Mais que vencedores

Romanos 8:31-39

Mas, apesar de tudo isso, somos mais que vencedores por meio daquele que nos amou.
—Romanos 8:37

Quando meu esposo treinava um time infantil, ele recompensava os meninos elogiando sua melhora ao longo do ano e fazendo uma festa ao final do campeonato. No dia do evento, um dos jogadores mais novos, Danilo, perguntou-me: "Nós não perdemos o jogo hoje?". "Sim, mas estamos orgulhosos por vocês terem feito o seu melhor", eu respondi. "Sim, mas nós perdemos. Por que eu me sinto um campeão?" Eu sorri e disse: "Porque você é um vencedor!".

Danilo pensava que perder um jogo indicava que ele era um fracasso, mesmo tendo feito seu melhor. Como seguidores de Jesus, nossas batalhas não se restringem aos esportes, mas muitas vezes vemos uma temporada difícil da vida como se não tivéssemos valor.

O apóstolo Paulo falou sobre como nossos sofrimentos presentes se relacionam à nossa glória futura como filhos de Deus. Tendo entregado a si mesmo por nós, Jesus continua agindo em nosso favor durante nossa batalha constante com o pecado, transformando-nos à Sua imagem (Romanos 8:31-34). Embora todos nós enfrentemos dificuldades e perseguições, o amor inabalável de Deus nos ajuda a perseverar (vv.33-34).

Como Seus filhos, podemos estar propensos a permitir que as batalhas determinem o nosso valor, mas nossa vitória final já está garantida. Podemos tropeçar ao longo do caminho, mas sempre seremos "mais que vencedores…" (vv.35-37).

—*Xochitl Dixon*

A sua confiança no amor de Deus a ajudará a prosseguir, independente do sofrimento ou perda, você é mais que vencedora em Cristo.

22 de junho

O Jesus certo

2 Coríntios 11:1-4, 12-15

Vocês aceitam de boa vontade o que qualquer um lhes diz, mesmo que anuncie um Jesus diferente daquele que lhes anunciamos...
—2 Coríntios 11:4

O burburinho deu lugar a um silêncio tranquilo e o líder do clube do livro começou a resumir o enredo da obra que o grupo discutiria. Minha amiga Joana ouvia com atenção, mas não reconheceu nenhum ponto da história. Finalmente ela percebeu que havia lido outro livro, com o título parecido. Apesar de ter gostado bastante do livro "errado", ela não pôde juntar-se aos colegas na conversa sobre o livro "certo".

O apóstolo Paulo não queria que os cristãos de Corinto acreditassem em um Jesus "errado". Ele os alertou quanto aos falsos mestres que haviam se infiltrado na igreja e que apresentavam um outro "Jesus", uma mentira que vários tinham aceitado (2 Coríntios 11:3-4).

Paulo expôs a heresia destes mestres mentirosos. Ele já havia apresentado a verdade sobre Jesus, segundo as Escrituras, na sua outra carta a essa igreja: Jesus foi o Messias que "morreu por nossos pecados [...] ressuscitou no terceiro dia [...] [apareceu] aos Doze" e, finalmente, ao próprio Paulo (1 Coríntios 15:3-8). Jesus veio à Terra por uma virgem chamada Maria e foi chamado Emanuel (Deus conosco), para afirmar Sua natureza divina (Mateus 1:20-23).

Este é o Jesus que você conhece? Compreender e aceitar a verdade escrita na Bíblia sobre Ele nos assegura de estarmos no caminho espiritual que leva ao Céu.

—*Jennifer Benson Schuldt*

Se houver algo que você precisa compreender para ter a certeza do que a Bíblia diz sobre Jesus, peça que Jesus o revele a você. Leia a sua Bíblia em um local tranquilo.

23 de junho

Saindo da cova dos leões

Daniel 6:10-23

Meu Deus enviou seu anjo para fechar a boca dos leões de modo que não me fizessem mal...
—DANIEL 6:22

Quando Taher e Donya se tornaram cristãos, sabiam que poderiam ser perseguidos em seu país natal. De fato, um dia Taher foi vendado, algemado, preso e acusado de apostasia. Antes de ser julgado, ele e sua esposa comprometeram-se um com o outro a não trair Jesus.

O que aconteceu no julgamento foi impressionante. O juiz disse: "Não sei porquê, mas quero livrá-lo da boca do leão e da baleia". Foi assim que Taher teve a certeza de que Deus estava agindo. Haveria outro motivo para o juiz mencionar duas passagens da Bíblia (Jonas 2, Daniel 6)? Taher foi libertado e sua família exilou-se em outro país.

A libertação dele lembra a história de Daniel, um administrador capaz que estava prestes a ser promovido, deixando os seus colegas com inveja (Daniel 6:3-5). Tentando prejudicá-lo, eles convenceram o rei Dario a proibir que se fizessem orações a qualquer um que não fosse ele próprio; Daniel ignorou essa lei. O rei não teve escolha, a não ser lançá-lo aos leões (v.16), mas Deus livrou Daniel da morte, assim como salvou Taher com sua surpreendente libertação.

Muitos cristãos sofrem e até mesmo são mortos por seguirem a Jesus. Quando enfrentarmos perseguição, que a nossa fé se aprofunde ao compreendermos que os caminhos de Deus vão além da nossa imaginação. Saiba que Ele está com você em qualquer batalha que enfrentar. —*Amy Boucher Pye*

Você pode confiar no poder ilimitado de Deus.

24 de junho

Recomeço

Salmo 120:1–121:2

Livra-me, S<small>ENHOR</small>, dos mentirosos e dos enganadores. —S<small>ALMO</small> 120:2

Refletindo sobre o Salmo 120, Eugene Peterson afirmou algo poderoso: "A consciência cristã começa com a dolorosa constatação de que aquilo que pensávamos ser verdadeiro é, na realidade, uma mentira". Os salmos de 120 a 134 são chamados de "Salmos de Romagem", e eram cantados pelos peregrinos que subiam a Jerusalém. Peterson apresenta, no livro *Uma longa obediência na mesma direção* (Ed. Cultura Cristã 2019), como esses salmos nos ajudam a compreender nossa jornada espiritual em direção a Deus.

Ele afirma que esta jornada só se inicia após percebermos que precisamos de algo novo: "uma pessoa precisa estar plenamente enojada com a forma como as coisas são para encontrar a motivação necessária para buscar o caminho cristão […], farta da maneira do mundo antes de ter apetite para o mundo da graça".

É fácil desanimar com o sofrimento que vemos ao nosso redor. Muitas vezes, a nossa cultura dissemina a insensibilidade pelo mal que é feito aos outros. O salmo 120 traz um lamento sincero: "Procuro a paz, mas, quando falo de paz, eles querem guerra!" (v.7).

A dor pode nos despertar para um recomeço, com cura e liberdade. Somente o Salvador pode nos tirar de caminhos destrutivos de mentiras, levando-nos por rotas de paz e plenitude (121:2). Ao iniciarmos este novo ano, busquemos os caminhos de Deus. —*Monica La Rose*

Não se acomode em uma situação destrutiva. Procure o caminho de paz que só Deus pode ajudá-la a trilhar.

25 de junho

Felizes e saciados

Isaías 58:6-12

Felizes os que têm fome e sede de justiça,
pois serão saciados. —Mateus 5:6

No auge do movimento pelos direitos civis nos EUA, na década de 1960, o Dr. Martin Luther King Jr. foi tragicamente assassinado. Apenas quatro dias depois, porém, sua esposa Coretta Scott King assumiu corajosamente o lugar do seu marido na liderança de uma marcha pacífica de protesto. Coretta tinha profunda paixão pela justiça e foi vitoriosa em muitas causas.

Jesus disse: "Felizes os que têm fome e sede de justiça, pois serão saciados" (Mateus 5:6). Sabemos que um dia Deus virá, trazendo justiça e corrigindo todo mal; no entanto, até lá, como Coretta o fez, também temos a oportunidade de promover a justiça de Deus e torná-la real neste mundo. Isaías ilustra com clareza o chamado de Deus para o Seu povo: soltar os que foram injustamente presos, libertar os oprimidos, repartir o alimento com os famintos, oferecer abrigo a quem não tem, dar roupas a quem precisa e não se esconder de quem carece de ajuda (58:6-7).

Buscando justiça para os oprimidos e marginalizados, demonstramos a presença de Deus em nós. Isaías escreveu que o povo de Deus, quando busca justiça, é como a luz da aurora e traz cura para si e para os outros (v.8).

Que Deus nos ajude hoje a cultivar a fome e a sede de Sua justiça neste mundo. A Bíblia nos diz que, ao buscarmos a justiça de Deus, em Sua maneira e poder, seremos satisfeitos. —*Karen Pimpo*.

Pratique o que é justo e correto, pois,
ao escolhermos não falar em uma situação injusta,
tomamos parte com o que é mau.

26 de junho

Atrasado, jamais

João 11:17-27

Jesus lhe disse: "Seu irmão vai ressuscitar".
—João 11:23

Ao visitar uma vila no oeste da África, meu pastor chegou pontualmente para o culto das dez horas, mas encontrou o humilde salão da igreja vazio. Passaram-se duas horas e meia até que o pastor local chegasse, vindo de uma longa caminhada desde sua casa, acompanhado pelos membros do coral e pelo povo alegre da cidade. Meu pastor percebeu que o culto começou "na plenitude do tempo", dizendo que "o Espírito nos recebeu ali, e que Deus não se atrasa". Ele aprendeu que a cultura ali era diferente e por motivos muito justos.

O tempo parece relativo, mas vemos nas Escrituras o tempo perfeito e bem-ajustado de Deus. Assim, depois que Lázaro adoeceu e morreu, Jesus ainda demorou quatro dias para chegar, deixando as irmãs do falecido confusas. "Marta disse a Jesus: 'Se o Senhor estivesse aqui, meu irmão não teria morrido'" (João 11:21). Nós também pensamos assim, questionando-o por Deus não se apressar e resolver os nossos problemas. Melhor seria esperarmos por Suas respostas confiantes em Seu poder.

Como o teólogo Howard Thurman escreveu, "esperamos, Pai nosso, até que finalmente algo de Tua força torne-se nossa força; algo de Teu coração, nosso coração; algo de Teu perdão, nosso perdão. Esperamos, ó Deus, esperamos". E quando Deus responder seremos milagrosamente abençoados pelo que, no fim das contas, não foi um atraso. —Patricia Raybon

Espere em Deus, Seu tempo não atrasa.
Confie nele.

27 de junho

Uma mão estendida

Salmo 18:16-19

Dos céus [Deus] estendeu a mão e me resgatou; tirou-me de águas profundas. —Salmo 18:16

Uma blogueira escreveu em seu site sobre um momento em que uma tristeza esmagadora começou a invadir seus pensamentos. Ela publicou o seguinte: "Sem aviso e na fase mais feliz de minha vida, comecei subitamente a ter ataques de pânico e depressão". Ela tentou lidar com a sua dor de várias formas, mas logo percebeu que ela não tinha forças suficientes para resolver isso sozinha. "Eu não queria que ninguém questionasse a minha fé, então fui discreta e orei para que minha depressão fosse embora. Mas Deus quer nos curar, não nos envergonhar ou nos fazer esconder a nossa dor". Ela recebeu a cura no conforto da presença do Senhor, e Ele foi a sua âncora em meio às ondas que ameaçavam esmagá-la.

Quando passarmos por momentos difíceis e desesperadores, Deus estará conosco e nos susterá. O rei Davi louvou a Deus por salvá-lo após ele quase ter sido derrotado pelos seus inimigos, dizendo: "[Deus] dos céus estendeu a mão e me resgatou; tirou-me de águas profundas" (Salmo 18:16). Mesmo em momentos quando o desespero parece nos consumir como fortes ondas no mar, Deus nos ama tanto que Ele se estende a nós, trazendo-nos "a um lugar seguro" (v.19) de paz e segurança. Que olhemos para Ele como nosso refúgio quando nos sentirmos sobrecarregados pelos desafios da vida. —*Kimya Loder*

Se você se sente sobrecarregada pelas provações, ore ao Senhor, Ele a amparará em meio a situações desafiadoras.

28 de junho

Sem prejuízo

Mateus 13:44-46

O reino dos céus é como um tesouro...
—Mateus 13:44

Um amigo meu foi a um reencontro da turma do colégio na casa de um ex-colega. Era uma mansão de frente para o mar, onde cabiam 200 pessoas, e meu amigo se sentiu diminuído.

Em seguida, ele me disse: "Eu sou muito feliz pastoreando igrejas rurais há tantos anos, e sei que não deveria, mas não pude evitar de sentir inveja da riqueza material daquele colega. Fiquei pensando como minha vida poderia ser diferente se eu tivesse optado pelo caminho dos negócios. Mas depois me lembrei de que não precisava invejar nada". Ele sorriu e completou: "Investi minha vida servindo ao Senhor e os resultados são eternos". Jamais esquecerei seu olhar tranquilo ao dizer essas palavras.

Esta tranquilidade vem da lição das parábolas de Jesus em Mateus 13:44-46: reconhecer que o reino de Deus é o grande tesouro. Buscar e viver pelo Seu reino pode assumir várias formas. Uns são chamados para um ministério de tempo integral; outros, para viver o evangelho em um ambiente de trabalho secular. Independentemente de como Deus escolhe nos usar, podemos confiar e obedecer à Sua direção e, assim como as pessoas nas parábolas, saber o valor do tesouro eterno que recebemos. Qualquer bem neste mundo tem valor infinitamente menor do que o que recebemos ao seguir a Deus (1 Pedro 1:4-5).

Nossa vida, colocada nas mãos de Deus, pode gerar frutos eternos.
—Karen Huang

O que você precisa deixar de lado para seguir a Cristo?

29 de junho

Brilho inútil

Provérbios 22:1-6

Ensine seus filhos no caminho certo, e, mesmo quando envelhecerem, não se desviarão dele. —PROVÉRBIOS 22:6

Alguém disse a André que ele deveria deixar seu pequeno filho Miguel decidir como queria viver, ao que ele respondeu: "Você não pode deixar um rapazinho decidir por conta própria. Ele agarrará a primeira coisinha brilhante que reluzir e perceberá tarde demais que, na verdade, era um anzol disfarçado. As ideias erradas vêm em embalagens tão bonitas que é difícil convencer as crianças de que aquilo não é bom". André terminou dizendo que os pais devem ser modelos do comportamento correto e ajudar a manter as tentações longe.

As palavras de André refletem a sabedoria descrita no livro de Provérbios: "Ensine seus filhos no caminho certo, e, mesmo quando envelhecerem, não se desviarão dele" (22:6). Muitos pensam que esse versículo é uma promessa, mas na verdade é uma orientação. Cada um de nós deve tomar a própria decisão por Jesus. Mas podemos ajudar as crianças a construírem uma base bíblica ao observarem o nosso amor por Deus e pela Palavra. Podemos orar para que os nossos pequenos, ao crescer, escolham receber Jesus como seu Salvador, seguir Seus caminhos e não o caminho dos perversos, "…cheio de espinhos e perigos…" (v.5).

Testemunhamos corretamente quando, pelo poder do Espírito Santo, Ele nos capacita a resistir ao que não nos convém. O Espírito nos ajuda a vencer a tentação e nos molda para refletirmos a Sua presença. —*Alyson Kieda*

Se tiver a oportunidade, auxilie uma criança próxima a você a desenvolver a fé.

30 de junho

Amor que perdoa

Colossenses 3:12-14

*Sejam compreensivos uns com os outros
e perdoem quem os ofender…*
—Colossenses 3:13

Oitenta anos de casamento! Os tios-avôs de meu marido, Pedro e Rute, celebraram essa marca incrível em 31 de maio de 2021. Após se encontrarem por acaso em 1941, o jovem casal queria tanto se casar que o fizeram no dia seguinte à formatura de Rute no colégio. Eles creem que Deus os uniu e os tem guiado por todos estes anos. Refletindo sobre essas oito décadas de matrimônio, Pedro e Rute concordam que uma base de seu relacionamento foi a decisão de escolher o perdão. Qualquer um que tenha um relacionamento saudável compreende que todos nós precisamos de perdão com frequência pelas formas que magoamos um ao outro, seja por palavras duras, promessas quebradas ou tarefas esquecidas.

Visando ajudar os seguidores de Jesus a viver em unidade, o apóstolo Paulo lhes escreveu sobre o papel essencial do perdão. Ele insistiu que escolhessem "…compaixão, bondade, humildade, mansidão e paciência" (Colossenses 3:12), e sugeriu ainda: "…perdoem quem os ofender…" (v.13). Acima de tudo, todas as suas ações individuais deveriam ser orientadas pelo amor (v.14).

Os relacionamentos alicerçados nestas características destacadas por Paulo são uma bênção. Que Deus nos ajude a cultivar relacionamentos saudáveis caracterizados pelo amor e perdão. Sentimo-nos bem ao perdoar ou sermos perdoadas.
—Lisa M. Samra

Os relacionamentos podem ser fortalecidos pela prática do perdão e da responsabilidade.

1.º de julho

A blusa cor-de-rosa

2 Coríntios 9:6-9

Cada um deve decidir em seu coração quanto dar [...].
Pois Deus ama quem dá com alegria
—2 Coríntios 9:7

Brenda estava caminhando em direção a saída do shopping quando algo rosa na vitrine chamou sua atenção. Ela voltou e ficou fascinada diante de uma "blusa cor-de-rosa". Ah, ela sabia que a Elen adoraria aquela roupa! Sua colega de trabalho, que era mãe solo, estava com as finanças apertadas e precisava de um casaco novo, mas Brenda sabia que ela jamais gastaria numa compra dessa para si mesma. Após pensar um pouco, Brenda sorriu, comprou e pediu que a blusa fosse entregue na casa de Elen com um bilhete anônimo e os seguintes dizeres: "Você é muito amada". Brenda saiu da loja quase dançando.

A alegria é um efeito colateral quando doamos em obediência a Deus. Paulo ensinou sobre a generosidade: "Cada um deve decidir em seu coração quanto dar. Não contribuam com relutância ou por obrigação. 'Pois Deus ama quem dá com alegria'" (2 Coríntios 9:7). Ele também observou que "...quem semeia com fartura obtém uma colheita farta" (v.6).

Às vezes entregamos uma oferta durante um culto. Outras, fazemos uma doação *on-line* para um ministério específico. E há momentos em que Deus nos orienta a atender à necessidade de um amigo com uma expressão concreta do Seu amor: uma compra no mercado, um tanque de combustível ou ainda um casaco rosa de presente. —*Elisa Morgan*

A sua generosidade pode transformar-se em alegria para os outros e a você mesma.

2 de julho

Com o tanque vazio

Isaías 40:28-31

…Correm e não se cansam, caminham e não desfalecem. —Isaías 40:31

"Eu não aguento mais," minha amiga me disse chorando enquanto explicava o esmagador sentimento de desesperança que encarava sendo enfermeira durante uma crise de saúde global. "Sei que Deus me chamou para a enfermagem, mas estou sobrecarregada e emocionalmente esgotada." Vendo que uma nuvem de exaustão estava sobre ela, respondi: "Sei que você se sente sem chão agora, mas peça a Deus que lhe dê direcionamento e força para perseverar". Naquele momento, ela decidiu buscar intencionalmente a Deus em oração. Algum tempo depois, minha amiga foi revigorada com um senso de propósito. Não apenas ela foi fortalecida para continuar atuando, mas Deus lhe deu a energia para servir a mais pessoas, trabalhando em diferentes hospitais pelo país.

Como seguidores de Jesus, podemos sempre buscar ajuda e encorajamento em Deus se nos sentimos sob um pesado fardo, porque "…Ele nunca perde as forças nem se cansa…" (Isaías 40:28). O profeta afirma que nosso Pai "dá forças aos cansados e vigor aos fracos" (v.29). Apesar de Deus ter força inesgotável, Ele sabe que há dias que estamos emocional e fisicamente esgotados (v.30). Mas ao buscarmos força em Deus, ao invés de tentarmos vencer as corridas da vida sozinhos, Ele nos restaurará e renovará, dando-nos firmeza para mantermos a fé. —*Kimya Loder*

Não tente resolver as situações difíceis por conta própria, confie em Deus e Ele a guiará.

3 de julho

Somos estrangeiros e peregrinos

Levítico 19:32-37

Tratem [os estrangeiros] como se fossem israelitas de nascimento... —Levítico 19:34

Tudo era drasticamente diferente naquele novo país: língua, escola, costumes, trânsito e clima. A família se perguntava como eles se adaptariam. As pessoas de uma igreja próxima se reuniram para ajudá-los em seu novo país. Patrícia levou o casal a um supermercado para lhes mostrar quais produtos estavam disponíveis e como comprá-los. De repente, seus olhos se iluminaram e eles deram um belo sorriso ao avistar as romãs, a fruta preferida deles em sua terra natal. Eles compraram uma para cada um dos filhos e até a presentearam com uma delas, em sinal de gratidão. A pequena fruta e os novos amigos foram muito importantes na acolhida naquela terra nova e estranha.

Deus, por meio de Moisés, concedeu leis para o Seu povo, incluindo uma ordem para que tratassem os estrangeiros como se fossem nativos e, ainda, que os amassem "como a si mesmos" (Levítico 19:34). Jesus disse que este era o segundo maior mandamento, após amar a Deus (Mateus 22:39). O próprio "Senhor protege os estrangeiros..." (Salmo 146:9).

Além de obedecermos a Deus, ao ajudarmos nossos novos amigos a se adaptarem à vida em nosso país, podemos nos lembrar que nós também somos "...estrangeiros e peregrinos neste mundo" (Hebreus 11:13). Assim, aguardamos com expectativa pela pátria celestial onde viveremos. —Anne Cetas

Deus colocou pessoas em sua vida para que você as ajudasse e cuidasse. Pense numa atitude compassiva que você possa praticar para as ajudar.

4 de julho

Eu só posso imaginar

2 Coríntios 5:1-10

Pois, então, o pó voltará à terra e o espírito voltará a Deus, que o deu.
—ECLESIASTES 12:7

Na igreja, sentei-me no banco atrás de Luísa e cantamos a canção "Eu só posso imaginar". Com mãos levantadas, louvei a Deus enquanto harmonizava o suave soprano dela ao meu. Quando ela me contou sobre os desafios com sua saúde, decidimos orar juntas durante o seu tratamento de câncer. Meses depois, num leito de hospital, Luísa me contou sobre o seu medo de morrer. Inclinei minha cabeça próxima à dela, sussurrei uma oração e cantei baixinho a nossa canção. Posso apenas imaginar como deve ter sido para ela adorar a Jesus face a face, poucos dias depois.

O apóstolo Paulo ofereceu conforto consolador para seus leitores que estavam enfrentando a morte (2 Coríntios 5:1). O sofrimento experimentado neste lado da eternidade pode causar lamentos, mas nossa esperança permanece ancorada em nosso lar celestial — nossa existência eterna com Jesus (vv.2-4). Apesar de Deus nos ter criado com um anseio pela vida eterna com Ele (vv.5-6), as Suas promessas devem impactar a maneira como vivemos para Ele agora (vv.7-10).

À medida que agradamos a Jesus enquanto aguardamos Seu retorno ou que nos leve ao lar eterno, alegremo-nos com a paz que vem de Sua companhia fiel. O que experimentaremos quando deixarmos o nosso corpo terreno e nos encontrarmos com Jesus na eternidade? Só podemos imaginar! —*Xochitl Dixon*

A promessa de vida eterna a fortalecerá quando você estiver diante de perdas por alguém que lhe é querido.

5 de julho

O Bom Pastor

Ezequiel 34:11-16

Serei como o pastor que busca o rebanho espalhado... —Ezequiel 34:12

Quando o pastor Wilson soube que um homem em sua igreja havia abandonado a família, ele pediu a Deus que o fizesse encontrar o tal homem como que por acaso, para que eles pudessem conversar. E Deus assim o fez! Quando Wilson entrou num restaurante, viu-o numa mesa próxima e perguntou: "Tem espaço para mais um aí?". Em pouco tempo, eles já conversavam sobre assuntos profundos e oravam juntos.

Como ministro, Wilson estava realmente pastoreando sua comunidade de fé ali, assim como Deus disse, pelo profeta Ezequiel, que Ele faria com Seu rebanho. Deus é zeloso com suas ovelhas espalhadas, livrando-as e agrupando-as sob o Seu cuidado (Ezequiel 34:12-13). Ele falou que as conduziria por "bons pastos" e que procuraria "as perdidas que se desgarraram e as [traria] de volta", prometendo: "Enfaixarei as ovelhas feridas e fortalecerei as fracas" (vv.14-16). O amor de Deus pelo Seu povo transparece nessas imagens. As palavras de Ezequiel antecipam as ações futuras de Deus e refletem o eterno anseio do Senhor e Pastor que um dia se revelaria em Jesus.

Qualquer que seja nossa situação, Deus se aproxima de cada um de nós para nos resgatar e abrigar em pastos abundantes. Ele deseja que sigamos o Bom Pastor, que entrega Sua vida pelas ovelhas (João 10:14-15). Acolha o cuidado de Jesus, o Bom Pastor, sobre a sua vida. —*Amy Boucher Pye*

Entregue as suas fragilidades ao Senhor.

6 de julho
Os braços de Deus estão abertos

1 João 1:5-10

*Mas, se confessamos nossos pecados,
ele é fiel e justo para perdoar nossos pecados...*
—1 João 1:9

Olhei para meu celular, franzi a testa preocupada e suspirei. Eu havia discutido e discordado seriamente de uma amiga quanto a um assunto envolvendo os nossos filhos, e eu sabia que precisava ligar para ela e pedir perdão. Eu não queria fazer isto, porque ainda tínhamos opiniões conflitantes; no entanto, eu sabia que não tinha sido gentil, nem humilde na última conversa que tivéramos sobre o assunto.

Preocupei-me sobre como seria a ligação. *E se ela não me perdoar? E se ela não quiser manter nossa amizade?* Lembrei-me então do momento em que confessei o meu pecado a Deus sobre tal situação. Fiquei aliviada porque sabia que Deus havia me perdoado e liberado da minha culpa.

Não podemos controlar como as pessoas reagirão quando tentamos resolver nossos problemas de relacionamento. Se admitirmos nosso erro, humildemente pedirmos perdão e fizermos as mudanças necessárias, podemos deixar que Deus providencie a cura. Mas mesmo se tivermos que suportar a dor de problemas não resolvidos com as pessoas, sempre é possível ter paz com Deus. Os braços de Deus estão abertos e Ele está aguardando para nos mostrar a graça e a misericórdia de que precisamos. "Mas, se confessamos nossos pecados, ele é fiel e justo para perdoar nossos pecados e nos purificar de toda injustiça" (1 João 1:9).
—*Jennifer Benson Schuldt*

*Por amor a Deus, busque a paz
e a reconciliação com quem a cerca.*

7 de julho

Abrigar-se em Deus

Salmo 91:1-2,14-16

*Ele é meu refúgio, meu lugar seguro,
ele é meu Deus e nele confio.* —Salmo 91:2

Certa manhã, enquanto eu estava correndo em meu bairro, passei por uma construção e vi um gatinho magro e sujo que miou olhando-me tristemente. Ele me seguiu até a minha casa, e tornou-se um gato lindo e saudável chamado Mickey, tendo uma vida confortável em nossa casa e recebendo muito amor de minha família. Sempre que passo naquela rua onde o encontrei, agradeço a Deus porque Mickey foi poupado de viver nas ruas. Ele agora tem um lar.

A Palavra de Deus fala sobre aqueles que "[habitam] no abrigo do Altíssimo" (Salmo 91:1) e fazem dele o seu lar. A palavra hebraica para habitar significa "permanecer, ficar definitivamente em algum lugar". Quando permanecemos em Deus, Ele nos ajuda a viver de acordo com a Sua sabedoria e a amá-lo acima de tudo (v.14; João 15:10). O Senhor nos promete a consolação de estarmos com Ele eternamente, assim como a segurança de que Ele estará conosco em qualquer dificuldade terrena. Apesar das provações que virão, podemos descansar em Sua soberania, sabedoria e amor, confiando em Suas promessas de proteção e redenção.

Ao permitirmos que Deus seja o nosso refúgio, viveremos "à sombra do Todo-poderoso" (Salmo 91:1). Nenhum mal poderá nos tocar, a não ser que Deus, em sua sabedoria e amor infinitos, permita. Esta é a segurança que temos quando Deus é o nosso lugar seguro. —*Karen Huang*

Como você reage às dificuldades tendo escolhido viver no abrigo do Deus Altíssimo?

8 de julho

Um presente imerecido

1 Timóteo 1:12-16

*"Cristo Jesus veio ao mundo para salvar os pecadores",
e eu sou o pior de todos.* —1 Timóteo 1:15

Fui surpreendida recentemente ao ganhar um presente de uma amiga, pois não acho que merecia a gentileza. Ela me presenteou depois de eu ter contado sobre uma situação estressante que estava acontecendo no trabalho. Mas ela mesma estava enfrentando o mesmo tanto de estresse, ou até mais, lidando com um pai idoso, filhos desafiadores, transtornos no trabalho e tensões em seu casamento. Não pude sequer acreditar que ela tivesse pensado em mim antes de pensar em si mesma, e seu singelo presente me levou às lágrimas.

Na verdade, todos nós recebemos um presente que jamais merecemos. Paulo explica desta forma: "'Cristo Jesus veio ao mundo para salvar os pecadores', e eu sou o pior de todos" (1 Timóteo 1:15). Embora ele "fosse blasfemo, perseguidor e violento [...] O Senhor fez sua graça transbordar" sobre sua vida (vv.13-14). O Cristo ressurreto deu a Paulo um profundo entendimento do presente da graça e, por isso, Paulo soube o que era receber algo imerecido. Paulo tornou-se um poderoso instrumento do amor de Deus, contando a muitos o que Deus tinha feito por ele.

Apenas pela graça de Deus podemos receber amor e misericórdia, ao invés da condenação e julgamento. Vamos celebrar hoje a graça imerecida que Deus nos concedeu, procurando por formas de demonstrar esta graça aos demais. Afinal, o que significa um problema cotidiano perante a dádiva da eternidade com Deus?
—*Karen Pimpo*

Senhor, estou grata pelo maior presente: a salvação pela fé em Cristo Jesus, que mesmo imerecida Tu me concedeste a eternidade junto a Deus.

9 de julho

Amor e felicidade

Isaías 62:1-5

Então Deus se alegrará por você, como o noivo se alegra por sua noiva. —Isaías 62:5

Bruno e Kátia estavam radiantes; e pela alegria estampada em seus rostos, você jamais adivinharia o quanto seus planos de casamento tinham sido dramaticamente alterados pelas restrições da pandemia da COVID-19. Mesmo cercados de apenas 25 familiares, os dois irradiavam paz e alegria ao recitar seus votos de mútuo amor e expressar a gratidão pelo amor de Deus que os sustentava.

A imagem de um casal de noivos que se deleita um no outro é a forma como Isaías descreveu o tipo de deleite e amor que Deus tem por Seu povo. Em uma linda descrição poética da libertação que Deus lhes havia prometido, Isaías lembrou os seus leitores de que a salvação que o Senhor oferecia ao Seu povo refletia a experiência de viver em um mundo caído: consolo para os de coração partido, alegria para os que choram e provisão para as necessidades do Seu povo (Isaías 61:1-3). Deus ofereceu socorro ao Seu povo porque, assim como um noivo e uma noiva celebram seu amor um pelo outro, assim "Deus se alegrará por você" (62:5).

É verdadeiramente notável e digno de nota, que Deus se deleita em nós e deseja ter um relacionamento conosco. Mesmo quando enfrentamos as dificuldades devido às consequências por vivermos neste mundo decaído, temos um Deus que nos ama, sem relutância, com amor espontâneo, feliz e eterno que "dura para sempre!" (Salmo 136:1). —*Lisa M. Samra*

O intenso e profundo amor de Deus lhe trará alegrias, mesmo nos momentos difíceis.

10 de julho
Refletindo sua luz

João 1:4-9

Aquele que é a Palavra possuía a vida,
e sua vida trouxe luz a todos. —João 1:4

O artista Armand Cabrera disse: "A luz refletida nunca é tão forte quanto a fonte de luz". Ele aplica essa técnica em suas pinturas à óleo e consegue capturar lindamente a luz nas paisagens que retrata. Ele observa que os iniciantes tendem a exagerar na forma como pintam a luz; e os orienta a fazerem o contrário: "A luz refletida faz parte das sombras, e como tal, deve apoiar, e não competir com as áreas iluminadas da sua pintura".

Na Bíblia temos uma ideia parecida ao falar de Jesus, "a luz a todos" os homens (João 1:4). João Batista foi enviado "para falar a respeito da luz, a fim de que, por meio de seu testemunho, todos cressem. Ele não era a luz, mas veio para falar da luz" (vv.7-8). Deus escolheu João e nos escolheu para refletirmos a luz de Cristo para os que vivem nas trevas de um mundo sem fé. Este é o nosso papel, como disse alguém "talvez porque os que não creem não conseguem suportar a glória intensa da luz divina de uma vez".

Cabrera ensina os seus alunos de pintura: "quando uma luz direta recai sobre algo numa cena, isto se torna a própria fonte de luz". De forma parecida, sendo Jesus "a verdadeira luz, que ilumina a todos" (v.9), podemos brilhar como testemunhas dele. Ao refletirmos o Mestre, que o mundo se maravilhe ao ver a Sua glória brilhando por nosso intermédio. Observe ao seu redor e pense em quais áreas sombrias deste mundo você pode refletir a luz transformadora de Cristo.
—Patricia Raybon

Reflita a luz de Cristo e ajude no resgate daqueles
que se perderam no caminho.

11 de julho

Cartões de oração

Efésios 6:10-20

Orem no Espírito em todos os momentos e ocasiões.
Permaneçam atentos e sejam persistentes...
—Efésios 6:18

Numa conferência para escritores, Tânia me entregou um cartão com uma oração escrita à mão, explicando-me que tinha lido a biografia de cada palestrante, escrito orações específicas em cartões e que orava por nós ao entregá-los. Fiquei maravilhada com os detalhes em sua mensagem dirigida a mim e agradeci a Deus por me encorajar com esse gesto dela. Orei por ela também. Quando a fatiga e a dor me afetavam durante a conferência, eu relia o cartão, e Deus renovava o meu espírito.

O apóstolo Paulo reconheceu o impacto benéfico da oração pelos outros. Insistia que os cristãos se preparassem para batalhas "contra governantes e autoridades do mundo invisível" (Efésios 6:12). Ele os encorajava a orarem contínua e especificamente, enfatizando a necessidade de cuidarmos uns dos outros por meio da oração intercessória. O apóstolo pediu também que rogassem por ele: "orem também por mim. Peçam que Deus me conceda as palavras certas, para que eu possa explicar corajosamente o segredo revelado pelas boas-novas" pelas quais estava "preso em correntes" (vv.19-20).

Ao orarmos uns pelos outros, o Espírito Santo nos conforta e fortalece nossas convicções. Ele afirma que precisamos dele e uns dos outros, garantindo-nos que Ele escuta toda oração (silenciosa, em voz alta ou escrita em um cartão) e as responde conforme a Sua perfeita vontade. —*Xochitl Dixon*

Encoraje alguém com uma oração hoje.

12 de julho
O que é realmente necessário

Marcos 7:8-13

Vocês desprezam a lei de Deus e a substituem por sua própria tradição. —Marcos 7:8

Enquanto preparava uma refeição, uma jovem cortou uma peça de carne ao meio e a colocou numa panela grande. Seu marido perguntou por que ela cortava a carne assim, e ela respondeu: "Porque era assim que a minha mãe fazia". Mas a pergunta atiçou a curiosidade da mulher, e ela perguntou à sua mãe sobre esta tradição. Chocou-se ao descobrir que a mãe cortava a carne apenas para que coubesse na pequena panela que possuía. Como a filha tinha várias panelas grandes, o corte da carne era desnecessário.

Muitas tradições começam a partir de uma necessidade, mas são mantidas sem questionamentos e se tornam "a forma como fazemos algo". É natural querer apegar-se às tradições humanas, algo que podemos ver nos fariseus (Marcos 7:1-2). Eles se distraíram com algo que parecia ser uma quebra das leis religiosas. Jesus disse a eles: "Vocês desprezam a lei de Deus e a substituem por sua própria tradição" (v.8). Ele nos ensina que tradições jamais devem substituir a sabedoria das Escrituras. O desejo genuíno de seguir a Deus (vv.6-7) reflete-se na atitude do nosso coração e não em ações exteriores.

É uma boa ideia reavaliar frequentemente as tradições (qualquer coisa que nos seja importante e sigamos religiosamente). O que Deus revelou como verdadeiramente necessário deve sempre se sobrepor às tradições. —*Katara Patton*

Avalie as tradições as quais você se apega e perceba se elas estão alinhadas com as Escrituras, ou se precisam ser reavaliadas.

13 de julho

Proteja o seu coração

Provérbios 4:20-27

*Acima de todas as coisas, guarde seu coração,
pois ele dirige o rumo de sua vida.*
—Provérbios 4:23

Em 1938, o matemático húngaro Abraham Wald mudou-se para os Estados Unidos e cedeu suas habilidades às Forças Armadas deste país durante a Segunda Guerra Mundial. Wald e seus pares da equipe de pesquisa foram solicitados a pensar como proteger melhor as suas aeronaves para defender-se da artilharia inimiga. A equipe examinava as aeronaves que voltavam das batalhas para ver onde tinham sido mais afetadas; mas Wald percebeu que essa abordagem apenas revelava onde o avião era atingido e *ainda podia funcionar*. Percebeu que as partes que mais precisavam de reforços seriam evidentes apenas nos aviões abatidos. Esses aviões atingidos na parte mais vulnerável, o motor, tinham caído e não poderiam mais ser examinados.

Salomão nos ensina a protegermos a nossa parte mais vulnerável, o nosso coração. Orientou seu filho a guardar o "seu coração, pois ele dirige o rumo de sua vida" (Provérbios 4:23). As orientações de Deus nos guiam e nos conduzem para longe de decisões ruins e nos ensinam a focar a nossa atenção no essencial.

Se protegermos nosso coração ouvindo o conselho divino ficaremos firmes em nossa jornada com Deus, sem permitir que "[nossos] pés sigam o mal" (v.27). Pisamos em território inimigo diariamente, mas com a sabedoria de Deus nos cercando, podemos continuar focados na missão de viver para a glória do Pai.

—*Kirsten Holmberg*

*Pense sobre a sua maior vulnerabilidade.
A sabedoria divina a protege dela?
Se a resposta for não, pare e analise onde você
precisa acrescentar um "reforço" espiritual.*

14 de julho

Água viva

João 4:4-14

Você me pediria e eu lhe daria água viva.
—João 4:10

A vida na casa de Andreia era instável; aos 14 anos, ela conseguiu um emprego e foi morar com alguns amigos. Sedenta por amor e apoio, ela foi morar com um homem que lhe apresentou às drogas, que se somaram ao álcool que ela já consumia regularmente. Mas o relacionamento e as substâncias não satisfizeram seu coração. Ela continuou buscando e, depois de muitos anos, conheceu alguns seguidores de Jesus que lhe estenderam a mão, oferecendo-se para orar com ela. Alguns meses depois, ela finalmente encontrou Aquele que saciaria sua sede por amor: Jesus.

Jesus se aproximou de uma mulher samaritana, à beira de um poço, para pedir água, e ela também foi saciada. Ela estava lá na hora mais quente do dia (João 4:5-7), provavelmente para evitar os olhares e comentários de outras mulheres, que sabiam de sua história com vários maridos e de seu relacionamento adúltero naquele momento (vv.17-18). Quando Jesus pediu-lhe um copo de água, Ele abandonou as convenções sociais da época, porque Ele sendo um mestre judeu não se associaria normalmente a uma mulher samaritana. Mas Jesus quis presenteá-la com a dádiva da água viva que lhe daria vida eterna (v.10). Ele quis satisfazer a sede daquela mulher.

Ao recebermos Jesus como Salvador, também bebemos desta água viva e podemos compartilhá-la e convidar outros a seguir o Mestre. —*Amy Boucher Pye*

Pondere no dia de hoje sobre essa questão: o que significa receber a dádiva da água viva de Deus?

15 de julho

Continue falando sobre Jesus!

Atos 5:17-21,25-29,41-42

E todos os dias, [...] continuavam a ensinar e anunciar que Jesus é o Cristo.
—Atos 5:42

Numa entrevista, um músico seguidor de Jesus mencionou que houve um momento em que foi aconselhado a "parar de falar tanto sobre Jesus". Por quê? Disseram que sua banda poderia ser mais famosa e conseguir mais dinheiro para obras de caridade, se ele parasse de dizer que seu trabalho era dedicado a Jesus. Após refletir bastante, ele decidiu: "Toda a minha música é para compartilhar minha fé em Cristo. Não posso me calar". E reafirmou que a sua "ardente vocação" era compartilhar a mensagem de Jesus.

Os apóstolos receberam uma mensagem parecida e sob circunstâncias muito mais ameaçadoras. Eles haviam sido presos e libertados milagrosamente por um anjo, que lhes disse que continuassem contando a outros sobre sua nova vida em Cristo (Atos 5:19-20). Quando os líderes religiosos descobriram o ocorrido e que continuavam pregando, eles os reprimiram novamente dizendo: "Nós lhes ordenamos firmemente que nunca mais ensinassem em nome desse homem" (v.28).

A resposta foi: "Devemos obedecer a Deus antes de qualquer autoridade humana" (v.29). Os líderes mandaram açoitar apóstolos e ordenaram que não falassem mais em nome de Jesus (v.40), mas eles se alegraram por serem dignos de sofrer pelo nome de Jesus, e "todos os dias [...] continuavam a ensinar e anunciar que Jesus é o Cristo" (v.42). Que Deus nos ajude a seguir este exemplo! —*Alyson Kieda*

Senhor, ajuda-me a estar atenta a todas as oportunidades de compartilhar as boas-novas de Jesus com alguém hoje.

16 de julho

Perceber uma necessidade

Atos 9:36-42

[As viúvas] choravam e lhe mostravam os vestidos e outras roupas que Dorcas havia feito...
—Atos 9:39

Nos últimos dias da vida de meu pai, Raquel, uma das enfermeiras, perguntou-me se ela poderia barbeá-lo. Ela passava gentilmente a lâmina pelo rosto dele e me explicou: "Homens da geração de seu pai gostam de estar todos os dias com a barba benfeita". Raquel viu uma necessidade e agiu instintivamente para demonstrar gentileza, dignidade e respeito a outra pessoa. Seu cuidado atencioso me lembrou de minha amiga Julie, que pinta as unhas de sua mãe idosa porque é importante para ela "sentir-se linda".

Lemos no Livro de Atos sobre uma discípula chamada Tabita (ou Dorcas) que demonstrava bondade ao costurar roupas para os pobres (9:36,39). Quando ela morreu, sua casa ficou repleta de amigos que choravam enlutados por aquela mulher bondosa que amava ajudar os outros.

Mas a história de Tabita não termina assim. Quando Pedro foi levado até onde seu corpo jazia, ele se ajoelhou e orou. Pelo poder de Deus, ele a chamou pelo nome, dizendo "Tabita, levante-se" (v.40). Surpreendentemente, ela abriu seus olhos e ficou de pé. Quando seus amigos perceberam que ela estava viva, a notícia se espalhou rapidamente e naquela cidade "muitos creram no Senhor" (v.42).

Como Tabita (Dorcas) passou o próximo dia de sua vida? Provavelmente da mesma forma como antes: percebendo e cuidando das necessidades das pessoas. Não precisamos ser ricas para ajudar os outros, podemos realizar atos de serviço, oferecer uma palavra ou ombro amigo. —*Cindy Hess Kasper*

Considere o que você pode fazer por alguém hoje... e faça!

17 de julho

Um oásis renovador

Salmo 1

Feliz é aquele que [...] tem prazer na lei do Senhor e nela medita dia e noite. —Salmo 1:1-2

Quando André e sua família foram a um safári no Quênia, tiveram o prazer de ver uma variedade de animais num pequeno lago escondido na paisagem. Girafas, antílopes, hipopótamos e aves aquáticas viajavam para essa fonte de água em busca de vida. Enquanto André observava as idas e vindas deles, pensava: "a Bíblia é como um poço de água divina" — não só é uma fonte de orientação e sabedoria, mas é um oásis renovador onde as pessoas de todas as esferas da vida podem saciar a sua sede.

A observação de André lembrou-me do salmista, que chamou de felizes as pessoas que se deleitam e meditam na Lei de Deus, um termo usado no Antigo Testamento para descrever as instruções e mandamentos de Deus. Aqueles que meditam nas Escrituras são "como a árvore plantada à margem do rio, que dá seu fruto no tempo certo" (Salmo 1:3). Assim como as raízes de uma árvore se estendem para o interior do solo para encontrar sua fonte de renovo, as pessoas que realmente creem em Deus e o amam vão se enraizar profundamente nas Escrituras e nela encontrarão a força de que precisam.

Submeter-nos à sabedoria de Deus manterá nossos alicerces enraizados nele. Não seremos "como a palha levada pelo vento" (v.4). Quando ponderamos sobre o que Deus nos deu na Bíblia, adquirimos nutrição que pode nos levar a produzir frutos duradouros. —*Amy Boucher Pye*

Medite diariamente na Bíblia, as Escrituras lhe oferecerão o alicerce em todos os momentos.

18 de julho
Esse amor é real

Romanos 5:3-8

Cristo [morreu] por nós quando ainda éramos pecadores. —Romanos 5:8

"Senti como se puxasse um tapete debaixo de mim", disse Júlia. "O choque da descoberta foi como um ataque físico." Ela descobriu que seu noivo a traía com outra pessoa. O relacionamento anterior de Júlia terminou de forma semelhante. Então, mais tarde, quando ouviu sobre o amor de Deus num estudo bíblico, não pôde deixar de se perguntar: *se seria outra fraude? Se ficaria magoada ao crer em Deus quando Ele diz amá-la?*

Tal como Júlia, podemos ter vivido relacionamentos conturbados que nos deixaram desconfiados ou com medo de confiar na promessa de amor de alguém. Podemos até sentir-nos assim em relação ao amor de Deus, perguntando-nos onde está o "truque". Mas não há nenhum truque. "Deus nos prova seu grande amor ao enviar Cristo para morrer por nós quando ainda éramos pecadores" (Romanos 5:8).

"Eventualmente, percebi que Deus já havia provado Seu amor", disse Júlia, "ao morrer por mim". Minha amiga descobriu que, em nosso pecado, estávamos separados de Deus, mas que Ele nos alcançou entregando Jesus para morrer em nosso lugar (Romanos 5:10; 1 João 2:2). E, por isso, nossos pecados são perdoados e podemos viver a eternidade com Ele (João 3:16).

Sempre que nos perguntarmos se podemos realmente confiar no amor de Deus, lembremo-nos do que Cristo fez por nós na cruz. Podemos confiar em Suas promessas de amor, sabendo que Ele é fiel. Sim, você pode confiar em Deus. Mesmo se todas as pessoas lhe decepcionarem, lembre-se de que Jesus deu a vida por você —*Karen Huang*

Jesus a ama, Ele é digno e jamais a decepcionará!

19 de julho

Completamente só?

Gênesis 21:9-19

Mas Deus ouviu o choro do menino...
—Gênesis 21:17

A família de Suzi estava desmoronando diante de seus olhos. Seu marido tinha saído de casa, e ela e seus filhos estavam confusos e com raiva. Ela pediu ao marido que fosse ao aconselhamento conjugal com ela, mas ele se recusou e disse que o problema era ela. Suzi sentiu pânico e desesperança quando percebeu que talvez ele nunca mais voltasse. Será que ela seria capaz de cuidar de si e das crianças?

Hagar, serva de Abrão e Sarai, enfrentou tais pensamentos também. Impaciente para que Deus lhes desse o filho prometido (Gênesis 15:4), Sarai deu Hagar ao marido, e Hagar deu à luz a Ismael (16:1-4,15). Contudo, quando Deus cumpriu Sua promessa (17:15), e Sara teve Isaque, as tensões familiares eclodiram de tal forma que Abraão despediu Hagar e Ismael com apenas um pouco de água e comida (21:8-21). Você pode imaginar o desespero da serva? Logo ficaram sem provisões no deserto. Sem saber o que fazer e não querendo ver seu filho morrer, Hagar colocou Ismael debaixo de um arbusto e afastou-se. Ambos começaram a chorar. Mas "Deus ouviu o menino chorar", supriu suas necessidades e "estava com eles" (v.17).

Tempos de desespero, quando nos sentimos sós, fazem-nos clamar a Deus. Que conforto saber que nesses momentos, e ao longo da vida, o Senhor nos ouve, provê para nós e fica conosco. Deus a consolará. Quando se sentir sozinha, clame a Ele. Passaremos por provações, sim. Jesus nos disse que sofreríamos no mundo. Mas Deus está conosco na angústia. —*Anne Cetas*

Pai, sou grata por Tua presença tão real e verdadeira em todos os momentos do meu dia a dia.

20 de julho

A poderosa presença de Deus

Salmo 68:4-14

*O Senhor dá a ordem,
e um grande exército traz boas notícias.*
—Salmo 68:11

Em 2020, as celebrações marcaram o 100º aniversário da aprovação da Décima Nona Emenda à Constituição dos EUA, a qual permitiu às mulheres o direito a voto. As fotografias antigas mostram as manifestantes com faixas estampadas com as palavras: "O Senhor dá a ordem, e um grande exército traz boas notícias" (Salmo 68:11).

Davi descreve Deus como aquele que lidera a libertação dos presos (Salmo 68:6), revigorando Seu povo cansado com Suas riquezas abundantes (vv.9-10). Nos 35 versos deste salmo, Davi faz referência a Deus 42 vezes, revelando como Ele está constantemente com eles, resgatando-os da injustiça e do sofrimento. "O Senhor deu a palavra, e grande é o exército das mensageiras das boas-novas (v.11 NAA)".

Se as mulheres que marcharam pelos direitos de voto entenderam completamente tudo o que o Salmo 68 estava declarando, suas bandeiras proclamaram uma verdade atemporal. Deus, o "pai dos órfãos e defensor das viúvas" (v.5), segue à frente do Seu povo levando-os a lugares de bênção, refrigério e alegria.

Seja encorajado hoje, lembrando-se de que a presença de Deus sempre esteve com Seu povo, de maneira especial com os vulneráveis e com os que sofrem. Como no passado, por intermédio de Seu Espírito, Deus ainda está fortemente presente conosco. —*Lisa M. Samra*

*Deus, agradeço-te por Tua presença.
Sei que me orientas e lutas por mim diante
dos sofrimentos e injustiças.*

21 de julho
Consolo nas batentes das portas
Deuteronômio 6:4-9

Escreva-as nos batentes das portas de sua casa e em seus portões. —Deuteronômio 6:9

Ao rolar as postagens da minha rede social, após uma grande inundação, vi as de uma amiga. Depois de entender que sua casa teria de ser demolida e reconstruída, a mãe dela a encorajou a buscar a Deus, mesmo em meio ao árduo trabalho de limpeza. Mais tarde, minha amiga postou os versos bíblicos que descobriu na estrutura das portas da casa, escritos aparentemente quando a casa foi construída. Ler versículos nos batentes de madeira lhe trouxe consolo.

A tradição de escrever versículos em batentes de portas pode vir da ordem de Deus a Israel. Deus instruiu os israelitas a postar Suas ordens nos batentes como uma forma de lembrar quem Ele é. Ao escrever os mandamentos em seus corações (Deuteronômio 6:6), ensiná-los aos seus filhos (v.7), usar símbolos e outros meios para recordar o que Deus ordena (v.8), e colocar as palavras nos batentes e portões (v.9), os israelitas tinham lembretes constantes das palavras de Deus. Eles eram encorajados a nunca esquecer o que o Senhor tinha dito ou o pacto deles com Deus.

A Bíblia nos revela que exibir as palavras de Deus em nossa casa e plantar seu significado em nosso coração pode nos ajudar a construir um alicerce que se solidifica em Sua fidelidade. E o Senhor as pode usar para nos consolar, mesmo em meio às tragédias ou perdas dolorosas. —*Katara Patton*

As verdades bíblicas são os alicerces para sua vida. Leia-as Escrituras e receba o encorajamento do Senhor.

22 de julho

Musicoterapia

1 Samuel 16:14-23

...Davi tocava a harpa. Saul se sentia melhor...
—1 Samuel 16:23

Quando Bella, 5, foi hospitalizada com câncer, a musicoterapia foi utilizada como parte do tratamento. Muitas pessoas já experimentaram o poderoso efeito da música no humor sem entender exatamente o porquê, mas os pesquisadores identificaram o seu benefício clínico recentemente. A música tem sido prescrita para pacientes com câncer e aos que sofrem de parkinsonismo, demência e trauma.

O rei Saul recebeu uma prescrição musical para quando se sentisse atribulado. Seus servos viram sua inquietação e sugeriram que alguém tocasse lira para ele, na esperança de que isso o fizesse "sentir-se melhor" (1 Samuel 16:16). Davi foi enviado, e Saul ficou satisfeito com ele a ponto de lhe pedir que o jovem continuasse a seu serviço (v.22). Davi tocou para Saul em seus momentos de tormento, trazendo-lhe o alívio de sua angústia.

A ciência está apenas descobrindo o que Deus sempre soube sobre como a música nos afeta. Como autor e criador de nosso corpo e da própria música, Ele forneceu uma prescrição para nossa saúde que é facilmente acessível a todos, independentemente da época em que vivemos ou de quão fácil seja consultar um médico. Mesmo quando não há como ouvir, podemos cantar para Deus em meio às alegrias e lutas, fazendo nossa própria música (Salmo 59:16; Atos 16:25).

—*Kirsten Holmberg*

Deus já usou a música para acalmá-la?
Leve a alegria e o conforto da música para alguém,
como Davi fez a Saul, hoje.

23 de julho

Correndo pelo que importa

Hebreus 11:39–12:3

…corramos com perseverança a corrida que foi posta diante de nós.
—HEBREUS 12:1

Foi impossível não se emocionar com uma atualização do *status* da minha amiga Ira. Postado em 2022, poucos dias depois de deixar sua casa em Kiev, a capital sitiada da Ucrânia, ela compartilhou uma imagem de si mesma içando a bandeira de seu país após completar uma corrida. Ela escreveu: "Estamos todos correndo o melhor que podemos na maratona chamada vida. Faremos isso hoje ainda melhor, com algo que nunca morre em nosso coração". Nos dias seguintes, vi as muitas maneiras pelas quais minha amiga continuou a correr aquela corrida, enquanto ela nos mantém atualizados sobre como orar e apoiar os que sofrem em seu país.

As palavras da Ira trouxeram novo significado ao chamado para os cristãos correrem com perseverança (Hebreus 12:1). Esse chamado segue o relato comovente dos heróis da fé (cap.11), a "grande multidão de testemunhas" (12:1) que viveram com fé corajosa e persistente — mesmo com risco de vida (11:33-38). Mesmo avistando as promessas de Deus "de longe" (v.13), eles viviam por algo eterno, por algo que jamais perece.

Todos os que creem em Jesus são chamados a viver desse mesmo modo. Por causa do *shalom*, do esplendor e paz do reino de Deus, vale a pena nos esforçarmos sobremaneira. E também porque somos sustentados pelo exemplo e pelo poder de Cristo (12:2-3). —*Monica La Rose*

Que os exemplos de fé corajosa possam lhe renovar a esperança. Se Deus é por nós, quem será contra nós?

24 de julho
Jogo da mudança
Lucas 6:27-31

...amem os seus inimigos...
—Lucas 6:27

Em março de 1963, um cumprimento e aperto de mãos entre dois jogadores de basquete universitário — um negro, outro branco — desafiou o ódio dos segregacionistas. Isto foi marcante na história do Estado do Mississipi, EUA: um time masculino de brancos jogou contra um time não segregado da Universidade de Loyola, em Chicago. Para competir no "jogo da mudança" contra outra universidade num torneio nacional, o time do Mississipi ignorou uma liminar que impedia os negros de cruzarem a fronteira estadual. Os jogadores negros sofreram insultos durante toda a temporada, contra eles foram arremessados pipocas e pedras de gelo e as portas lhes foram fechadas no percurso.

No entanto, Loyola venceu Mississippi por 61-51, e foi o campeão nacional. Qual foi a vitória daquela noite? Um movimento do ódio em direção ao amor. Como Jesus ensinou: "Amem seus inimigos, façam o bem a quem os odeia" (Lucas 6:27).

A instrução de Deus gera transformação. Para amar nossos inimigos como Cristo nos ensinou, devemos obedecer a Sua revolucionária ordem de mudança. Paulo escreveu: "...todo aquele que está em Cristo se tornou nova criação. A velha vida acabou, e uma nova vida teve início!" (2 Coríntios 5:17). O novo de Deus em nós derrota o velho com amor. Então poderemos finalmente vê-lo "uns nos outros".

O ódio não é o oposto, mas sim a ausência do amor. Se você está em Cristo e sente ódio, você precisa reavaliar-se. Ore a Deus para ver aqueles que considera inimigos por outra luz: permita que o amor de Jesus preencha o espaço vazio e expulse o ódio do coração. —*Patricia Raybon*

Pai, preciso de ti para compreender a grandiosidade do Teu amor e o compartilhar com os que me cercam.

25 de julho

Extirpando os pecados

1 João 1:5–2:2

*Mas, se confessamos nossos pecados,
ele é fiel e justo para perdoar nossos pecados…*
—1 João 1:9

Ao notar um raminho ao lado da mangueira do jardim, ignorei aquela erva aparentemente inofensiva. Como um pequeno matinho poderia danificar nosso gramado? Mas com o passar das semanas, o brotinho cresceu e se tornou um pequeno arbusto, e começou a tomar conta do nosso quintal. Seus talos tomaram conta de uma parte da calçada da nossa entrada e brotaram em outras áreas. Admitindo sua existência destrutiva, pedi ao meu marido para me ajudar a extirpar o matinho pela raiz e depois proteger nosso quintal com herbicida.

Quando ignoramos ou negamos sua presença, o pecado pode invadir a nossa vida, crescer sem que queiramos e obscurecer nossa individualidade. Em Deus, não há treva alguma. Como Seus filhos, somos capacitados e cobrados a enfrentar os pecados para que possamos "[viver] na luz, como Deus está na luz" (1 João 1:7). Por meio da confissão e arrependimento, experimentamos o perdão e a libertação do pecado (vv.8-10) porque temos um grande advogado, Jesus (2:1). Ele pagou voluntariamente o preço final por nossos pecados — Seu sangue — e não somente os nossos, mas de todo o mundo (v.2).

Quando Deus traz nosso pecado à tona, podemos escolher a negação, a fuga ou o desvio da responsabilidade. Quando arrependidos os confessamos, Ele elimina os pecados que prejudicam nossa comunhão com o Senhor e com os outros. Todas nós temos pecados enraizados que precisam ser extirpados. Pondere sobre isso e perceba qual é a erva do maligno que você precisa arrancar do jardim do seu coração hoje —*Xochitl Dixon*

*Pai, em Tua presença quero entregar tudo
o que me afasta da comunhão contigo.*

26 de julho

Renovação espiritual

2 Coríntios 4:16-18

*…Ainda que nosso exterior esteja morrendo,
nosso interior está sendo renovado a cada dia.*
—2 Coríntios 4:16

A medicina oriental pratica a esfoliação com pó de pérola há milhares de anos, usando pérolas moídas para remover células mortas da pele. Na Romênia, uma lama terapêutica tornou-se um esfoliante muito procurado, supostamente tornando a pele jovem e luminosa. Em todo o mundo, as pessoas usam práticas de cuidados corporais, acreditando que renovarão até mesmo a pele mais sem vida.

As ferramentas criadas para conservar o corpo, no entanto, só podem trazer satisfação temporária. O que mais importa é permanecermos espiritualmente saudáveis e fortes. Como cristãos, recebemos o dom da renovação espiritual por meio de Jesus. O apóstolo Paulo escreveu: "Ainda que nosso exterior esteja morrendo, nosso interior está sendo renovado a cada dia" (2 Coríntios 4:16). Os desafios diários podem nos derrubar quando nos apegamos ao medo, a dor e a ansiedade. A renovação espiritual vem quando "não olhamos para aquilo que agora podemos ver […] fixamos o olhar naquilo que não se pode ver" (v.18). Fazemos isso ao entregarmos as nossas preocupações a Deus e orarmos para que o fruto do Espírito Santo — amor, alegria e paz — desponte em nossa vida (Gálatas 5:22-23). Quando entregamos os nossos problemas a Deus e permitimos que o Seu Espírito irradie por meio de nós todos os dias, Ele restaura nossa alma. Você pode renovar sua pele ao fazer uma limpeza de pele, mas ela tratará apenas do seu corpo físico. Como você pode pedir a Deus que renove o seu espírito, hoje? —*Kimya Loder*

*Pai querido, com humildade peço-te que a
Tua luz resplandeça por meio de mim.
Faz de mim um instrumento em Tuas mãos.*

27 de julho
Permissão para descansar
Gênesis 1:31–2:2

*No sétimo dia, Deus havia terminado sua obra de criação
e descansou de todo o seu trabalho.*
—Gênesis 2:2

Minha amiga Susy e eu sentamo-nos na praia para ver o mar. Olhando as ondas batendo nas rochas uma após a outra, Susy disse: "Amo o oceano. Ele continua se movendo, assim eu não preciso me movimentar!".

Não é interessante como alguns de nós achamos que precisamos de "permissão" para pausar nosso trabalho para descansar? É exatamente isso o que nosso bom Deus nos concede! Durante seis dias, Ele fez existir a Terra, criando luz, solo, vegetação, animais e seres humanos. Depois, no sétimo dia, Ele descansou (Gênesis 1:31–2:2). Nos Dez Mandamentos, Deus listou Suas regras para uma vida saudável e que o honrasse (Êxodo 20:3-17), incluindo o mandamento de guardar o sábado como um dia de descanso (vv.8-11). No Novo Testamento, vemos Jesus curar todos os doentes da cidade (Marcos 1:29-34) e, então, no início da manhã seguinte ir a um lugar solitário para orar (v.35). Propositalmente, nosso Deus trabalhou e descansou.

O ritmo da provisão de Deus em ação e Seu convite para descansar reverbera ao nosso redor. O plantio da primavera produz crescimento no verão, colheita no outono e descanso no inverno. Manhã, meio-dia, tarde e noite. Deus ordena a nossa vida tanto para o trabalho quanto para o descanso, oferecendo-nos permissão para fazer as duas coisas. Há equilíbrio em sua vida entre trabalho e descanso? Se não, considere isso: Deus também descansou. Descansar é uma etapa necessária. Respire, descanse em Deus — mas lembre-se de descansar seu corpo também. —*Elisa Morgan*

*Deus, tudo o que fazes é sempre bom.
Muita obrigada pelo dia de descanso que o
Senhor nos concede semanalmente.*

28 de julho

Reconhecendo a voz de Deus

Atos 20:22-32

...eu os entrego a Deus e à mensagem de sua graça que pode edificá-los e dar-lhes uma herança...
— ATOS 20:32

Após anos de pesquisa, os cientistas descobriram que os lobos têm vozes distintas que os ajudam a se comunicar entre si. Usando um código específico de análise sonora, uma cientista percebeu que vários volumes e elevações no uivo de um lobo permitiram a identificação de lobos específicos com 100% de precisão.

A Bíblia fornece muitos exemplos de Deus reconhecendo as distintas vozes de Suas amadas criações. Ele chamou Moisés pelo nome e falou diretamente com ele (Êxodo 3:4-6). O salmista Davi proclamou: "Clamei ao Senhor, e ele me respondeu..." (Salmo 3:4). O apóstolo Paulo também enfatizou o valor do povo de Deus em reconhecer a Sua voz.

Ao se despedir dos anciãos efésios, Paulo disse que o Espírito o havia "impelido" a ir a Jerusalém. Ele confirmou seu compromisso de seguir a voz de Deus, embora não soubesse o que esperar em sua chegada (Atos 20:22). O apóstolo advertiu que "lobos ferozes" distorceriam a verdade, mesmo de dentro da igreja (vv.29-30). Então, ele encorajou os anciãos a permanecerem diligentes no discernimento da verdade de Deus (v.31).

Todos os cristãos têm o privilégio de saber que Deus nos ouve e nos responde. Também temos o poder do Espírito Santo que nos ajuda a reconhecer a voz de Deus, que está sempre alinhada com as palavras das Escrituras. Quando o mundo a ameaçar a distanciar-se de Deus, ore a Ele e peça que Ele a ajude a reconhecer e a obedecer a Sua voz. —*Xochitl Dixon*

Pai, cultiva em meu coração a confiança inabalável em ti.

29 de julho

Do estresse para a paz

Filipenses 4:4-8

*Não vivam preocupados com coisa alguma;
em vez disso, orem a Deus pedindo aquilo de que precisam...*
—Filipenses 4:6

Mudar-se é um dos maiores motivos de estresse da vida. Nós nos mudamos para nossa casa atual depois de termos vivido por quase 20 anos na anterior. Vivi na primeira casa por oito anos antes de me casar. Então meu marido veio, trazendo as suas coisas. Quando tivemos um filho, juntamos ainda mais coisas. Nosso dia de mudança não foi sem incidentes. Cinco minutos antes do caminhão de mudanças chegar, eu ainda estava terminando o manuscrito de um livro. A nova casa tinha várias escadas, e levou o dobro do tempo e de pessoas do que o planejado.

Mas eu não estava estressada com os acontecimentos daquele dia. Então lembrei-me de que eu tinha passado muitas horas escrevendo um livro cheio de versículos e conceitos bíblicos. Pela graça de Deus, eu tinha me debruçado sobre a Bíblia, tinha orado e escrito para cumprir meu prazo. Então, creio que a chave para a paz foi minha imersão nas Escrituras e na oração.

Paulo escreveu: "Não vivam preocupados com coisa alguma [...] orem a Deus pedindo aquilo de que precisam..." (Filipenses 4:6). Quando oramos e nos alegramos no Senhor (v.4), retiramos o problema da mente e direcionamos a atenção ao nosso Provedor. Enquanto pedimos a Deus por Sua ajuda para lidar com algo que nos estressa, também estamos nos conectando com Ele, que pode nos conceder a paz "que excede todo o entendimento" (v.7). —*Katara Patton*

*Orar agradecidamente a Deus pode transformar
a sua mente e revigorar a sua fé.*

30 de julho

Fazer ou não fazer

Romanos 7:15-20

Quero fazer o bem, mas não o faço. Não quero fazer o que é errado, mas, ainda assim, o faço. —ROMANOS 7:19

Quando eu era criança, um tanque desativado da Segunda Guerra Mundial foi colocado em exibição em um parque perto da minha casa. Vários avisos alertavam para o perigo de subir no veículo, mas alguns dos meus amigos subiram imediatamente nele. Alguns de nós estavam um pouco relutantes, mas depois fizemos o mesmo. Um menino se recusou, apontando para os avisos. Outro desceu rapidamente quando um adulto se aproximou. A tentação de se divertir superou nosso desejo de seguir as regras.

Há um intenso desejo de rebelião infantil espreitando todos nós. Não gostamos que nos digam o que fazer ou não fazer. Porém, lemos que é pecado quando sabemos o que é certo e não o fazemos (Tiago 4:17). O apóstolo Paulo escreveu: "Quero fazer o bem, mas não o faço. Não quero fazer o que é errado, mas, ainda assim, o faço. Então, se faço o que não quero, na verdade não sou eu quem o faz, mas o pecado que habita em mim" (Romanos 7:19-20).

Como cristãs, podemos hesitar em nossa luta contra o pecado. Entretanto, muitas vezes dependemos apenas de nossa própria força para fazer o que é certo. Um dia, quando tudo findar, os impulsos pecaminosos estarão verdadeiramente mortos. Até lá, no entanto, podemos confiar no poder daquele cuja morte e ressurreição conquistou a vitória sobre o pecado. Que o desejo de nosso coração seja refletir o perfeito caráter de Deus. —*Cindy Hess Kasper*

Peça a Deus que ajude-a fazer somente o que agrada e honre a Ele.

31 de julho

Descanse em Deus

Isaías 26:1-6

Tu guardarás em perfeita paz todos que em ti confiam, aqueles cujos propósitos estão firmes em ti.
—Isaías 26:3

Os pesquisadores queriam ajudar os pacientes da Unidade de Terapia Intensiva (UTI) a dormir melhor. Eles mediram os efeitos dos auxílios ao sono em voluntários num ambiente simulado de UTI, com intensa iluminação hospitalar, gravações de áudio de máquinas bipando e enfermeiros falando. A pesquisa mostrou que as máscaras de sono e os tampões de ouvido melhoraram o descanso dos pacientes. Mas reconheceram que o sono tranquilo ainda seria difícil para os pacientes realmente doentes numa UTI.

Quando nosso mundo está conturbado, como podemos encontrar o descanso? A Bíblia é clara: há paz para os que confiam em Deus, independentemente de suas circunstâncias. O profeta Isaías escreveu sobre um tempo futuro em que os antigos israelitas seriam restaurados após o sofrimento. Eles viveriam seguros em sua cidade, porque saberiam que Deus a tinha tornado segura (Isaías 26:1). Eles confiariam que Ele estava operando ativamente no mundo ao redor deles para trazer o bem: "Ele humilha os orgulhosos", elevando os oprimidos e fazendo justiça (vv.5-6). Eles saberiam que "o Senhor Deus é a Rocha eterna", e poderiam confiar nele para sempre (v.4).

Deus pode conceder paz e descanso para nós também. Podemos descansar na certeza de Seu amor e poder, não importam as circunstâncias ao redor.

—Karen Pimpo

Pai celestial, o desejo do meu coração é descansar em ti, não somente agora, mas em todos os momentos que me concederes.

1.º de agosto

Encontrar força em Deus

2 Coríntios 12:9-10

...fico feliz de me orgulhar de minhas fraquezas, para que o poder de Deus opere por meu intermédio.
—2 Coríntios 12:9

O jogador de futebol Christian Pulisic sofreu várias lesões que afetaram sua carreira. Depois de saber que não estaria no time titular nas semifinais da Liga dos Campeões, ficou decepcionado, mas descreveu como Deus havia se revelado a ele. "Como sempre, busco a Deus, e Ele me dá força", disse o jovem. "Sinto que sempre tenho Alguém comigo. Não sei como faria nada disso sem esse sentimento". Pulisic, por fim, teve um impacto importante quando entrou mais tarde no jogo. Ele iniciou uma jogada inteligente que levou ao chute vencedor do jogo e garantiu sua vaga no campeonato. Tais experiências lhe ensinaram uma valiosa lição: sempre é possível ver as fraquezas como oportunidades para Deus revelar Seu poder imensurável.

O mundo nos ensina a confiar em nossa própria força quando temos problemas. Entretanto, a sabedoria bíblica nos ensina que a graça e o poder de Deus nos fortalecem nas circunstâncias mais difíceis (2 Coríntios 12:9). Portanto, podemos avançar confiantes, reconhecendo que nunca enfrentamos provações sozinhos. Nossas "fraquezas" se tornam oportunidades para Deus revelar Seu poder, fortalecendo e sustentando-nos (vv.9-10). Podemos, então, usar nossas lutas para louvar a Deus, agradecer-lhe por Sua bondade e compartilhar esses encontros com os outros para que também possam experimentar o Seu amor. —*Kimya Loder*

*Você tentou vencer uma luta sozinha?
Por que não confiar em Deus?
Ele lhe concederá força!*

2 de agosto

O desafio para servir

João 13:3-15

...nem mesmo o Filho do Homem veio para ser servido, mas para servir... —Mateus 20:28

O jovem Davi, 13, aceitou o desafio de servir aos outros. Ele e sua mãe ouviram a história de um homem que chamou crianças para cortar a grama de 50 quintais de graça durante as férias de verão. O objetivo era ajudar os veteranos, as mães solteiras, pessoas com deficiência — ou quem precisasse. O fundador do movimento (já havia cortado 50 gramas em 50 estados) criou o desafio para ensinar a importância da ética do trabalho e da retribuição à comunidade. Apesar do calor e de outras atividades disponíveis para um adolescente realizar no verão, Davi optou por servir aos outros e completou o desafio.

O cristão também é desafiado a servir. Na noite anterior à Sua morte por todas as pessoas, Jesus jantou com Seus amigos (João 13:1-2). O Senhor estava ciente do sofrimento e da morte que Ele logo encontraria, mas levantou-se da refeição, enrolou uma toalha em torno de si, e começou a lavar os pés de Seus discípulos (vv.3-5). Jesus nos ensinou: "uma vez que eu, seu Senhor e Mestre, lavei seus pés, vocês devem lavar os pés uns dos outros" (v.14).

Jesus, o humilde Servo e nosso exemplo, cuidou das pessoas: Ele curou cegos e doentes, ensinou as boas-novas de Seu reino, e deu Sua vida por Seus amigos. Porque Cristo o ama, pergunte-lhe quem Ele quer que você sirva nesta semana.

—*Anne Cetas*

Pai celestial, ajuda-me a compreender profundamente o Teu amor e compaixão.

3 de agosto

Gotas de vermelho

Lucas 22:39-44

Ele orou com ainda mais fervor, e sua angústia era tanta que seu suor caía na terra como gotas de sangue.
—Lucas 22:44

Caminhando pela Galeria Nacional Escocesa, fui atraída pelas fortes pinceladas e cores vibrantes de uma das pinturas do artista holandês Vincent van Gogh: *As Oliveiras*. Muitos historiadores acreditam que a obra foi inspirada na experiência de Jesus no jardim do Getsêmani, no monte das Oliveiras. O que chamou minha atenção para a tela da pintura foram as pequenas manchas vermelhas de tinta entre as árvores antigas.

Conhecido como o monte das Oliveiras, devido às arvores de azeitonas lá localizadas, Jesus foi até esse lugar para orar na noite em que Seu discípulo Judas o trairia. Jesus sentiu-se angustiado sabendo que a traição resultaria em Sua crucificação. Enquanto orava, "seu suor caía na terra como gotas de sangue" (Lucas 22:44). A agonia de Jesus era evidente enquanto Ele se preparava para a dor e a humilhação de uma execução pública, que resultaria no derramamento de Seu sangue naquela Sexta-feira Santa.

A tinta vermelha na pintura de Van Gogh nos lembra de que Jesus teve que "sofrer muitas coisas e ser rejeitado" (Marcos 8:31). Embora o sofrimento faça parte de Sua história, não mais domina o quadro. A vitória de Jesus sobre a morte transforma até mesmo nosso sofrimento, permitindo que se torne apenas uma parte da bela paisagem de nossa vida a qual Ele está criando. —*Lisa M. Samra*

Embora o sofrimento faça parte da sua história neste lado da eternidade, ele não dominará toda a sua vida. Tenha fé, esperança, a dor passará para sempre!

4 de agosto

Cura mais profunda

Isaías 53:4-6

*Sofreu o castigo para que fôssemos restaurados
e recebeu açoites para que fôssemos curados.*
—Isaías 53:5

No domingo de Páscoa de 2020, a estátua do Cristo Redentor no Rio de Janeiro foi iluminada de forma a parecer que Jesus trajava-se como médico. O retrato pungente de Cristo como médico foi em homenagem aos profissionais de saúde da linha de frente que lutavam contra a pandemia do coronavírus. O cenário trouxe à mente a descrição de Jesus sendo o nosso Médico dos médicos (Marcos 2:17).

Jesus curou muitas pessoas de suas aflições físicas durante Seu ministério terreno: o cego Bartimeu (10:46-52), um leproso (Lucas 5:12-16) e um paralítico (Mateus 9:1-8), para citar alguns. Seu cuidado com a saúde daqueles que o seguiam também foi demonstrado em saciar a fome deles multiplicando uma refeição simples para alimentar as multidões (João 6:1-13). Cada um desses milagres revela o maravilhoso poder de Jesus e Seu amor genuíno pelas pessoas.

Entretanto, Seu maior ato de cura veio por meio de Sua morte e ressurreição, como foi anunciado pelo profeta Isaías. Jesus "Sofreu o castigo para que fôssemos restaurados e [...] curados" de nossa pior aflição: nossa separação de Deus como resultado de nossos pecados (Isaías 53:5). Embora Jesus não cure todas as nossas enfermidades, podemos confiar na cura de nossa mais profunda necessidade: a cura que Ele traz para o nosso relacionamento com Deus. Ao experimentar a cura espiritual divina, podemos suportar as dores físicas. —*Kirsten Holmberg*

*Pai, obrigada pela vida abundante
em Tua presença.*

5 de agosto

Aproveite a oportunidade

2 Timóteo 4:1-5

…Trabalhe para anunciar as boas-novas…
—2 Timóteo 4:5

Enquanto esperava para entrar na universidade, Sheila decidiu dedicar três meses de suas férias para servir em uma organização missionária juvenil. Parecia uma hora estranha para fazer isso, dadas as restrições da COVID-19. Mas Sheila logo encontrou uma maneira. "Não podíamos nos reunir com estudantes nas ruas, em shoppings ou lanchonetes como fazíamos", compartilhou. "Mas continuamos mantendo contato com os estudantes cristãos virtualmente para orar uns pelos outros e com os não cristãos pelo telefone".

Sheila fez o que o apóstolo Paulo encorajou Timóteo a fazer: "Trabalhe para anunciar as boas-novas" (2 Timóteo 4:5). Paulo avisou que as pessoas encontrariam mestres que lhes diriam "apenas aquilo que agrada seus ouvidos", e não o que precisavam ouvir (v.3). No entanto, Timóteo foi chamado para ser corajoso e estar "preparado, quer a ocasião seja favorável, quer não". Ele deveria corrigir, repreender e encorajar — "com paciência e bom ensino" (v.2).

Nós também somos anunciadoras das boas-novas. Cada uma de nós pode fazer sua parte em compartilhar a fé com quem está ao redor. Muitos incrédulos estão perecendo sem Cristo. Os que creem em Cristo precisam de fortalecimento e encorajamento. Com a ajuda de Deus, proclamemos as Suas boas-novas quando e onde pudermos. O Senhor nos ajuda a superar as nossas falhas. —*Poh Fang Chia*

Se algo a desencoraja a compartilhar sobre a sua fé, lembre-se de que Jesus voltará para buscar os Seus.

6 de agosto

Lágrimas de louvor

Salmo 30

Cantem ao S<small>ENHOR</small>, todos que lhe são fiéis! Louvem seu santo nome. —S<small>ALMO</small> 30:4

Anos atrás, cuidei da minha mãe numa casa de repouso para enfermos. Agradeci a Deus pelos 4 meses que fui sua cuidadora e pedi a Ele que me ajudasse no luto. Muitas vezes, é difícil louvar a Deus em meio ao sofrimento. Mas quando ela deu seu último suspiro, chorei incontrolavelmente e sussurrei: "Aleluia". Senti-me culpada por louvar a Deus naquele momento até que, anos depois, estudei o Salmo 30 mais de perto.

Na canção de Davi "pela dedicação do templo", ele adorou a Deus por Sua fidelidade e misericórdia (vv.1-3). Ele encorajou outros a "louvar Seu santo nome" (v.4). Depois, Davi explorou como Deus entrelaça as dificuldades e a esperança (v.5). Ele reconheceu tempos de luto e alegria, tempos de sentir-se seguro e estar consternado (vv.6-7). Seus clamores por socorro permaneceram entrelaçados com confiança em Deus (vv.7-10). O eco de seu louvor intercalou os momentos de choro e dança, luto e alegria (v.11). Na expectativa da fidelidade de Deus, Davi proclamou sua devoção eterna a Ele (v.12) reconhecendo o mistério e a complexidade da aflição duradoura.

Como Davi, podemos cantar: "S<small>ENHOR</small> [...] te darei graças para sempre!" (v.12). Quer estejamos felizes ou sofrendo, Deus pode nos ajudar a declarar a nossa confiança nele e nos conduzir em adoração a Ele com cânticos de alegria e lágrimas de louvor. —*Xochitl Dixon*

Como podemos louvar a Deus em meio às dificuldades?

7 de agosto
Reconciliando relacionamentos
Efésios 4:22-32

...sejam bondosos e tenham compaixão uns dos outros, perdoando-se como Deus os perdoou em Cristo.
—EFÉSIOS 4:32

Minha irmã e eu nos confrontávamos muito quando mais jovens. Uma ocasião tem destaque especial na minha memória: Depois de muitos gritos, em que nós duas dissemos coisas dolorosas, ela disse algo que no momento pareceu imperdoável. Percebendo a animosidade crescendo entre nós, minha avó nos lembrou de nossa responsabilidade de nos amarmos: "Deus lhes deu uma irmã na vida. Vocês têm que mostrar um pouco de graça uma à outra", disse ela. Quando pedimos a Deus para nos encher de amor e compreensão, Ele nos ajudou a reconhecer como tínhamos nos ferido e a nos perdoarmos mutuamente.

Pode ser fácil manter a amargura e a raiva, mas Deus deseja que experimentemos a paz que só podemos ter quando lhe pedimos para nos ajudar a nos libertarmos dos ressentimentos (Efésios 4:31). Em vez de abrigar tais sentimentos, podemos olhar para o exemplo de perdão de Cristo que vem de um lugar de amor e graça, esforçando-nos para sermos bondosos e compassivos e perdoando-nos "como Deus [nos] perdoou em Cristo" (v.32). Quando acharmos desafiador perdoar, consideremos a graça que Ele nos estende todos os dias. Não importa quantas vezes caímos, Suas misericórdias são inesgotáveis (Lamentações 3:22). Deus pode nos ajudar a remover a amargura do nosso coração; por isso, somos livres para permanecer esperançosos e receptivos ao Seu amor. —*Kimya Loder*

Em qual situação alguém a feriu e o que você aprendeu com esse momento?

8 de agosto

Amor maior

João 15:9-17

Não existe amor maior do que dar a vida por seus amigos. —João 15:13

A poucos dias da Semana Santa, quando cristãos de todo o mundo lembram o sacrifício de Jesus e Sua ressurreição, um terrorista invadiu um supermercado na França, abrindo fogo e matando dois. Após a negociação, ele libertou todos, menos uma refém, que usou como um escudo humano. Diante do perigo, o policial Arnaud Beltrame fez o impensável: ofereceu-se para tomar o lugar da mulher. O criminoso a libertou, mas durante a briga que se seguiu, Beltrame foi ferido e morto.

Um pastor que conhecia o policial atribuiu seu heroísmo à sua fé em Jesus, apontando para Suas palavras em João 15:13: "Não existe amor maior do que dar a vida por seus amigos". Essas foram as palavras que Cristo falou aos Seus discípulos após a última refeição com eles. Ele disse a Seus amigos: "Amem uns aos outros como eu amo vocês" (v.12) e que o amor maior é dar a vida pelo outro (v.13). Foi exatamente o que Jesus fez no dia seguinte, quando foi para a cruz para nos salvar do nosso pecado — como só Ele poderia.

Talvez nunca sejamos chamadas para seguir o heroísmo de Arnaud Beltrame. Mas à medida que permanecemos no amor de Deus, podemos servir aos outros sacrificialmente, estabelecendo nossos próprios planos e desejos enquanto buscamos compartilhar a história de Seu grande amor. —*Amy Boucher Pye*

Pai, ajuda-nos a amar verdadeiramente o próximo, colocando-os acima de nossas necessidades pessoais.

9 de agosto

Fidelidade futura

Jeremias 32:37-44

…também lhes farei todo o bem que prometi.
—Jeremias 32:42

Sara perdeu a mãe quando tinha 14 anos. Ela e seus irmãos perderam sua casa logo depois e se tornaram sem-teto. Anos depois, Sara quis deixar a seus futuros filhos uma herança que pudesse ser passada de geração em geração. Trabalhou duro para comprar uma casa, dando à família o lar estável que ela nunca teve.

Investir numa casa para as gerações futuras é um ato de fé num futuro que você ainda não vê. Deus disse ao profeta Jeremias para comprar uma terra pouco antes do violento cerco de Jerusalém pelos babilônios (Jeremias 32:6-12). Para o profeta, as instruções de Deus não faziam muito sentido. Logo todos os seus bens e pertences seriam confiscados.

Mas Deus deu a Jeremias esta promessa: "…Assim como trouxe todas essas calamidades sobre eles, também lhes farei todo o bem que prometi" (v.42). O investimento do profeta na propriedade foi um sinal da fidelidade de Deus para um dia devolver os israelitas à sua terra natal. Mesmo em meio a um terrível ataque, Deus prometeu ao Seu povo que a paz voltaria, casas e propriedades seriam compradas e vendidas de novo (vv.43-44).

Hoje podemos confiar na fidelidade de Deus e escolher "investir" na fé. Embora possamos não ver uma restauração terrena de todas as situações, temos a certeza de que um dia o Senhor endireitará tudo. —*Karen Pimpo*

Senhor, oramos pedindo-te que aumentes a nossa fé e que renoves o nosso amor por ti diariamente.

10 de agosto

Descobrindo a criação

Salmo 95:1-7

Em suas mãos estão as profundezas da terra...
—Salmo 95:4

Krubera-Voronja, Geórgia, Eurásia, é uma das cavernas mais profundas já exploradas no planeta Terra. Uma equipe de exploradores sondou as profundezas escuras e assustadoras de suas cavernas mais verticais a 2.197 metros! Cavernas semelhantes, cerca de 400 delas, existem em outras partes do país e ao redor do mundo. Mais cavernas estão sendo descobertas o tempo todo e novos recordes de profundidade são estabelecidos.

Os mistérios da criação continuam a se manifestar, adicionando e aumentando a nossa compreensão do Universo em que vivemos e maravilhando-nos com a incomparável criatividade das obras de Deus. O salmista nos convida a "cantar ao Senhor" e "aclamar a Rocha de nossa salvação" por causa de Sua grandeza (Salmo 95:1). A criação de Deus, tudo o que existe, quer tenhamos ou não descoberto é motivo para nos prostrarmos em adoração (v.6).

Ele não conhece apenas os vastos lugares físicos de Sua criação, Ele também conhece as profundezas íntimas de nosso coração. E não muito diferente das cavernas da Geórgia, passaremos por momentos sombrios e talvez assustadores na vida. No entanto, sabemos que Deus guarda mesmo esses momentos sob Seu poderoso e terno cuidado. Nas palavras do salmista, somos Seu povo, o "rebanho sob o seu cuidado" (v.7). Deus a orientará ao passar por vales escuros. Tenha fé!

—Kirsten Holmberg

Deus eterno, somos gratas porque Tu és o nosso refúgio e Teus fortes braços nos sustentam.

11 de agosto
Amando como Jesus

1 João 3:11-18

...não nos limitemos a dizer que amamos [...] demonstremos a verdade por meio de nossas ações.
—1 João 3:18

Enquanto esperava pelo trem, um jovem em traje social sentou-se em um banco. Ao vê-lo tentando colocar a gravata, uma mulher encorajou seu marido a ajudá-lo. Quando o idoso se inclinou e começou a ensiná-lo a fazer o nó, um estranho os fotografou. A foto viralizou *on-line* e muitos deixaram comentários sobre o poder dos atos de bondade que são aleatórios.

Para os cristãos, a bondade com os outros reflete o cuidado abnegado que Jesus demonstrou por pessoas como nós. É uma expressão do amor de Deus, e o que Ele desejava que Seus discípulos vivessem: "que *amemos* uns aos outros" (1 João 3:11). João iguala odiar um irmão ou irmã a assassinato (v.15). Na sequência, ele se refere a Cristo como um exemplo de amor em ação (v.16).

O amor altruísta não precisa ser uma exibição extravagante de sacrifício. O amor altruísta exige apenas que reconheçamos o valor de *todos* que refletem a imagem de Deus, colocando suas necessidades acima das nossas, sempre. Os momentos aparentemente comuns em que nos importamos o suficiente para perceber as necessidades do próximo e fazer o que pudermos para ajudar, quando somos motivados pelo amor são altruístas. Quando olhamos para além de nós mesmos, saímos de nossa zona de conforto para servir os outros e doar, especialmente quando não temos que o fazer, estamos amando como Jesus. Amemos uns aos outros de maneira altruísta. —*Xochitl Dixon*

Jesus nos ensina que agora que sabemos destas coisas, seremos felizes se as praticarmos.

12 de agosto

Forte e bom

Salmo 118:13-14,22-29

A pedra que os construtores rejeitaram se tornou a pedra angular. —Salmo 118:22

O jovem pastor do campus estava preocupado. Mas ele pareceu perturbar-se quando me atrevi a lhe perguntar se ele orava pela direção de Deus por Sua ajuda. Orar, como Paulo nos impeliu, sem cessar. Constrangido e franzindo a testa confessou: "Não sei se acredito mais em oração ou se acredito que Deus esteja ouvindo. Basta olhar para o mundo". Aquele jovem líder estava "edificando" um ministério em sua própria força e, infelizmente, estava falhando. Por quê? Estava rejeitando a Deus.

Jesus, como a pedra angular da Igreja, sempre foi rejeitado — começando com Seu próprio povo (João 1:11). Muitos ainda o rejeitam hoje, esforçando-se para construir a sua vida, trabalho, até mesmo igrejas sobre fundações sem valor, seus próprios planos, sonhos e outros terrenos não confiáveis. Contudo, apenas o nosso bom Salvador é a nossa força e salvação (Salmo 118:14). De fato, "a pedra que os construtores rejeitaram se tornou a pedra angular" (v.22).

Situado no canto vital de nossa vida, Ele provê o único traçado certo para qualquer coisa que buscamos fazer por Ele. A Deus, portanto, oramos: "Ó Senhor, por favor, salva-nos! […] dá-nos sucesso! (v.25). O resultado? "Bendito é o que vem em nome do Senhor" (v.26). Que possamos agradecer ao Senhor por Ele ser forte e bom. —*Patricia Raybon*

Que sonhos ou planos você tem enquanto realiza a boa obra para Deus?

13 de agosto

Sempre fiel

Salmo 145:9-13

...O Senhor sempre cumpre suas promessas...
—Salmo 145:13

Sou muito ansiosa. Cedo de manhã é o pior momento porque estou sozinha com meus pensamentos. Por isso gravei esta citação de Hudson Taylor no espelho do meu banheiro, onde eu posso vê-la quando estou me sentindo vulnerável: "Existe um Deus vivo. Ele fala por meio da Bíblia. Ele é verdadeiro em Suas palavras e fará tudo o que prometeu".

As palavras de Taylor resultam de anos de caminhada com Deus e nos lembram de quem Ele é e tudo o que Ele pode fazer em nossos momentos de enfermidade, pobreza, solidão e tristeza. Taylor não apenas sabia que Deus é fiel, ele vivenciou a Sua fidelidade. E porque ele confiava nas promessas de Deus e o obedecia, milhares de pessoas entregaram a sua vida a Jesus.

Confiar em Deus e Seus caminhos ajudou Davi a reconhecer que o Senhor é fiel. Ele escreveu o Salmo 145, uma canção de louvor ao Deus que ele tinha experimentado ser bom, compassivo e fiel a todas as Suas promessas. Quando confiamos e seguimos a Deus, percebemos (ou entendemos melhor) que Ele é quem Ele diz ser e que Ele é fiel à Sua palavra (v.13). E, como Davi, respondemos louvando-o e contando aos outros sobre Ele (vv.10-12). Quando enfrentamos tempos de ansiedade, Deus pode nos ajudar a não vacilar em nossa caminhada com Ele, pois Ele é fiel (Hebreus 10:23). Liste as suas ansiedades e peça o alívio confiando nas promessas de Deus e veja Ele acalmar uma a uma —*Karen Huang*

Jesus tem poder para acalmar as tempestades.

14 de agosto

Sementes de fé

1 Pedro 3:8-16

…se alguém lhes perguntar a respeito de sua esperança, estejam sempre preparados para explicá-la.
—1 Pedro 3:15

Na última primavera, na véspera do dia em que eu começaria a sulcar o solo do meu quintal, uma forte ventania espalhou as sementes de uma árvore de plátano que temos ali. Quando passamos o arado para descompactar a terra, centenas de sementes de plátano foram plantadas. Em apenas 15 dias, havia uma floresta nascendo no meu gramado!

Apesar de estar frustrada com a folhagem fora do lugar, fiquei impressionada com a abundância de nova vida que uma única árvore havia gerado. Para mim, cada árvore em miniatura representava um retrato da novidade de vida em Cristo que eu, apenas uma pessoa, posso compartilhar com os outros. Cada um de nós terá incontáveis oportunidades para explicar "a respeito de [nossa] esperança" (1 Pedro 3:15) ao longo da vida.

Quando sofremos "por fazer o que é certo" (v.14) com a esperança que Jesus dá, isso é visível para as pessoas ao nosso redor e pode chamar a atenção daqueles que ainda não conhecem a Deus pessoalmente. Se estivermos preparados para as suas perguntas, poderemos compartilhar a semente pela qual Deus trará vida nova. Não precisamos compartilhá-la com todos ao mesmo tempo, como numa "ventania espiritual". Ao invés disso, podemos gentil e respeitosamente plantar uma semente de fé no coração que estiver pronto para recebê-la. —*Kirsten Holmberg*

Em seu convívio, quem tem perguntado sobre a razão da sua esperança, e o que você tem compartilhado sobre Jesus?

15 de agosto
Viver eternamente

João 17:3-12

*E a vida eterna é isto: conhecer a ti,
o único Deus verdadeiro, e a Jesus Cristo,
a quem enviaste ao mundo.* —João 17:3

"Não tema a morte; tema uma vida não vivida, Winnie", disse Angus Tuck. É especialmente interessante que essa fala seja de alguém que não morreria. No filme *A fonte misteriosa* (2002), a família Tuck havia se tornado imortal, e o jovem apaixonado por Winnie, implora que ela busque a imortalidade também, para que ambos vivessem juntos para sempre. Mas o sábio Angus compreendia que viver eternamente, em si, não traria contentamento.

Nossa cultura diz que a verdadeira felicidade é ser saudável, jovem e cheio de energia para sempre. Mas nada disso nos concede satisfação. Antes de ir para a cruz, Jesus orou por Seus discípulos e futuros seguidores, dizendo: "E a vida eterna é isto: conhecer a ti, o único Deus verdadeiro, e a Jesus Cristo, a quem enviaste ao mundo" (João 17:3). A nossa realização como pessoas decorre do relacionamento com Deus por meio da fé em Jesus. Ele é a nossa esperança para o futuro e a alegria para o presente.

Jesus orou para que Seus discípulos assumissem o padrão da nova vida: que obedecessem a Deus (v.6), cressem que Jesus fora enviado pelo Pai (v.8) e fossem unidos (v.11). Como seguidores de Cristo, olhamos com expectativa para o futuro em que viveremos eternamente com Ele. Mas, enquanto estamos na Terra, podemos viver a "vida plena, que satisfaz" (10:10) que Jesus prometeu, aqui e agora.
—*Karen Pimpo*

Há alegria e contentamento em sua nova vida em Cristo.

16 de agosto

Corações gratos

Lucas 17:11-19

Ninguém voltou para dar glórias a Deus, exceto este estrangeiro? —Lucas 17:18

Hansle Parchment estava numa enrascada. Ele pegou o ônibus errado para a sua semifinal nas Olimpíadas de Tóquio e, sem dinheiro para outra passagem, ficou sem esperanças de chegar a tempo ao estádio. Ainda bem que ele encontrou Trijana Stojkovic, que era voluntária nos Jogos. Ela lhe deu dinheiro suficiente para uma corrida de táxi. Parchment chegou a tempo de competir e, alguns dias depois, conquistou o ouro na sua categoria. Depois, ele procurou por Stojkovic e agradeceu-lhe por sua gentileza.

Em Lucas 17, lemos sobre um leproso samaritano que voltou para agradecer a Jesus por sua cura (vv.15-16). O Senhor entrou num vilarejo onde encontrou dez leprosos e, atendendo ao que pediram, curou-os pela Sua graça e poder. Todos ficaram felizes com a cura, mas apenas um voltou para expressar gratidão. Ele "ao ver-se curado, voltou a Jesus, louvando a Deus em alta voz. Lançou-se a seus pés, agradecendo-lhe pelo que havia feito" (vv.15-16).

Experimentamos diariamente as bênçãos de Deus de variadas formas. Às vezes, é algo dramático, como ter uma oração atendida quanto a um sofrimento duradouro ou a ajuda oportuna de um estranho. Às vezes, as Suas bênçãos também nos alcançam de maneira comum, como quando temos uma tarefa ao ar livre e o tempo fica bom. Como o leproso samaritano, lembremo-nos de agradecer a Deus por Sua bondade sobre nós. —*Poh Fang Chia*

Cultive um coração cheio de gratidão, comece hoje mesmo!

17 de agosto

Em busca da cura interior

Isaías 61:1-3

*Ele me enviou para consolar
os de coração quebrantado...* —Isaías 61:1

Sempre muito ativo, Carlos caçava, pescava e praticava *motocross* e *skate*. Mas ele acidentou-se de moto e ficou paralisado do tronco para baixo. Em pouco tempo, ele ficou depressivo e sem perspectivas de futuro. Um dia, porém, alguns de seus amigos o levaram para caçar novamente. Por um tempo, ele apreciou a beleza ao seu redor e se esqueceu de sua lesão. Essa experiência trouxe-lhe cura interior e inspirou-lhe um novo propósito de vida: proporcionar a mesma experiência para outras pessoas como ele através de uma ONG. Ele diz que seu acidente foi "uma bênção disfarçada [...]. Agora eu posso servir à comunidade, algo que sempre quis. Estou feliz". Ele se realiza em prover um local de cura para as pessoas com deficiências motoras graves e seus cuidadores.

O profeta Isaías anunciou a vinda daquele que traria cura para os feridos (Isaías 61). Ele iria "consolar os de coração quebrantado" e "dizer aos que choram" (vv.1-2). Depois que Jesus leu essa profecia na sinagoga de sua cidade natal, disse: "Hoje se cumpriram as Escrituras que vocês acabaram de ouvir" (Lucas 4:21). Jesus veio para nos salvar e tornar-nos completos.

Você precisa de cura interior? Volte-se para Jesus e Ele lhe dará "um manto de louvor em vez de espírito deprimido" (v.3). Aguardamos com gratidão a cura plena de Cristo —*Anne Cetas*

Pai, cremos em Tuas maravilhosas obras, as quais são realizadas por meio do Teu Filho Jesus.

18 de agosto

Conhecidos por Deus

João 20:11-18

[Maria] se voltou para ele e exclamou: "Rabôni!" —João 20:16

Dois irmãos foram adotados por famílias diferentes, mas um teste de DNA possibilitou seu reencontro quase 20 anos depois. Quando Vicente leu a mensagem de Celso, ele pensou: "Quem é esse estranho?". Celso perguntou o seu nome antes da adoção, e ele disse: "Túlio". Assim, Celso teve certeza de que aquele era seu irmão. Ele foi reconhecido pelo nome!

Veja como um nome é essencial na história da Páscoa. Maria Madalena foi até o túmulo de Cristo e chorou ao perceber que Seu corpo havia sumido. Jesus lhe perguntou: "Mulher, por que está chorando?" (João 20:15). No entanto, ela não o reconheceu até que Ele dissesse seu nome: "Maria!" (v.16).

Ao ser chamada, ela "exclamou: 'Rabôni!' (que, em aramaico, quer dizer 'Mestre!')" (v.16). A reação dela expressa a alegria que os seguidores de Jesus sentem na manhã de Páscoa, reconhecendo que nosso Cristo ressurreto venceu a morte por nós e trata a cada um de nós como Seus filhos. Como Ele disse a Maria: "Eu vou subir para meu Pai e Pai de vocês, para meu Deus e Deus de vocês" (v.17).

Os dois irmãos reunidos fizeram um combinado de se reaproximarem e aprofundarem seu relacionamento. Na Páscoa, louvamos a Jesus por levar Seu sacrifício ao patamar mais elevado do amor a todos os que Ele reconhece como Seus. Ele vive, por amor a mim e a você! —*Patricia Raybon*

Jesus ressuscitou e a conhece pelo nome.
O que você tem feito para conhecê-lo cada dia mais?

19 de agosto

Deus vê e se importa

Salmo 147:1-5

*Nosso Senhor é grande! Seu poder é absoluto!
É impossível medir seu entendimento.*
—SALMO 147:5

Às vezes, viver com dor e fadiga crônica leva-nos a ficar isolados em casa, solitários. Várias vezes, já me senti ignorada por Deus e pelos outros. Ao orar numa caminhada matinal com meu cão de serviço, eu lutava com esses sentimentos. Percebi um balão voando no céu; as pessoas nele podiam ter uma vista panorâmica do meu bairro, mas não me viam. Enquanto passava pela casa dos vizinhos, pensei e suspirei. Quantas pessoas por detrás daquelas portas se sentiam despercebidas e insignificantes? Então pedi ao Senhor que me desse oportunidades para demonstrar aos meus vizinhos que eles são vistos e têm valor para mim e para Ele.

Deus determinou o número exato das estrelas que Ele criou, nomeando-as uma a uma (Salmo 147:4); isso mostra como o Senhor é detalhista. A Sua força (Sua percepção, discernimento e conhecimento) não tem limites no passado, presente ou futuro (v.5)

Deus ouve cada lamento desesperado e vê cada lágrima silenciosa com a mesma clareza com que percebe os suspiros de alegria e as fortes gargalhadas. Ele vê quando tropeçamos e quando estamos triunfantes. Ele entende nossos medos mais profundos, nossos pensamentos mais íntimos e nossos sonhos mais selvagens. Sabe de onde viemos e para onde vamos. À medida que Deus nos ajuda a perceber e amar nosso próximo, podemos confiar que Ele nos vê, compreende e se importa conosco. —*Xochitl Dixon*

*Senhor Deus, abre os meus olhos
para reconhecer as oportunidades de demonstrar
o Teu amor ao meu próximo hoje.*

20 de agosto

Liderança amorosa

1 Tessalonicenses 2:7-12

E sabem que tratamos a cada um como um pai trata seus filhos. —1 Tessalonicenses 2:11

Assisti o vídeo viral de uma mamãe urso tentando atravessar uma rua movimentada com seus quatro agitados filhotes. Assisti e, rindo, identifiquei-me com a mamãe urso que, um a um, carregava cada filhote até o outro lado da rua, apenas para vê-los correr de volta para onde estavam. Após muitas tentativas frustradas, a mãe finalmente conseguiu encurralar todos os filhotes, e a família atravessou a estrada em segurança.

Criar filhos é um trabalho incansável e é a imagem que Paulo usou para descrever seu cuidado pela igreja de Tessalônica. Em vez de enfatizar a sua autoridade, o apóstolo comparou seu trabalho entre eles com o cuidado de um pai e uma mãe com filhos pequenos (1 Tessalonicenses 2:7,11). Paulo foi motivado por seu profundo amor àquela igreja (v.8) e, assim, continuamente os encorajava, confortava e aconselhava para que eles vivessem "de modo que Deus[considerasse] digno" (v.12). O ardente chamado para que vivessem em santidade vinha do desejo amoroso de que eles honrassem a Deus em todas as áreas da vida deles.

O exemplo de Paulo pode nos ensinar ao exercermos liderança, especialmente quando as responsabilidades nos cansam. Empoderados pelo Espírito de Deus, podemos amar, com gentileza e persistência, os que estão sob os nossos cuidados ao encorajar e guiá-los em direção a Jesus.

Encoraje de maneira piedosa e amorosa aqueles que estão sob sua liderança e cuidado, quer seja no ambiente de trabalho, quer seja no ambiente familiar.
—Lisa M. Samra

Senhor, entregamos a ti todas as nossas necessidades, pois sabemos que cuidas de nós.

21 de agosto

Deus se lembra dos nomes

Isaías 43:1-7

Não tema, pois eu o resgatei; eu o chamei pelo nome, você é meu. —Isaías 43:1

No domingo, após tornar-me líder de jovens numa igreja, pude conhecer vários deles e conversei com uma adolescente sentada ao lado de sua mãe. Cumprimentei com um sorriso a tímida menina e, quando mencionei o nome dela, seus lindos olhos castanhos se iluminaram. Ela olhou para mim, sorriu também e disse em voz baixa: "Você lembrou meu nome". Apenas por chamá-la pelo nome, alguém que talvez se sentisse insignificante numa igreja cheia de adultos, começamos um relacionamento de confiança. Ela se sentiu vista e importante.

Em Isaías 43, Deus fala algo semelhante aos israelitas por meio do profeta: eles eram vistos e valorizados. Mesmo nos momentos de cativeiro e de peregrinação, Deus os via e conhecia "pelo nome" (v.1). Eles não eram desconhecidos, mas pertenciam ao Senhor. Mesmo que tivessem se sentido abandonados, eram preciosos e amados pelo Senhor (v.4). Além de reafirmar que Deus os conhecia pelo nome, o Senhor lhes assegurou de que estaria com eles, especialmente nos tempos difíceis (v.2). Eles não precisavam ficar temerosos ou preocupados, pois Deus se lembrava do nome deles.

Deus sabe o nome de cada um de Seus filhos e isso é uma ótima notícia, ainda mais quando passamos por águas profundas e atribuladas na vida. —*Katara Patton*

Reconhecer que Deus a conhece pelo seu nome a ajudará a enfrentar as provações com confiança no Senhor.

22 de agosto

O Senhor a ouve

Salmo 116:1-7

Porque ele se inclina para ouvir, orarei enquanto viver. —Salmo 116:2

No livro *Physics*, Charles. R. Mann e George. R. Twiss perguntaram: "Se uma árvore cai em uma floresta distante, e nenhum animal pode ouvi-la cair, a queda faz barulho?". Ao longo dos anos, esta pergunta gerou discussões filosóficas e científicas sobre som, percepção e existência. Ainda não surgiu uma resposta definitiva para ela. Certa noite, sentindo-me solitária e triste por causa de um problema de que ninguém sabia, eu me lembrei daquela pergunta. "Quando ninguém ouve meu pedido de socorro, Deus escuta?"

Diante da ameaça de morte e sobrecarregado pelos problemas, o autor do Salmo 116 pode ter se sentido abandonado. Então ele clamou a Deus, sabendo que Ele estava à escuta e o ajudaria. "Amo o Senhor, porque ele ouve a minha voz e as minhas orações. […] ele se inclina para ouvir…" (vv.1-2). Quando ninguém percebe nossa dor, Deus percebe. Quando ninguém ouve nosso lamento, Ele ouve.

Sabendo que Deus nos mostrará Seu amor e proteção (vv.5-6), podemos descansar mesmo em tempos difíceis (v.7). A palavra hebraica traduzida como "descansar" (*manoakh*) descreve um lugar de calma e segurança. Podemos estar em paz, fortalecidos pela certeza da presença e auxílio de Deus.

A pergunta feita por Mann e Twiss originou muitas respostas. Mas a resposta à questão Deus escuta? É simplesmente: sim! —*Karen Huang*

Se você estiver se sentindo abandonada, lembre-se de que Deus a ouve: o que você precisa hoje? Ore e se for da vontade do Pai, Ele a atenderá.

23 de agosto

Pura realidade

Atos 12:1–11

Desperte, você que dorme, levante-se dentre os mortos, e Cristo o iluminará. —Efésios 5:14

É como se fosse um sonho do qual não se consegue despertar. Muitas vezes, para aqueles que lutam com a despersonalização ou desrealização, nada parece ser muito verdadeiro. Embora quem lide cronicamente com esse sentimento possa ser diagnosticado com uma desordem, acredita-se que esse seja um conflito mental comum, especialmente durante fases estressantes. Entretanto, esse sentimento pode persistir até em momentos aparentemente bons. É como se não acreditássemos que coisas boas estão realmente acontecendo.

A Bíblia mostra que, às vezes, o povo de Deus também tem dificuldade em acreditar que o Seu poder e Sua libertação são algo real, e não apenas um sonho. Em Atos 12, quando um anjo liberta Pedro da prisão e provável execução (vv.2,4), o apóstolo pensou "que era uma visão", sem ter certeza de que aquilo era real (vv.9-10). Quando o anjo o deixou do lado de fora da cadeia, "por fim, Pedro caiu em si" (v.11) e percebeu que tudo havia realmente acontecido.

Seja em tempos bons ou ruins, às vezes é difícil acreditar plenamente ou perceber que Deus está agindo em nossa vida. Porém, podemos crer que, enquanto esperamos nele, o poder da Sua ressurreição se tornará inegável e maravilhosamente perceptível. A luz de Deus nos despertará de nosso sono para a realidade da vida com Ele (Efésios 5:14). —Monica La Rose

Como podemos experimentar o amor e o poder de Deus de forma mais palpável?

24 de agosto

Tudo para Jesus

Colossenses 3:15-24

*E tudo que fizerem ou disserem,
façam em nome do Senhor Jesus...* —Colossenses 3:17

Quando Júlio tinha 14 anos, sua mãe o levou para o show de um cantor famoso. Como era muito comum na época, o artista havia se enredado em um estilo de vida autodestrutivo durante suas turnês. Todavia, quando o artista e sua esposa se tornaram seguidores de Jesus, tudo mudou radicalmente na vida deles. Na noite do concerto, a apresentação começou e o público estava empolgado. Depois de ter apresentado alguns dos seus sucessos, um homem gritou da plateia: "Ei, cante uma para Jesus!", ao que o cantor respondeu sem pestanejar: "Eu acabei de cantar quatro canções para Ele".

Isso já faz algumas décadas, mas Júlio jamais se esqueceu daquele momento em que entendeu que *tudo* o que fazemos deve ser para Jesus, mesmo o que alguns consideram "não religioso". Às vezes, sentimo-nos propensos a separar o que fazemos na vida. Ler a Bíblia, testemunhar sobre como fomos salvos por Cristo, cantar um hino como sendo coisas sagradas. Mas cortar a grama, correr no parque, cantar uma música comum como *coisas seculares*.

Paulo nos lembra, em Colossenses 3:16, que a mensagem de Cristo permeia as nossas atividades, como ensinar, cantar e dar graças. Mas o verso 17 vai ainda além enfatizando que, como filhos de Deus, "tudo que [fizermos] ou [dissermos], [façamos] em nome do Senhor Jesus".

Tudo o que fazemos é para Ele. —*Cindy Hess Kasper*

*Que Deus possa usar as nossas palavras e ações
para a glória dele.*

25 de agosto

Pequeno, mas grandioso

Zacarias 4:4-10

Não desprezem os começos humildes...
—Zacarias 4:10

Será que chego às *Olimpíadas*? A jovem nadadora estava preocupada com a sua baixa velocidade. Mas quando o seu professor, Ken Ono, analisou a técnica dela, descobriu como ajudá-la a melhorar o seu tempo em seis segundos, diferença importante nesse nível de disputa. Com o sensor tecnológico colocado nas costas da atleta, ele não conseguiu identificar como melhorar a performance. Em vez disso, Ono identificou pequenas correções que, se aplicadas, tornariam a atleta mais eficiente na água e fariam a diferença para ela alcançar a vitória.

Em assuntos espirituais, pequenas correções também fazem uma grande diferença. O profeta Zacarias ensinou um princípio parecido ao grupo de judeus remanescente, que estava desencorajado e lutando para reconstruir o templo de Deus, após o exílio. O Senhor disse a Zorobabel, o líder da reconstrução: "Não por força, nem por poder, mas pelo meu Espírito, diz o Senhor dos Exércitos" (Zacarias 4:6).

Como Zacarias declarou, "Não desprezem os começos humildes" (v.10). Os exilados temiam que o templo jamais atingisse a glória do templo do rei Salomão. Mas, assim como aquela atleta conseguiu ser medalhista, os construtores de Zorobabel aprenderam que seus pequenos esforços, quando glorificavam a Deus, podiam trazer a alegria da vitória com a ajuda do Senhor. Em Deus, o pequeno se torna grandioso. —*Patricia Raybon*

Orienta-nos, Pai, sobre quais mudanças podem melhorar a nossa comunhão contigo, e ajuda-nos a praticá-las.

26 de agosto

O Deus restaurador

Ezequiel 37:4-14

Soprarei meu espírito e os trarei de volta à vida!
—Ezequiel 37:5

Em novembro de 1966, uma enchente desastrosa varreu Florença, na Itália, submergindo por mais de 12 horas a renomada obra de Giorgio Vasari, *A Última Ceia*, numa mistura de lama, água e óleo quente. Com sua tinta amolecida e a moldura de madeira muito danificada, pensava-se que seria impossível restaurar a peça. Entretanto, após um lento e difícil restauro que durou 50 anos, os especialistas e voluntários conseguiram o feito notável de restaurar a valiosa pintura.

Quando os babilônios conquistaram Israel, o povo ficou sem esperança, cercado pela morte e destruição, precisando de restauração (Lamentações 1). Nessa fase turbulenta, Deus levou Ezequiel a um vale e mostrou-lhe uma visão em que havia muitos ossos secos. "Filho do homem, acaso estes ossos podem voltar a viver?", Deus perguntou. Ezequiel respondeu: "Ó Senhor Soberano, só tu o sabes" (Ezequiel 37:3). O Senhor ordenou-lhe que profetizasse que os ossos viveriam e, "enquanto [Ezequiel] profetizava, ouviu-se em todo o vale o barulho de ossos batendo uns contra os outros, e os ossos de cada corpo estavam se juntando" (v.7). Deus revelou nessa visão que a restauração de Israel só poderia vir por intermédio do Senhor.

Mesmo que o dano pareça irreparável, Deus pode reconstruir-nos e a partir dos nossos pedaços Ele nos dará novo fôlego e nova vida. —*Kimya Loder*

Reflita sobre o que precisa ser restaurado em você, ore e confie na restauração de Deus, pois ela certamente virá.

27 de agosto
Lamento e alegria
Esdras 3:8-13

Os gritos alegres e o choro se misturavam...
—Esdras 3:13

A família de Ângela sofreu amargamente ao passarem por três perdas em apenas um mês. Quando ocorreu a morte repentina de seu sobrinho, Ângela e suas duas irmãs ficaram juntas ao redor da mesa da cozinha de casa, saindo apenas para comprar uma urna, receber os alimentos e ir ao funeral. Ao prantearem a morte de Márcio, elas também celebraram as imagens de ultrassom da pequena vida se desenvolvendo no ventre da irmã mais nova.

Com o tempo, Ângela encontrou o consolo e alento no livro de Esdras, do Antigo Testamento. Ele descreve o povo de Deus retornando a Jerusalém após a destruição do templo e o exílio de sua amada cidade (Esdras 1). Ao ver a reconstrução, Esdras ouviu gritos felizes de louvor a Deus (3:10-11). No entanto, ele também ouvia o choro dos que se lembravam da vida antes do exílio (v.12). Um verso em especial consolou Ângela: "Os gritos alegres e o choro se misturavam num barulho tão forte que se podia ouvir de muito longe" (v.13). Ela percebeu que, mesmo estando mergulhada em profunda dor, a alegria ainda poderia surgir.

Nós também podemos passar pelo luto da perda de alguém ou de algo importante. Ocorrendo tal situação, podemos expressar os nossos lamentos de dor e os nossos momentos de alegria com Deus, sabendo que Ele nos escuta e acolhe em Seus braços. —*Amy Boucher Pye*

Neste mundo, passamos por dores, mas Deus tem o poder de transformar o pesar em alegria.

28 de agosto

Nas mãos de Deus

1 Tessalonicenses 5:12-28

Aquele que os chama fará isso acontecer, pois ele é fiel. —1 Tessalonicenses 5:24

Completar 18 anos inaugurou uma nova fase na vida de minha filha: maior de idade. Com o Ensino Médio completo e apta a votar, ela estava prestes a embarcar na vida adulta. Isso me trouxe um senso de urgência, pois agora teria pouco tempo para passar-lhe a sabedoria que ela precisaria para encarar o mundo: como cuidar das finanças, ficar alerta às questões globais e tomar decisões sábias.

Meu senso do dever em prepará-la era razoável, afinal, eu a amava e queria que ela tivesse êxito. Mas percebi que, apesar de ter um papel importante, essa tarefa não era apenas ou principalmente minha. Nas palavras de Paulo ao tessalonicenses, a quem ele considerava como seus filhos na fé, o apóstolo os aconselha a cuidarem uns dos outros (1 Tessalonicenses 5:14-15); e finalmente confiou que era Deus quem lhes daria o crescimento. Paulo reconheceu que Deus "os [tornaria] santos em todos os aspectos" (v.23).

Paulo confiou em Deus para fazer o que ele não podia: prepará-los, "o espírito, a alma e o corpo", para a volta de Jesus (v.23). Embora suas cartas contivessem orientações, sua confiança no cuidado de Deus quanto ao bem-estar e prontidão da Igreja nos ensinam que o amadurecimento daqueles que amamos está, em última instância, nas mãos de Deus (1 Coríntios 3:6). —*Kirsten Holmberg*

De que maneira Deus a ajuda a amadurecer o seu relacionamento com Ele?

29 de agosto

Unindo as nações

Isaías 2:1-5

*O Senhor será mediador entre os povos e resolverá
os conflitos das nações...* —Isaías 2:4

A maior fronteira internacional do mundo é a que divide o Canadá e os Estados Unidos, cobrindo incríveis 8.891 quilômetros de terra e água. As árvores que cobrem a linha são cortadas, gerando uma faixa desmatada de cerca de 6 metros; além disso, há postes de pedra marcando claramente onde fica a divisão.

Trata-se de uma amostra clara da separação entre governos e culturas. Como seguidores de Jesus, temos esperança no tempo em que Deus reverterá isso e unirá todas as nações do mundo sob a Sua mão. O profeta Isaías falou de um futuro quando o Templo do Senhor será firmemente estabelecido e exaltado (Isaías 2:2). Pessoas de todas as nações se ajuntarão para aprender de Deus e andar em Seus caminhos (v.3). Não mais dependeremos de esforços humanos, falíveis, para manter a paz. Como nosso verdadeiro rei, Deus julgará as causas das nações e "resolverá os conflitos" (v.4).

Você consegue imaginar um mundo sem conflito ou divisão? É isso que Deus promete! Apesar de toda a desunião ao nosso redor, podemos "andar na luz do Senhor" (v.5) e sermos leais a Ele agora. Sabemos que Deus domina sobre todas as coisas, e um dia Ele unirá todos os povos sob a Sua bandeira. —Karen Pimpo

*A desunião do mundo pesa em nosso coração,
mas pensar no reino eterno de Deus
nos concede forças para suportar.*

30 de agosto

Ao alcance de Deus

Salmo 139:1-12

*É impossível escapar do teu Espírito;
não há como fugir da tua presença.*
—SALMO 139:7

Depois que a policial me revistou, entrei no presídio, assinei a lista de presença e aguardei numa sala lotada. Orei em silêncio, observando os adultos inquietos e as crianças reclamando da espera. Mais de uma hora depois, um guarda armado chamou uma lista de nomes, inclusive o meu. Quando meu enteado se sentou na cadeira do outro lado de um grosso vidro e pegou o interfone, senti a profundidade da minha impotência. Mas, enquanto eu chorava, o Senhor me garantiu de que ele ainda estava ao alcance de Deus.

No salmo 139, Davi diz a Deus: "sabes tudo que faço" (v.3). Essa declaração o leva a celebrar Sua proteção e cuidado atentos (v.5). Impressionado com a imensidão do conhecimento de Deus e a profundeza do Seu toque pessoal, Davi constata: "É impossível escapar do teu Espírito; não há como fugir da tua presença" (v.7).

Quando nós ou aqueles que amamos nos vemos presos, em situações de desesperança, e nos sentimos indefesos, a mão de Deus permanece forte e estável. Mesmo se acreditarmos que estamos muito perdidos, distantes demais de Sua redenção amorosa, sempre estaremos ao Seu alcance. —*Xochitl Dixon*

*Nos momentos de desamparo e desesperança,
busque o conforto de Deus.*

31 de agosto

Fortalecidos pelas lutas

Romanos 5:1-5

*...a tribulação produz perseverança,
a perseverança produz experiência e
a experiência produz esperança.*
—Romanos 5:3-4 (NAA)

Fui inundada pelas memórias quando encontrei um adesivo que dizia: "Fiz um exame ocular". Vi na minha mente meu filho de quatro anos com aquela etiqueta colada na camisa após ter usado um colírio que ardia. Por causa dos seus músculos oculares fracos, ele precisou cobrir o olho mais forte com um tampão por algumas horas todos os dias, forçando o olho mais fraco a se desenvolver. Foi necessário fazer cirurgia. E ele enfrentou cada um desses desafios com uma fé pueril, desenvolvendo resiliência.

As pessoas que passam por desafios e sofrimentos são, em geral, transformadas pela experiência. Mas o apóstolo Paulo foi além e disse que deveríamos nos alegrar pelas lutas, porque elas geram perseverança, experiência e esperança (Romanos 5:3-4). Paulo conhecia as lutas: não apenas naufrágio, mas também prisões por causa da fé. Ainda assim, ele escreveu aos cristãos de Roma que a "esperança não nos decepcionará, pois [...] ele nos deu o Espírito Santo para nos encher o coração com seu amor" (v.5). O apóstolo reconhecia que o Espírito de Deus mantém viva a esperança em Jesus naqueles que confiam nele.

Quaisquer que sejam as suas provações, saiba que Deus derrama a Sua graça, misericórdia e amor sobre você. —*Amy Boucher Pye*

*Compartilhe o que você já aprendeu
ao passar por provações, isso encorajará
outra pessoa a perseverar.*

1.º de setembro

Nosso lugar seguro

Salmo 121

O Senhor é seu protetor! O Senhor está ao seu lado, como sombra que o abriga. —Salmo 121:5

Débora é uma professora aposentada cuja missão é convencer as pessoas a plantarem árvores. Por quê? O calor extremo é uma das maiores causas de morte relacionada ao clima, e a resposta que Débora encontrou está nas árvores. A copa das árvores fornece uma proteção importante contra o calor. "É uma questão de vida ou morte, não apenas de embelezar a comunidade."

O salmista que compôs o salmo 121 sabia muito bem que a sombra não é apenas refrescante, mas salva vidas. No Oriente Médio, o risco de um colapso por insolação é constante. Esse fato aprofunda nossa compreensão da descrição de Deus como nosso lugar mais seguro, que promete: "O sol não lhe fará mal de dia, nem a lua, de noite" (v.6).

Esse versículo não quer dizer que os cristãos são imunes à dor ou à perda (ou que o calor não é perigoso). Afinal, Jesus nos disse: "Aqui no mundo vocês terão aflições, mas animem-se, pois eu venci o mundo" (João 16:33). Mas essa metáfora nos relembra que, independentemente do que quer que venha pela frente, nossa vida está sob o Seu cuidado atento (Salmo 121:7-8). Podemos descansar ao confiar nele, sabendo que nada poderá nos separar do Seu amor (João 10:28; Romanos 8:39).

—Monica La Rose

Você já experimentou o refrigério do cuidado de Deus no seu dia a dia?

2 de setembro

Salto de fé

Provérbios 3:5-8

*Busque a vontade dele em tudo que fizer,
e ele lhe mostrará o caminho que deve seguir.*
—Provérbios 3:6

Enquanto eu me preparava para uma tirolesa em um ponto altíssimo de uma floresta, o medo brotou dentro de mim. Alguns segundos antes de eu saltar da plataforma, tudo o que poderia dar errado passou pela minha mente. Mas, com toda a coragem que consegui reunir (e sem muita opção de desistir), eu saltei. Saindo do ponto mais alto daquela região, voei pelas vibrantes copas das árvores, com o vento soprando meu cabelo e levando as minhas preocupações. Ao deixar a gravidade me levar até o local de chegada, eu consegui ver a próxima plataforma e por uma leve parada percebi que eu chegaria em segurança.

Aquela experiência ilustrou para mim o que acontece quando Deus nos coloca diante de projetos novos e desafiadores. Quando nos sentirmos inseguros, a Bíblia nos ensina: "Confie no Senhor de todo o coração; não dependa de seu próprio entendimento" (Provérbios 3:5). Se a nossa mente está com medo e dúvidas, nossos caminhos ficam confusos. Mas, ao decidirmos dar um passo de fé e submeter a nossa vida a Deus, "ele [nos] mostrará o caminho que [devemos] seguir" (v.6). Ganhamos mais confiança para esses passos quanto mais conhecemos sobre Deus, investindo tempo em oração e leitura das Escrituras.

Podemos ter liberdade e tranquilidade até nas fases mais desafiadoras, desde que confiemos no Senhor e permitamos que Ele nos guie em meio às mudanças da vida. —*Kimya Loder*

*Senhor Deus, fortalece-me para que
eu confie plenamente em ti.*

3 de setembro

Juntando as peças

Filipenses 1:3-6

...aquele que começou a boa obra em vocês irá completá-la até o dia em que Cristo Jesus voltar.
—FILIPENSES 1:6

Quando minha família estava isolada por conta da disseminação da pandemia, embarcamos em um projeto ambicioso: um quebra-cabeça de 18.000 peças! Nós trabalhávamos nele diariamente, mas várias vezes não percebíamos grande avanço. Após 5 meses, finalmente celebramos a colocação da última peça daquele enorme quebra-cabeça, que cobria quase todo o chão da nossa sala de jantar. Às vezes, minha vida parece ser assim: há muitas peças no lugar, mas muitas mais ainda estão bagunçadas e fora de lugar. Apesar de saber que Deus está agindo, tornando-me mais semelhante a Jesus, às vezes é difícil ver algum progresso.

A encorajadora carta aos filipenses me traz conforto quando leio que Paulo orava por eles com alegria pelo bom trabalho que realizavam (Filipenses 1:3-4). Mas a confiança de Paulo não vinha das habilidades daquela igreja, mas de Deus, pois ele sabia que "aquele que começou a boa obra [...] irá completá-la" (v.6).

Deus prometeu concluir a Sua obra em nós. Como um quebra-cabeça, podemos ter áreas que precisam de atenção, e passaremos por fases em que não veremos muito progresso. Mas estejamos confiantes de que nosso Deus fiel está arrumando as peças numa bela imagem. —*Lisa M. Samra*

Se você realmente crê que Deus está agindo, então descanse no Senhor!

4 de setembro

O poder da voz

Jeremias 1:4-9

...o S<small>ENHOR</small> [...] disse: "Veja, coloquei minhas palavras em sua boca!". —J<small>EREMIAS</small> 1:9

Os oradores mais potentes da história são, normalmente, líderes que usaram a própria voz para gerar uma mudança positiva. Pense em Frederick Douglass, cujos discursos sobre abolição e liberdade incendiaram o movimento que levou ao fim da escravidão nos EUA. E se ele tivesse escolhido ficar em silêncio? Todos podemos usar nossa voz para inspirar e ajudar os outros, mas o medo de nos posicionar pode ser paralisador. Quando nos sentirmos vencidos pelo medo, podemos olhar para Deus, nossa fonte de sabedoria divina e encorajamento.

Quando Deus chamou Jeremias para ser um profeta às nações, ele imediatamente questionou suas habilidades. Ele clamou: "Ó Soberano S<small>ENHOR</small>, não sou capaz de falar em teu nome! Sou jovem demais para isso!" (Jeremias 1:6). Mas Deus não permitiria que o medo de Jeremias interferisse em Seu propósito de inspirar uma geração por intermédio daquele profeta. Deus o instruiu a simplesmente confiar no Senhor e dizer as Suas palavras (v.7); Ele o encorajou e capacitou: "...coloquei minhas palavras em sua boca!" (v.9).

Se pedirmos que Deus nos mostre como Ele pretende nos usar, o Senhor nos capacitará a cumprir o nosso chamado. Com a Sua ajuda, podemos usar nossa voz com ousadia e gerar um impacto positivo naqueles ao nosso redor. —*Kimya Loder*

Você já teve medo de falar em prol da justiça? Como depender da força e sabedoria de Deus ao se posicionar?

5 de setembro

Viva em liberdade

Gálatas 5:1-7,13-15

Para a liberdade foi que Cristo nos libertou...
—Gálatas 5:1 (NAA)

No Texas, onde eu cresci, havia desfiles e piqueniques nas comunidades negras, todo dia 19 de junho, celebrando o *Juneteenth* (uma mistura das palavras junho e 19 em inglês). Só quando eu já era adolescente que aprendi o significado chocante dessa data. Nesse dia, em 1865, a população escravizada do Texas descobriu que o presidente Lincoln havia assinado a Declaração de Emancipação, libertando-os, *2 anos e 5 meses antes*. Eles tinham permanecido na escravidão porque não sabiam que tinham sido libertos.

É possível ser livre e continuar vivendo como escravo. Em Gálatas, Paulo escreve sobre outro tipo de escravidão: viver sob as exigências esmagadoras das regras religiosas. Neste versículo-chave, Paulo afirma a seus leitores: "Para a liberdade foi que Cristo nos libertou. Por isso, permaneçam firmes e não se submetam, de novo, a jugo de escravidão" (Gálatas 5:1, NAA). Os seguidores de Jesus foram libertos das regras exteriores, incluindo o que comer ou de quem ser amigo. Muitos, porém, ainda viviam como escravos.

Infelizmente, podemos fazer o mesmo hoje. Entretanto, quando cremos em Jesus, Ele nos liberta de uma vida de medo dos padrões religiosos humanos. A liberdade foi declarada. Sejamos livres em Seu poder! —*Lisa M. Samra*

Pai, liberta-nos das amarras da religiosidade humana para que sejamos livres em Cristo!

6 de setembro
A verdadeira religião
Tiago 1:19-27

*A religião [...] aos olhos de Deus, o Pai, é esta:
cuidar dos órfãos e das viúvas...*
—Tiago 1:27

Quando eu estava na faculdade, um colega faleceu inesperadamente. Eu o vi alguns dias antes, e ele parecia estar bem. Nós éramos jovens e pensávamos estar na nossa melhor época, tornando-nos como "irmãos e irmãs" nas associações estudantis. Porém, foi após a morte daquele colega que testemunhei meus amigos expressarem o que Tiago chama de "religião pura e verdadeira" (Tiago 1:27). Os colegas do jovem falecido se tornaram como irmãos para a irmã dele. Eles foram ao seu casamento e viajaram para participar do chá de bebê dela, muitos anos depois de terem saído da faculdade. Um deles até a presenteou com um celular, para que ela pudesse ligar para ele sempre que precisasse.

A verdadeira religião, segundo Tiago, é "cuidar dos órfãos e das viúvas em suas dificuldades..." (v.27). Apesar de aquela moça não ser órfã no sentido literal, ela perdera o seu irmão. Os novos "irmãos" preencheram aquela lacuna.

É isto o que devemos fazer todos nós que queremos ter a vida pura e verdadeira de Jesus: pôr a Palavra de Deus em prática (v.22), incluindo cuidar dos necessitados (2:14-17). Nossa fé nele nos leva a cuidar dos vulneráveis sem sermos influenciados negativamente pelo mundo, pois o Senhor nos protege. Afinal, esta é a verdadeira religião aos olhos de Deus. —*Katara Patton*

Pratique o verdadeiro cristianismo.

7 de setembro

Passo a passo

1 Pedro 4:7-11

*Como é bom e agradável quando
os irmãos vivem em união!* —Salmo 133:1

Alinhados lado a lado e amarrados pelos joelhos e tornozelos, doze equipes de três pessoas cada, se alinharam na linha de partida. Quando foi dada a largada, as equipes se lançaram na corrida, com os olhos na linha de chegada. A maioria delas caiu e teve muita dificuldade para levantar-se novamente. Alguns decidiram saltitar ao invés de correr, e outros desistiram. Mas um trio, antes de começar, estabeleceu um plano e se comunicou bem. Eles tropeçaram, mas seguiram em frente, e logo ultrapassaram os demais. Foi pela sua disposição de cooperar que, passo a passo, chegaram juntos à linha de chegada.

Viver para Deus numa comunidade de seguidores de Jesus parece ser, muitas vezes, tão frustrante quando participar de uma "corrida de pés amarrados". É comum tropeçarmos quando interagimos com pessoas que pensam diferente de nós.

Pedro fala de oração, hospitalidade e de dedicarmos nossos dons para nos alinharmos em unidade diante da vida. Ele exorta os cristãos a "[amar] uns aos outros sinceramente" (1 Pedro 4:8), a serem hospitaleiros sem murmurar e a "servir uns aos outros, fazendo bom uso da múltipla e variada graça divina" (v.10). Quando pedimos que Deus nos ajude a comunicar e cooperar, podemos vencer a corrida ao mostrar para o mundo como celebrar as diferenças e viver juntos em unidade. —*Xochitl Dixon*

Se você já teve dificuldades ao lidar com alguém diferente de você, peça a Deus que o ajude a amar essa pessoa, por mais difícil que isso lhe pareça.

8 de setembro

A fé vem por ouvir

Romanos 10:8-17

...a fé vem por ouvir, isto é, por ouvir as boas-novas a respeito de Cristo. —Romanos 10:17

O pastor Beto sofreu uma lesão que afetou a sua fala, o que o levou a 15 anos de crise e depressão. Ele se perguntava: "O que um pastor que não fala pode fazer?", e lutava com essa questão, derramando seu sofrimento e confusão diante de Deus. "Só soube fazer uma coisa: buscar a Palavra de Deus." Enquanto ele investia o seu tempo lendo a Bíblia, seu amor por Deus cresceu: "Dediquei a minha vida a absorver as Escrituras, mergulhando nelas, porque a fé vem por ouvir, e ouvir a Palavra de Deus".

Encontramos a frase "a fé vem por ouvir" na carta do apóstolo Paulo aos romanos. Paulo desejava que os seus contemporâneos judeus cressem em Cristo e fossem salvos (Romanos 10:9). Como eles creriam? Pela fé que vem "por ouvir as boas-novas a respeito de Cristo" (v.17).

O pastor Beto busca receber e crer na mensagem de Cristo, especialmente durante as suas leituras bíblicas. Ele só consegue falar uma hora por dia, sentindo dor constante, mas ele continua a encontrar paz e contentamento em Deus durante a sua imersão nas Escrituras. Também podemos confiar que Jesus se revelará a nós nas provações. Ele aumentará nossa fé ao ouvirmos a Sua mensagem, seja qual for o desafio que enfrentarmos. —Amy Boucher Pye

Senhor, fortalece a minha fé enquanto busco a Tua presença e a Tua voz nas Escrituras.

9 de setembro

O grande poder de Deus

Êxodo 14:21-23, 26-31

Quando o povo de Israel viu o grande poder do SENHOR [...] passou a confiar no SENHOR...
—ÊXODO 14:31

O aparentemente impossível aconteceu quando ventos de um furacão mudaram o fluxo do poderoso rio Mississippi. Em agosto de 2021, o furacão Ida atingiu a costa de Louisiana, e o chocante resultado foi um fluxo negativo, isto é, a água fluiu rio acima, por várias horas. Estima-se que um furacão possa, ao longo de sua vida útil, expandir energia equivalente a dez mil bombas nucleares! Essa força espetacular que chega a mudar o curso de um rio me ajuda a compreender a reação dos israelitas, diante de um "fluxo negativo" mais significativo, registrada no Êxodo.

Ao sair do Egito, onde haviam sido escravizados por séculos, os israelitas chegaram à beira do mar Vermelho. Diante deles havia muita água e atrás deles o exército egípcio. Naquela situação aparentemente impossível, "o SENHOR abriu caminho no meio das águas. O vento soprou a noite toda, transformando o fundo do mar em terra seca. E o povo de Israel atravessou pelo meio do mar...". Resgatados com tal prova de força, "o povo de Israel [...] encheu-se de temor diante dele" (Êxodo 14:21-22,31).

É natural atemorizar-se após experimentar a imensidão do poder de Deus. Mas não parou nisso: o povo israelita também "passou a confiar no SENHOR" (v.31).

Ao percebermos o poder de Deus na criação, não temamos, mas também confiemos no Senhor. —Lisa M. Samra

Observe as impressionantes demonstrações do poder de Deus, confie no Senhor!

10 de setembro

Ele nos renova

João 6:5-13

Agora juntem os pedaços que sobraram, para que nada se desperdice. —João 6:12

Como um executivo do ramo hoteleiro, Shawn Seipler tinha uma inquietação incomum. O que acontece com o sabão que sobra nos quartos dos hotéis? Ele acreditava que milhões de barras poderiam ter uma nova vida, ao invés de serem lançados nos aterros. Assim, ele lançou a *Clean the World* ("Limpe o Mundo"), uma iniciativa de reciclagem que já ajudou mais de oito mil hotéis, cruzeiros e resorts a transformar milhões de quilos de sabão descartado em novas barras de sabão esterilizado e remoldado. Ao ser enviado para pessoas vulneráveis em mais de cem países, o sabão reciclado ajuda a prevenir incontáveis doenças e mortes relacionadas à limpeza. Como Shawn disse: "parece engraçado, mas a barrinha de sabão na pia do seu hotel pode literalmente salvar uma vida".

Pegar algo usado ou sujo e dar-lhe nova vida é um dos traços mais amorosos do nosso Salvador, Jesus. Foi assim que, após Ele ter alimentado uma multidão de 5.000 pessoas com cinco pãezinhos de cevada e dois peixes, Ele disse aos Seus discípulos: "Agora juntem os pedaços que sobraram, para que nada se desperdice" (João 6:12).

Em nossa vida, quando nos sentimos "gastos", Deus não nos vê como refugo, mas como Seus milagres. Nunca somos descartáveis a Seus olhos e temos um potencial divino para sermos úteis no Seu reino. "Logo, todo aquele que está em Cristo se tornou nova criação. A velha vida acabou, e uma nova vida teve início!" (2 Coríntios 5:17). O que nos renova? Cristo em nós. —*Patricia Raybon*

A nova vida em Jesus gera transformação em nós, é esperança de glória.

11 de setembro

Se você estiver só

Salmo 23

...tu estás ao meu lado...
—Salmo 23:4

Era o início da noite e o senhor Rui estava em sua cozinha, comendo arroz e bolinhos de carne. A família vizinha também jantava, e a conversa animada deles atravessava o silêncio do apartamento onde Rui vivia sozinho desde que a sua esposa falecera. Acostumara-se a viver só; e com o passar dos anos, a dor cortante havia se tornado uma tristeza mais amena. Mas, naquela noite, a visão de apenas um prato e talheres solitários o feriu profundamente.

Então, antes de dormir, Rui leu o seu salmo favorito. As palavras que mais importavam para ele eram apenas cinco: "tu estás ao meu lado" (Salmo 23:4). Além das ações práticas de cuidado do Pastor pelas ovelhas, era a Sua presença e olhar amoroso para cada detalhe da vida das ovelhas (vv.2-5) que trazia paz a Rui.

Reconhecer que há alguém conosco nos traz conforto nos momentos de solidão. Deus promete a Seus filhos que o Seu amor sempre estará conosco (Salmo 103:17) e que Ele nunca nos deixará nem nos abandonará (Hebreus 13:5). Quando nos sentirmos solitários e invisíveis, seja numa cozinha silenciosa, num ônibus a caminho de casa ou até mesmo num supermercado lotado, podemos estar certos de que o olhar do Pastor está sempre sobre nós e dizer: "Tu estás ao meu lado". —*Karen Huang*

Leia o Salmo 23 como fonte de encorajamento, você não está só! Deus está com você nos vales mais sombrios.

12 de setembro

Conectado à fonte de energia

1 Tessalonicenses 1:4-5; 5:19

Não apaguem o Espírito...
—1 Tessalonicenses 5:19

Apesar de saber que a eletricidade não estava funcionando em nossa casa após uma forte tempestade (um inconveniente comum na vizinhança), acendi instintivamente a luz ao entrar no quarto. Claro, nada aconteceu, e continuei envolta na escuridão. O fato de esperar que a luz acendesse mesmo sabendo que a fonte de energia estava estragada traz-me à mente uma verdade espiritual. É muito comum querermos poder divino mesmo quando falhamos em confiar no Espírito.

Paulo escreve sobre a forma que Deus trouxe a mensagem do evangelho: "não o fizemos apenas com palavras, mas também com poder, visto que o Espírito Santo [nos] deu plena certeza" (1 Tessalonicenses 1:5). E os que aceitam o perdão de Deus também têm acesso imediato ao poder do Seu Espírito na vida deles. Esse poder cultiva em nós características como amor, alegria, paz e paciência (Gálatas 5:22-23) e nos capacita com dons para servir à igreja, incluindo os atos de ensinar, ajudar e liderar (1 Coríntios 12:28).

Paulo adverte seus leitores de que é possível apagar o Espírito (1 Tessalonicenses 5:19). Nós podemos restringir o poder do Espírito ao ignorar a presença de Deus ou a Sua vontade (João 16:8). Mas não precisamos viver desconectados dele. O poder de Deus está sempre disponível para os Seus filhos.

—Lisa M. Samra

*Pai, dependemos do Teu Espírito Santo
para o nosso amadurecimento na fé.
Recebe as nossas orações.*

13 de setembro

Ame seu próximo

Levítico 19:9-18

...ame o seu próximo como a si mesmo.
—Levítico 19:18

No grupo de jovens, aprendemos que em vez de trocar de vizinho era preciso amar os que estavam ao nosso redor. Todos estavam sentados em círculo, exceto a pessoa que ficava no meio. A pessoa de pé perguntava a alguém sentado: "Você ama o seu próximo?" A que estava sentada poderia responder de duas maneiras: sim ou não. Na sequência, ela decidia se gostaria de trocar de lugar.

Na realidade, talvez gostaríamos de escolher o nosso "próximo" também, não é? Principalmente quando temos um colega com quem não nos damos bem ou um vizinho que adora cortar a grama em horários inconvenientes. No entanto, temos que aprender a conviver com as pessoas difíceis ao nosso redor.

Quando os israelitas foram para a Terra Prometida, Deus lhes deu instruções importantes sobre como viver como pessoas que pertenciam a Ele. Foram instruídos a amar "o próximo como a si mesmo" (Levítico 19:18). Isso inclui: não espalhar fofocas ou boatos, não nos aproveitarmos de nossos vizinhos e confrontar diretamente as pessoas se tivermos algo contra elas (vv.9-18).

Embora seja difícil amar a todos, é possível tratarmos os outros com amor enquanto Jesus age em nosso interior e por meio de nós. Deus proverá a sabedoria e a capacidade de o fazermos enquanto procuramos viver a nossa identidade como Seu povo. —*Poh Fang Chia*

*Qual é o "próximo" difícil de amar?
Qual atitude é necessária para
uma convivência melhor?*

14 de setembro

Imitar Jesus

Romanos 12:1-8

Não imitem o [...] mundo, mas deixem que Deus os transforme [...] em seu modo de pensar...
—Romanos 12:2

Nas águas da Grande Barreira de Corais e da Indonésia, vive um mestre do disfarce: o polvo-mímico que muda o pigmento de sua pele para misturar-se com o ambiente. Essa criatura inteligente também muda sua forma, movimento e comportamento quando ameaçada, imitando criaturas venenosas como peixe-leão e as mortíferas serpentes marinhas.

Ao contrário do polvo-mímico, os que amam a Cristo devem se destacar no mundo que os rodeia. Podemos nos sentir ameaçados pelos que discordam de nós e tentados a nos misturar para não sermos reconhecidos como seguidores de Cristo. Entretanto, o apóstolo Paulo nos encoraja a oferecer nosso corpo como "um sacrifício vivo e santo, do tipo que Deus considera agradável" (Romanos 12:1), representando Jesus em todos os aspectos.

Amigos ou familiares podem tentar nos influenciar com "o comportamento e os costumes deste mundo" (v.2). Entretanto, podemos demonstrar a quem servimos ao alinhar nossa vida com as verdades que cremos como filhos de Deus. Quando obedecemos às Escrituras e refletimos sobre o caráter amoroso de Deus, nossa vida nos serve de exemplo de que as recompensas de sermos obedientes serão sempre maiores que qualquer perda. Como você imitará Jesus hoje?

—Xochitl Dixon

Você já sentiu o desejo de não ser reconhecida como cristã? Encoraje-se e reflita o amor de Deus aos outros.

15 de setembro

Flocos de chocolate

Êxodo 16:4-7,13-17

Este é o pão que o Senhor deu a vocês para comer.
—Êxodo 16:15 (NVI)

Os suíços foram surpreendidos por uma chuva de raspas de chocolate que cobriram a cidade. O sistema de ventilação da fábrica de chocolate próxima estava defeituoso e espalhou e polvilhou a área com o cacau. Um verdadeiro sonho para os chocólatras!

Todavia, o chocolate não satisfaz adequadamente as necessidades nutricionais de uma pessoa. No contexto dos israelitas, Deus proveu o Seu povo com chuvas celestiais que os supriam. Ao andarem pelo deserto, eles reclamavam da variedade de alimentos que haviam deixado no Egito. Mas Deus lhes disse que faria "chover pão do céu" para sustentá-los (Êxodo 16:4 NVI). A cada dia, quando o orvalho da manhã secava, um floco fino de alimento permanecia. Quase 2 milhões de israelitas foram instruídos a reunir o alimento necessário para o dia. Durante 40 anos de peregrinação pelo deserto, eles foram alimentados pela provisão sobrenatural de Deus em forma de maná.

Sabemos muito pouco sobre o maná, exceto que era "branco como a semente de coentro e tinha gosto de massa folhada de mel" (v.31). Talvez o maná pudesse não parecer tão atrativo quanto uma dieta à base de chocolate, porém a doçura da provisão divina para o Seu povo foi clara. O maná nos aponta para Jesus, que se descreveu como o "pão vivo" (João 6:48) que nos sustenta diariamente e nos assegura a vida eterna (v.51). —*Kirsten Holmberg*

Jesus, o "pão da vida" a ensina a confiar nele em todas as circunstâncias.

16 de setembro

Quem merece o elogio?

Hebreus 3:1-6

*Pois toda casa tem um construtor,
mas Deus é o construtor de todas as coisas.*
—Hebreus 3:4

Da escada em espiral até o quarto bastante amplo, do piso de madeira ao carpete macio, da lavanderia enorme até o escritório bem-organizado, o corretor de imóveis mostrava um lar em potencial para um jovem casal. Em cada cômodo que entravam, eles elogiavam a beleza da casa: "Você escolheu o melhor lugar para nós. A casa é incrível!". Então o corretor respondeu com algo que eles acharam um pouco incomum, mas verdadeiro: "Vou repassar os seus elogios ao construtor. Aquele que construiu a casa merece o reconhecimento, não a casa em si ou aquele que a exibe".

As palavras do corretor de imóveis repercutem as do escritor de Hebreus: "a pessoa que constrói uma casa merece mais elogios que a casa em si" (3:3). O escritor estava comparando a fidelidade de Jesus, o Filho de Deus, com o profeta Moisés (vv.1-6). Embora Moisés tivesse o privilégio de falar com Deus face a face e ver Sua forma (Números 12:8), ele ainda era apenas "um servo" na casa de Deus (Hebreus 3:5). Cristo como o Criador (1:2,10) merece a honra como o divino "construtor de todas as coisas" e, como Filho, "é responsável por toda a casa de Deus" (3:4,6). A casa de Deus é o Seu povo.

Quando servimos a Deus fielmente, é Jesus, o construtor divino, que merece a honra. Qualquer louvor que nós, a casa de Deus, recebemos, pertence ao Senhor.
—Anne Cetas

*Querido Pai, agradeço-te por fazer parte
da família de Deus. Quero honrar o Teu
Filho Jesus em tudo o que faço.*

17 de setembro

Águas profundas

Provérbios 20:4-5,24–25

*Como águas profundas, são
os propósitos do coração do homem...*
—Provérbios 20:5 (ARA)

Quando Bill Pinkney navegou sozinho ao redor do mundo, em 1992, optou pela difícil rota ao redor dos cabos da Boa Esperança, Leeuwin e Horn. Ele fez a viagem para inspirar e educar as crianças de sua antiga escola na periferia. Seu objetivo era mostrar-lhes até onde iriam se estudassem muito e assumissem um compromisso. Ele nomeou seu barco de *Compromisso*. Quando Pinkney leva seus alunos a um passeio de barco diz que: "Eles têm aquele leme na mão e aprendem sobre controle, autocontrole, trabalho em equipe e todos os fundamentos que precisam na vida para ter sucesso".

As palavras de Pinkney registram a sabedoria de Salomão. "Como águas profundas, são os propósitos do coração do homem, mas o homem de inteligência sabe descobri-los" (Provérbios 20:5 ARA). Dessa forma, Salomão convidou outros a examinarem seus objetivos de vida. Caso contrário, Salomão disse que: "é uma armadilha prometer algo a Deus apressadamente e só depois calcular o custo" (v.25).

Pinkney tinha um propósito claro que inspirou 30 mil jovens nos Estados Unidos a aprenderem por meio dessa jornada. Ele se tornou o primeiro afro-americano no hall da fama para navegadores marítimos em seu país. "As crianças nos observam", disse ele. Semelhantemente, devemos definir os nossos propósitos observando as instruções de Deus para nós. —*Patricia Raybon*

*O que a motiva em suas tarefas e o que você espera
deixar como legado à nova geração?*

18 de setembro

Potencializado pelo cotidiano

Colossenses 3:12-17

*E tudo que fizerem ou disserem,
façam em nome do Senhor Jesus...*
—Colossenses 3:17

Every Moment Holy (Cada momento é santo, inédito) é um lindo livro de orações para uma variedade de atividades, incluindo atividades mundanas, como cozinhar ou lavar roupa. As tarefas necessárias podem parecer repetitivas ou inconsequentes. O livro me lembrou das palavras de G. K. Chesterton: "Agradecemos antes de comer. Perfeito. Mas agradeço antes de desenhar, pintar, nadar, praticar esgrima ou boxe, caminhar, brincar, dançar, antes de mergulhar a caneta na tinta".

Esse incentivo redireciona minha perspectiva sobre minhas atividades diárias. Às vezes tendo a dividir as atividades entre aquelas que parecem ter valor espiritual, como ler devocionais antes de comer, e aquelas que acho que não têm, como lavar a louça após uma refeição. Paulo eliminou essa divisão na sua carta aos Colossenses, que decidiram viver para Jesus. Ele os encorajou com estas palavras: "E tudo que fizerem ou disserem, façam em nome do Senhor Jesus" (3:17). Fazer as coisas em nome de Jesus significa honrá-lo ao fazê-las e saber que o seu Espírito nos fortalece para fazê-las.

"Tudo o que você faz", todas as atividades mundanas de nossa vida, em todos os momentos, podem ser capacitadas pelo Espírito de Deus e feitas para honrar a Cristo. —*Lisa M. Samra*

*Pai, que hoje tudo que eu fizer, seja feito
em nome de Teu Filho Jesus
e dando graças a ti.*

19 de setembro

Qual é o meu propósito?

2 Timóteo 1:1-5

Lembro-me de sua fé sincera, como era a de sua avó, Loide, e de sua mãe, Eunice...
—2 Timóteo 1:5

Haroldo disse que se sentia inútil, pois era viúvo e aposentado; seus filhos estavam ocupados com suas famílias e ele passava as tardes observando as sombras na parede. Haroldo falava à filha: "Estou velho e vivi plenamente. Não tenho mais propósito. Deus pode me levar a qualquer momento". Certa tarde uma conversa o fez mudar de opinião e ele disse: "Meu vizinho tinha alguns problemas com os filhos, então orei por ele. Mais tarde compartilhamos o evangelho. Foi assim que percebi que *ainda* tenho um propósito! Enquanto houver pessoas que nunca ouviram falar de Jesus, devo falar a elas sobre nosso Salvador".

Quando Haroldo reagiu a uma situação comum compartilhando sua fé, a vida do seu vizinho foi transformada. O apóstolo Paulo menciona duas mulheres que Deus usou para transformar a vida de outra pessoa: a vida do seu jovem filho na fé, Timóteo. A avó e a mãe de Timóteo, Loide e Eunice, tinham "fé sincera" e a repassaram ao jovem (2 Timóteo 1:5). Por meio de fatos cotidianos em uma casa comum, o jovem aprendeu a ter a fé genuína que moldou o seu crescimento como fiel discípulo de Jesus e, por fim, seu ministério como líder da igreja em Éfeso.

Não importa qual seja a nossa idade, origem ou circunstâncias, temos a responsabilidade de contar aos outros sobre Jesus. —*Karen Huang*

Senhor Deus, concede-nos oportunidades para anunciar aos outros sobre a salvação pela fé em Teu Filho Jesus.

20 de setembro

Revestindo-se de humildade

Filipenses 2:5-11

Em vez disso, esvaziou a si mesmo; assumiu a posição de escravo e nasceu como ser humano. —FILIPENSES 2:7

Uma empresária disfarçou-se de funcionária e participou de um programa de TV. A peruca e a maquiagem disfarçaram sua identidade ao se tornar a "nova" funcionária. O objetivo dela era ver como as coisas realmente funcionavam no negócio. Com base em suas observações, ela conseguiu resolver alguns dos problemas que a loja enfrentava.

Jesus "esvaziou-se [de] si mesmo" (Filipenses 2:7). Ele se tornou humano, andou pela Terra, ensinando-nos sobre Deus e, por fim, morreu na cruz por nossos pecados (v.8). Esse sacrifício expôs a humildade de Cristo quando Ele obedientemente deu Sua vida como oferta por nosso pecado. Como homem, Ele caminhou entre nós e sentiu o que sentimos, com Seus pés no mesmo chão que caminhamos.

Como seguidores de Cristo, somos convocados a ter a "mesma atitude" do nosso Salvador, especialmente em nossos relacionamentos com outros cristãos (v.5). Deus nos ajuda a nos revestirmos de humildade (v.3) e a adotar a atitude de Cristo (v.5). Encoraja-nos a viver como servos, prontos para atender às necessidades dos outros e ter disposição para ajudar. À medida que Deus nos leva a amar uns aos outros com humildade, posicionamo-nos melhor para servir com compaixão e buscar soluções para os problemas que também enfrentam. —*Katara Patton*

Como podemos abordar com compaixão as necessidades e os problemas de alguém que podemos auxiliar?

21 de setembro

Espaço para o silêncio

1 Reis 19:9-14

…E, depois do fogo, veio um suave sussurro.
—1 Reis 19:12

Se você gosta de paz e sossego, saiba que existe um local que você absorve 99,99% de todo o som! A famosa câmara anecoica (livre de eco) dos Laboratórios Orfield foi chamada de "o lugar mais silencioso da Terra". As pessoas que querem experimentar esse espaço sem nenhum som são obrigadas a sentar-se para evitar a desorientação pela falta de ruído, e ninguém jamais conseguiu passar mais de 45 minutos nele.

Poucos de nós precisam de tanto silêncio e, às vezes, ansiamos pelo silêncio num mundo barulhento e agitado. Mesmo as notícias e as redes sociais que utilizamos trazem uma espécie de "ruído" que compete por nossa atenção. Muito disso é infundido com palavras e imagens que despertam emoções negativas. Mergulhar nessas coisas pode facilmente abafar a voz de Deus.

Poucos de nós precisam de tanto silêncio e, às vezes, ansiamos pelo silêncio num mundo barulhento e agitado. Mesmo as notícias e as redes sociais que utilizamos trazem uma espécie de "ruído" que compete por nossa atenção. Muito disso é infundido com palavras e imagens que despertam emoções negativas. Mergulhar nessas coisas pode facilmente abafar a voz de Deus.

Seu espírito pode desejar o silêncio, e sobretudo, pode desejar ouvir a voz de Deus. Busque espaço para o silêncio para que você nunca perca o "suave sussurro" de Deus (v.12). —*Cindy Hess Kasper*

Se queremos cultivar a intimidade com o Senhor precisamos nos comunicar com Ele regularmente.

22 de setembro
Cheio de Espírito

Atos 1:1-8

Não se embriaguem [...], pois ele os levará ao descontrole. [...] sejam cheios do Espírito... —Efésios 5:18

O escritor Scot McKnight conta que em sua adolescência teve uma "experiência de plenitude do Espírito". Certa ocasião, um orador o desafiou a permitir que Cristo reinasse na vida dele e que se entregasse ao Espírito. McKnight então orou: "Pai, perdoa os meus pecados; Espírito Santo, habita em mim". Algo poderoso aconteceu, disse ele: "A partir daquele momento, minha vida tornou-se completamente diferente. Não perfeita, mas diferente". De repente, ele teve o desejo de ler a Bíblia, orar, encontrar-se com outros cristãos e servir a Deus.

Antes de ascender ao Céu, Jesus disse aos Seus apóstolos: "Não saiam de Jerusalém até o Pai enviar a promessa, conforme eu lhes disse antes" (Atos 1:4). Eles receberiam "poder" para se tornar Suas "testemunhas em toda parte: em Jerusalém, em toda a Judeia, em Samaria e nos lugares mais distantes da terra" (v.8). Deus concede o Espírito Santo para habitar naquele que crê em Jesus. Isso aconteceu pela primeira vez no Pentecostes (Atos 2); e acontece hoje sempre que alguém confia em Cristo.

O Espírito de Deus continua a habitar naqueles que creem e Jesus. Nós também, com a ajuda do Espírito, produzimos o fruto da mudança de caráter e desejos (Gálatas 5:22-23). Louvemos e agradeçamos a Deus por nos dar conforto, convicção, comunhão e amor. —Amy Boucher Pye

Pai, sou muito grata porque a presença do Espírito Santo gerou transformação em minha vida.

23 de setembro

Lembrar-se em oração

Filemom 1:1-4

Sempre dou graças a meu Deus por você em minhas orações. —FILEMOM 1:4

Em 2021, Malcolm Cloutt recebeu da rainha Elizabeth II um prêmio por serviços prestados aos britânicos. Cloutt, 100, na época do reconhecimento, foi homenageado por ter distribuído mil Bíblias durante sua vida. Ele manteve um registro de todos os que receberam uma Bíblia e por eles orava regularmente.

A fidelidade de Cloutt em orar é um exemplo poderoso do amor que encontramos nos escritos de Paulo no Novo Testamento. Ele frequentemente assegurava aos leitores de suas cartas que orava por eles. Para seu amigo Filemom, escreveu: "Sempre dou graças a meu Deus por você em minhas orações" (Filemom 1:4). Para Timóteo, Paulo escreveu: "Sempre me lembro de você em minhas orações, noite e dia" (2 Timóteo 1:3). Para a igreja em Roma, enfatizou: "…nunca deixo de me lembrar de vocês". Ele desejava "…ir vê-los" (Romanos 1:9-10).

Embora possamos não ter mil pessoas por quem orar, a oração intencional por aqueles que conhecemos é poderosa porque Deus as responde. Quando senti o chamado do Seu Espírito para orar por alguém em específico, descobri que um calendário de oração é uma ferramenta muito útil. Escrever os nomes das pessoas num calendário diário ou semanal ajuda-nos a sermos fiéis no propósito de orar. E que bela demonstração de amor quando nos lembramos de orar uns pelos outros! —Lisa M. Samra

Seja fiel nas orações, comunique-se com alguém e lhe estenda as mãos em oração.

24 de setembro

Luto nosso de cada dia

Apocalipse 21:1-6

Ele lhes enxugará dos olhos toda lágrima...
—Apocalipse 21:4

A poetisa do século 19, Emily Dickinson, escreveu: *"Eu meço cada luto que encontro / Com olhar minucioso e indagador / Questiono se pesa como o meu / Ou se é mais fácil"*. O poema é uma reflexão comovente sobre como as pessoas carregam, de forma única, o que sofreram ao longo de sua vida. Emily conclui, hesitante, com o único consolo: o profundo conforto de ver no Calvário suas próprias feridas refletidas no Salvador: *"Ainda fascinada por pressupor / Que algumas são como as minhas* (tradução livre)".

As Escrituras descrevem Jesus, nosso Salvador, como um "Cordeiro que parecia ter sido sacrificado" (Apocalipse 5:6,12), Suas feridas ainda visíveis. Feridas conquistadas ao tomar sobre si o pecado e o desespero de Seu povo (1 Pedro 2:24-25), para que eles pudessem ter uma nova vida e esperança.

E o Apocalipse descreve um dia futuro em que o Salvador "enxugará dos olhos toda lágrima" de cada um de Seus filhos. Jesus não minimizará a dor deles, mas verá e se importará com a dor de cada pessoa, enquanto os convida para a verdadeira e saudável nova vida em Seu reino, onde "não haverá mais morte, nem tristeza, nem choro, nem dor" (21:4). Onde a água curativa fluirá, "darei de beber gratuitamente das fontes da água da vida" (v.6; ver também 22:2).

Pelo fato de nosso Salvador ter carregado todas as nossas dores, encontramos descanso e cura em Seu reino. —*Monica La Rose*

Deus a confortará em tempos difíceis.

25 de setembro

Graça extra necessária

Efésios 2:1-10

*Vocês são salvos pela graça, por meio da fé. [...]
Não é uma recompensa pela prática das boas obras...*
—EFÉSIOS 2:8-9

Enquanto decorávamos a igreja para um evento especial, a pessoa responsável reclamou da minha inexperiência. Depois que ela se afastou, outra mulher se aproximou de mim dizendo: "Não se preocupe com ela. Nós a chamamos de GEN, Graça Extra Necessária". Ri e comecei a usar a sigla toda vez que tinha um conflito com alguém. Anos depois, sentei-me naquele mesmo santuário da igreja ouvindo o obituário de GEN. O pastor compartilhou como ela servira a Deus nos bastidores e era uma doadora generosa. Pedi a Deus que me perdoasse por julgar e fofocar sobre ela e qualquer outra pessoa que eu tivesse rotulado como GEN antes. Afinal, eu precisava de graça extra tanto quanto qualquer outro cristão.

O apóstolo Paulo afirma que todos os cristãos eram "por natureza, merecedores da ira, como os demais" (Efésios 2:3). Mas Deus nos deu a dádiva da salvação, uma graça que não merecemos e que nunca seríamos capazes de merecer "para que ninguém venha a se orgulhar" (v.9) Ninguém é merecedor.

À medida que nos submetemos a Deus, momento a momento, durante nossa jornada ao longo da vida, o Espírito Santo age para transformar o nosso caráter a fim de refletirmos o caráter de Cristo. Todo cristão requer "graça extra". Devemos ser gratos porque a graça de Deus é suficiente (2 Coríntios 12:9).

Se você já julgou alguém que precisava de uma "graça extra", questione-se com humildade sobre o que você pode fazer para melhorar-se a si mesma?

—Xochitl Dixon

*"Por que você se preocupa com o cisco
no olho de seu amigo enquanto há um tronco
em seu próprio olho?"* (Mateus 7:3).

26 de setembro

Fé infantil

Lucas 18:15-17

…Deixem que as crianças venham a mim…
—Lucas 18:16

Minha avó adotiva estava hospitalizada após sofrer vários derrames, e os médicos não tinham certeza sobre o tanto de dano cerebral que ela havia sofrido, pois precisavam esperar até que ela estivesse melhor para testar sua função cerebral. Ela falava poucas palavras e quase incompreensíveis. Mas quando essa senhora de 86 anos me viu, abriu a boca ressecada e perguntou: "Como está a Keyla?" As primeiras palavras que ela me disse foram sobre minha filha, a quem ela tanto amou e cuidou por 12 anos.

Jesus também amava as crianças e as considerava Sua prioridade, embora os Seus discípulos desaprovassem. Alguns pais buscavam a Cristo e lhe apresentavam seus filhos. Ele escolheu abençoar as crianças ao "[colocar] as mãos sobre elas" (Lucas 18:15). Mas nem todos se alegravam por Jesus abençoar os pequenos. Os discípulos repreenderam os pais e pediram que parassem de incomodar Jesus. Mas Ele interveio e disse: "que as crianças venham a mim…" (v.16). Jesus as chamou de exemplo de como devemos receber o reino de Deus: com simplicidade, confiança e sinceridade.

As crianças dificilmente têm alguma motivação oculta. Ela são como são. À medida que nosso Pai celestial nos ajuda a recuperar essa confiança infantil, que a nossa fé e dependência dele sejam tão sinceras quanto as de uma criança.

—*Katara Patton*

Pai, ensina-nos a reaprender a demonstrar a mesma sinceridade que a criança tem.

27 de setembro

Autêntica e vulnerável

Tiago 5:13-20

*...confessem seus pecados uns aos outros
e orem uns pelos outros para serem curados...*
—Tiago 5:16

Um amigo da igreja me escreveu: "Para a reunião da célula do mês, faremos como Tiago 5:16 nos ensina. Vamos criar um ambiente seguro e confidencial para compartilharmos os problemas e orarmos uns pelos outros". Por um momento, não soube como responder. Embora os membros de nossa célula já se conheçam há anos, nunca compartilhamos abertamente todas as nossas dores e problemas. Afinal de contas, é assustador ser vulnerável.

A verdade é que somos todos pecadores e todos nós temos problemas. Todos nós precisamos de Jesus. As conversas autênticas sobre a maravilhosa graça de Deus e nossa dependência de Cristo nos encorajam a continuar confiando nele. Com Jesus, podemos parar de fingir que temos uma vida sem problemas. Então eu respondi: "Sim! Faremos isso!". Inicialmente, foi estranho. Mas quando a primeira pessoa iniciou, outras seguiram. Embora alguns tenham ficado em silêncio, houve compreensão e ninguém foi pressionado. Terminamos com o que a Bíblia nos ensina: "orem uns pelos outros" (Tiago 5:16).

Assim, experimentei a beleza da comunhão entre os cristãos. Por causa de nossa fé comum em Cristo, podemos ser vulneráveis uns com os outros e depender da ajuda dele e de outros ao enfrentarmos lutas e sofrimentos. —*Poh Fang Chia*

Você encoraja um ambiente de compartilhamento de provações e bênçãos que seja seguro entre as pessoas que você conhece e que precisam conhecer a Cristo?

28 de setembro
Prioridade na presença de Deus

Lucas 10:38-42

Quanto a Maria, ela fez a escolha certa...
—Lucas 10:42

Em 2009, uma equipe de pesquisadores estudou mais de 200 alunos num experimento que incluía a troca entre tarefas e exercícios de memória. Descobriram que os estudantes que se viam como bons em fazer várias tarefas ao mesmo tempo se saíram pior do que quem preferia realizar uma de cada vez. Fazer múltiplas atividades ao mesmo tempo também tornou mais difícil que os alunos focassem seus pensamentos e filtrassem as informações irrelevantes. Manter o foco com a mente distraída pode ser desafiador.

Quando Jesus visitou a casa de Maria e Marta, esta, ocupada, distraiu-se "com seus muitos afazeres" (Lucas 10:40). Sua irmã Maria escolheu sentar-se e ouvir o ensino de Jesus, recebendo a sabedoria e a paz que nunca lhe seriam tiradas (vv.39-42). Quando Marta pediu a Jesus que encorajasse Maria a ajudá-la, Ele respondeu: "Marta, você se preocupa e se inquieta com todos esses detalhes. Apenas uma coisa é necessária" (vv.41-42).

Deus deseja a nossa atenção. Às vezes, como Marta, distraímo-nos com tarefas e problemas. Negligenciamos a presença de Deus, embora apenas Ele possa conceder a sabedoria e a esperança que precisamos. Ao priorizarmos o tempo que passamos com o Senhor por meio da oração e meditação nas Escrituras, Ele nos dá a orientação e a força para enfrentarmos os desafios que surgem adiante.

—*Kimya Loder*

O que afasta a sua atenção de Deus e como achegar-se a Ele novamente?

29 de setembro

Livres da escravidão

Êxodo 6:1-8

*Eu os libertarei da opressão
e os livrarei da escravidão...* —Êxodo 6:6

"Vocês são como Moisés, libertando-nos da escravidão", disse Jamila. No Paquistão, ela e a família trabalhavam com fornos de tijolos e sofriam por causa das suas dívidas. Grande parte do valor que recebiam de salário pagava apenas os juros. Mas quando foram agraciados pela doação de uma ONG que os libertou da dívida, sentiram-se imensamente aliviados. Ao agradecer ao representante da ONG por essa libertação, Jamila, que é cristã, destacou o exemplo dado por Deus ao libertar Moisés e os israelitas da escravidão.

Os israelitas trabalharam sob condições difíceis e foram oprimidos pelos egípcios por centenas de anos. Eles clamaram a Deus e lhe pediram ajuda (Êxodo 2:23). Porém a carga de trabalho deles aumentou, pois o novo faraó ordenou que não apenas fizessem tijolos, mas também juntassem a palha para esses tijolos (5:6-8). Quando os israelitas continuaram a clamar contra a opressão, Deus reforçou a Sua promessa de ser o Deus deles (6:7). Os israelitas não seriam mais escravos, porque o Senhor os resgataria com Seu "braço poderoso" (v.6).

Sob a direção de Deus, Moisés os conduziu para fora do Egito (cap.14). Hoje Deus ainda nos livra por meio dos braços estendidos de Seu Filho, Jesus, na cruz. Somos libertos de escravidão muito maior, a do pecado que antes nos controlava. Não somos mais escravos, mas livres! —Amy Boucher Pye

Como Deus a libertou? Você pode ser uma ferramenta de Deus para libertar outra pessoa, hoje?

30 de setembro

Ele é Deus desde sempre

Isaías 46:4-7

*Serei o seu Deus por toda a sua vida [...].
Eu os criei e cuidarei de vocês.* —Isaías 46:4

Depois de uma cirurgia mal-sucedida, o médico de Joana disse que ela precisaria submeter-se a outra em cinco semanas. A ansiedade aumentou com o passar do tempo; Joana e seu marido eram idosos e sua família morava longe deles. O casal precisaria dirigir até uma cidade desconhecida e passar por todo o complexo sistema hospitalar, além de consultar-se com um novo especialista. As circunstâncias pareciam terríveis, mas Deus cuidou deles. Durante a viagem, o GPS quebrou, mas eles chegaram a tempo, pois tinham um mapa. Deus lhes proveu a sabedoria. No hospital, um pastor orou com eles e se ofereceu para ajudá-los naquele dia. Deus lhes proveu apoio. Após a operação, Joana recebeu as boas notícias: a cirurgia fora bem-sucedida.

Embora nem sempre recebamos cura ou resgate, Deus é fiel e está sempre perto das pessoas vulneráveis, sejam elas jovens, idosas ou com necessidades especiais. Quando o cativeiro na Babilônia enfraqueceu os israelitas, Isaías os lembrou de que Deus os sustentara desde o nascimento e continuaria a cuidar deles. Deus disse: "...até que seus cabelos fiquem brancos. Eu os criei e cuidarei de vocês" (Isaías 46:4).

Deus não nos abandona quando precisamos dele. Ele nos supre e nos lembra de que está conosco em todos os momentos de nossa vida. Ele é Deus de todos os nossos dias. —*Jennifer Benson Schuldt*

*Pai, sou grata por Teu sustento durante os momentos
de fraqueza, pois sei que sem ti nada sou.*

1.º de outubro

Deus fiel e eterno

Salmo 33:1-11

*Pois a palavra do S*ENHOR *é verdadeira e podemos confiar em tudo que ele faz.* —SALMO 33:4

Quando meu filho era pequeno, eu o levava e buscava na escola. Um dia me atrasei para ir buscá-lo. Estacionei o carro, e orando corri em direção à sala de aula. Encontrei-o abraçado à mochila, sentado ao lado do professor e lhe disse. "Sinto muito, você está bem?" Ele me respondeu: "Estou bem, mas chateado porque você se atrasou". Como poderia culpá-lo? Amo meu filho, estava chateada, mas sabia que muitas vezes o desapontaria. Também sabia que um dia ele poderia se sentir assim com Deus. Logo, esforcei-me para ensiná-lo que Deus nunca quebra ou quebrará uma promessa.

O salmo 33 nos encoraja a celebrar a fidelidade de Deus com louvores alegres (vv.1-3) porque "a palavra do SENHOR é verdadeira e podemos confiar em tudo que ele faz" (v.4). Usando o mundo que Deus criou como prova irrefutável de Seu poder e confiabilidade (vv.5-7), o salmista clama ao "mundo" a adorar e temer a Deus (v.8).

Quando os planos falham ou as pessoas nos decepcionam, podemos nos tornar propensos a também nos decepcionar com Deus. No entanto, podemos confiar no Senhor porque Seus planos "permanecem para sempre" (v.11). Podemos louvar a Deus, mesmo quando as coisas dão errado, pois nosso amoroso Criador sustenta a tudo e a todos. Deus é fiel para sempre. —*Xochitl Dixon*

Por que é difícil louvar a Deus quando os seus planos falham ou as pessoas o decepcionam? Como você pode lembrar-se do caráter de Deus e acalmar seu coração?

2 de outubro

Solitária sim, abandonada jamais!

Gênesis 40:8-15,20-23

O chefe dos copeiros, porém, se esqueceu completamente de José e não pensou mais nele. —Gênesis 40:23

Quando ouvimos histórias de encarcerados, fica claro que a parte mais difícil é o isolamento e a solidão. Um estudo revelou que, independentemente da duração da pena, a maioria dos presos recebe apenas duas visitas de amigos ou parentes durante todo o tempo atrás das grades. A solidão é uma realidade constante.

É uma dor que penso que José sentiu ao estar preso injustamente por um crime que não cometera. Mas havia esperança, Deus ajudou José a interpretar corretamente o sonho de um colega na prisão que servia diretamente ao faraó. José disse ao homem que ele teria sua antiga posição de volta e pediu-lhe que falasse sobre isso ao faraó para que ele também viesse a ser liberto (Gênesis 40:14). Mas o homem "se esqueceu completamente de José" (v.23). Por *mais dois anos*, José esperou. Naqueles anos de espera, sem nenhum sinal de que sua situação mudaria, José nunca esteve completamente só, pois Deus estava com ele. Por fim, o servo do faraó lembrou-se de sua promessa a José e ele foi libertado após interpretar corretamente outro sonho (41:9-14).

Independentemente das circunstâncias nos fazerem sentir esquecidos ou dos sentimentos de solidão que surgirem, podemos nos apegar à promessa reconfortante de Deus a Seus filhos: "eu não me esqueceria de vocês!" (Isaías 49:15).

—Lisa M. Samra

Você já experimentou a dor de ter sido esquecida? Lembre-se da constante presença de Deus!

3 de outubro

Poder da persistência

Lucas 18:1-8

Jesus contou [...] uma parábola para mostrar-lhes que deviam orar sempre e nunca desanimar. —Lucas 18:1

Em 1917, Ann Cone emocionou-se ao ser aceita numa das escolas de design de moda mais renomadas de Nova Iorque. Mas ao chegar para matricular-se, o diretor da escola não queria aceitá-la. "Para ser franco, Sra. Cone, não sabíamos que você era negra", disse-lhe. Recusando-se a sair, sussurrando orou: "*Por favor, deixa-me ficar aqui*". Vendo sua persistência, o diretor permitiu que ficasse, porém não permitiu que entrasse na sala de aula para brancos. Ela assistia a aula do lado de fora da porta "apenas para ouvir". Talentosíssima, Ann se formou seis meses antes e atraiu clientes da alta sociedade, incluindo a ex-primeira-dama Jacqueline Kennedy, cujo vestido de noiva mundialmente famoso foi desenhado por ela. Ann fez e refez o vestido, buscando a ajuda de Deus, pois teve problemas com o encanamento em seu estúdio, arruinando o primeiro modelo feito.

Persistência como essa é poderosa, especialmente na oração. Na parábola de Jesus, uma viúva perseverante implorava por justiça a um juiz corrupto. A princípio, ele a recusou, mas como estava se irritando, decidiu "fazer-lhe justiça" (Lucas 18:5).

Com muito mais amor, "Deus não fará justiça a seus escolhidos que clamam a ele dia e noite?" (v.7). Jesus afirma que fará (v.8). Conforme Ele nos inspira, oremos com perseverança e jamais desistamos. Em Seu tempo e modo perfeito, Deus nos responderá. —*Patricia Raybon*

O que a ajuda a ser perseverante na oração?

4 de outubro

Festa de adoração

Deuteronômio 16:9-16

*Será um tempo de celebração diante do S*ENHOR*,
seu Deus, no lugar que ele escolher para habitação...*
—DEUTERONÔMIO 16:11

Participar de um grande evento pode gerar uma grande transformação em nosso interior. O pesquisador Daniel Yudkin e seus colegas, após interagirem com mais de 1.200 pessoas em reuniões no Reino Unido e nos Estados Unidos, aprenderam que grandes eventos podem impactar nossa moral e afetar a disposição de compartilhar nossos recursos. A pesquisa descobriu que 63% dos participantes tiveram uma experiência "transformadora" que os fez sentir-se mais conectados à humanidade, mais generosos com amigos, familiares e mesmo com os desconhecidos.

Quando nos reunimos com outras pessoas para louvar a Deus, experimentamos mais do que uma "transformação" social num evento: nós temos comunhão com o próprio Deus. Sem dúvida, o povo de Deus experimentou essa conexão com Ele ao se reunir em Jerusalém nos tempos antigos para suas festas sagradas ao longo do ano. Eles viajavam, sem as conveniências modernas, para estarem no Templo três vezes por ano para "a Festa dos Pães sem Fermento, a Festa da Colheita e a Festa das Cabanas" (Deuteronômio 16:16). Essas reuniões eram momentos de lembrança solene, adoração e alegria "diante do SENHOR" com a família, servos, estrangeiros e outros (v.11).

Vamos nos reunir com outros para adoração, pois assim ajudamos uns aos outros a continuamente desfrutar da Sua presença e a depender de Sua fidelidade.

—Kirsten Holmberg

*Sinta a forte presença de Deus em seu íntimo
ao louvá-lo junto a outras pessoas.*

5 de outubro

O poder de Cristo

Marcos 4:35-41

Quem é este homem? Até o vento e o mar lhe obedecem! —Marcos 4:41

Cerca de 600 espectadores assistiram ao acrobata Nik Wallenda em 2013. Ele andou na corda bamba em um desfiladeiro de mais de 457 metros de largura. Wallenda pisou no cabo de aço e agradeceu a Jesus enquanto sua câmera apontava para baixo. Ele orou e louvou a Jesus calmamente enquanto atravessava o desfiladeiro como se estivesse caminhando numa calçada. Quando o vento ficou forte, ele parou e se agachou. Depois se levantou, recuperou o equilíbrio e agradeceu a Deus por "acalmar aquele cabo". Em cada passo, demonstrava sua dependência no poder de Cristo a todos que o ouviam, e ainda continua à medida que o vídeo é visto ao redor do mundo.

Quando os ventos da tempestade e as ondas amedrontaram os discípulos no mar da Galileia, o medo e o temor se infiltraram em seus apelos por ajuda (Marcos 4:35-38). Após Jesus ter acalmado a impetuosa rajada, eles souberam que o seu Mestre controlava até mesmo o vento (vv.39-41). Lentamente, aprenderam a colocar a sua confiança no Senhor. As experiências deles podem auxiliar outros a reconhecer a pronta disponibilidade e o extraordinário poder de Jesus.

Ao enfrentarmos as tempestades da vida ou andarmos numa corda bamba sobre os vales da profunda aflição, demonstremos confiança e fé no poder de Cristo. Deus usará nossa caminhada de fé para inspirar outros a confiar nele.

—Xochitl Dixon

Testemunhar o poder de Cristo fortalece a sua fé e a vida dos que estão ao nosso redor.

6 de outubro

A eterna igreja de Deus

Efésios 2:14-22

...as forças da morte não a conquistarão.
—MATEUS 16:18

"Acabou a igreja?" perguntou uma jovem mãe que chegara ao nosso templo com seus dois filhos pequenos exatamente quando o culto dominical estava acabando. Mas a recepcionista disse a ela que uma igreja próxima oferecia dois cultos de domingo e o segundo começaria em breve. Perguntou-lhe se ela gostaria de uma carona até lá, e a jovem mãe disse que sim, demonstrando gratidão no caminho até a outra igreja. Mais tarde, refletindo sobre isso, a recepcionista concluiu: "A Igreja acabou? Nunca! A Igreja de Deus vive para sempre".

A Igreja não é um "prédio" frágil, e sim os fiéis que são "membros da família de Deus", escreveu Paulo, "edificados sobre os alicerces dos apóstolos e dos profetas. E a pedra angular é o próprio Cristo Jesus. […] Por meio dele, vocês também estão sendo edificados como parte dessa habitação, onde Deus vive por seu Espírito" (Efésios 2:19-22).

O próprio Jesus estabeleceu Sua Igreja para a eternidade. Ele declarou que, apesar dos desafios ou problemas enfrentados por Sua Igreja, "as forças da morte não a conquistarão" (Mateus 16:18).

Com esse novo olhar encorajador, podemos ver nossas igrejas locais, todos nós, como parte da igreja universal de Deus, sendo edificados "em Cristo Jesus por todas as gerações, para todo o sempre! Amém" (Efésios 3:21). —*Patricia Raybon*

Como você pode ajudar a igreja de Deus crescer?

7 de outubro
Generosidade do coração aberto
2 Timóteo 1:6-14

...Deus não nos deu um Espírito que produz temor e covardia, mas sim que nos dá poder, amor e autocontrole. —2 Timóteo 1:7

Ninguém jamais morreu dizendo: "Estou tão feliz pela vida egocêntrica, egoísta e autoprotetora que vivi". Essas são as palavras do autor Parker Palmer que discursou numa solenidade de formatura instando os graduandos a "se oferecerem ao mundo com generosidade e coração aberto". Ele afirmou também que viver assim significaria reconhecer "como sou pequeno e como é fácil falhar". Oferecer-se a serviço do mundo exigiria cultivar a "mente de principiante" para "caminhar direto para o seu 'desconhecimento' e assumir o risco de falhar e falhar, repetidamente; e, então, levantar-se para aprender de novo e de novo".

Somente quando a nossa vida é construída sobre o fundamento da graça que podemos encontrar coragem para escolher uma vida de destemida e "corajosa generosidade". Como Paulo explicou a seu protegido Timóteo, podemos "avivar a chama do dom que Deus [lhe] deu" (2 Timóteo 1:6) quando nos lembramos de que é a graça de Deus que nos salva e nos chama para uma vida santa (v.9). É o Seu poder que nos dá coragem para resistir à tentação de viver timidamente em troca de "poder, amor e autodisciplina" do Espírito (v.7). E é a Sua graça que nos levanta quando caímos, para que possamos continuar a nossa jornada, fundamentando-a em Seu amor (vv.13-14). —*Monica La Rose*

A graça e o poder de Deus nos ajudam a viver mais corajosamente para Ele.

8 de outubro
Lidando com a decepção
1 Crônicas 28:2-3,6-12

*Era meu desejo construir
um templo [para] a arca da aliança
do Senhor...* —1 Crônicas 28:2

Depois de arrecadar dinheiro o ano todo para uma "viagem inesquecível", um grupo de alunos formandos de uma escola chegou ao aeroporto e descobriu que muitos deles haviam comprado passagens de uma empresa falsa que se passava por uma companhia aérea. "É de partir o coração", disse um administrador escolar. No entanto, mesmo tendo que mudar os planos, os alunos decidiram aproveitar o momento ao máximo. Eles apreciaram dois dias de atrações ao redor com ingressos doados.

Lidar com planos fracassados ou alterados pode ser decepcionante e desolador. Especialmente quando já investimos tempo, dinheiro ou emoção no planejamento. O rei Davi tinha o desejo de "construir um templo" para Deus (1 Crônicas 28:2), mas o Senhor lhe disse: "Você não construirá um templo em honra ao meu nome [...]. Seu filho Salomão construirá meu templo e meus pátios..." (vv.3,6). Davi não se desesperou. Ele louvou a Deus por tê-lo escolhido para ser o rei de Israel e deu a Salomão os planos do Templo para serem concluídos (vv.11-13). Ao fazer isso, ele o encorajou: "Seja forte e corajoso e faça o trabalho. [...] o Senhor Deus, meu Deus, está com você" (v.20).

Quando nossos planos falham, não importa o motivo, podemos entregar a nossa decepção a Deus "pois ele cuida de [nós]" (1 Pedro 5:7). Com Sua graça Ele nos ajudará a lidar com nossas decepções. —*Alyson Kieda*

Você já fez planos que não conseguiu concretizar? Confie em Deus, Seu plano é o melhor para nós, sempre.

9 de outubro

Quando você está cansado

Mateus 11:25-30

*Venham a mim todos vocês que estão
cansados e sobrecarregados, e eu lhes darei descanso.*
—MATEUS 11:28

Sentei-me na quietude do fim do expediente, meu *laptop* à frente. Deveria estar feliz com o trabalho que terminei naquele dia, mas não. Eu estava cansada, meus ombros doíam com o peso da ansiedade causada por um problema no trabalho, e minha mente divagava sobre um relacionamento conturbado. Naquela noite, eu queria fugir de tudo, meus pensamentos vagavam para assistir TV. Mas fechei os olhos e sussurrei: "Senhor," sem forças para dizer mais. Todo o meu cansaço se concentrou nessa palavra. De alguma forma, soube que deveria achegar-me a Deus.

"Venham a mim", diz Jesus aos cansados e sobrecarregados, "e eu lhes darei descanso" (Mateus 11:28). Não será o descanso de uma noite bem dormida, nem a distração que a TV oferece, nem mesmo o alívio de um problema já resolvido. Embora essas coisas possam servir como descanso temporário, a trégua que nos oferecem é curta e dependente das nossas circunstâncias.

Jesus, ao contrário, oferece-nos o descanso duradouro e garantido por Seu caráter imutável. Ele é sempre bom. Ele oferece o descanso verdadeiro para a nossa alma, mesmo em meio aos problemas, pois sabemos que tudo está sob o controle dele. Podemos confiar e nos submetemos a Ele, suportar e até prosperar em situações difíceis por causa da força e restauração que somente Ele pode conceder. Jesus nos diz: "Venham a mim". —*Karen Huang*

*Quando o seu espírito está cansado,
busque a Deus, o Senhor a ouvirá.*

10 de outubro

Liberdade no caminho

Isaías 26:1-23

...Tu, que ages com retidão, tornas plano o caminho adiante deles. —Isaías 26:7

No beisebol para cegos, os jogadores ouvem o som emitido pela bola para saber como agir. O batedor de olhos vendados (há degraus de deficiência) e o lançador são do mesmo time. Quando o batedor lança o bastão e acerta a bola, ele corre em direção à base de onde vem o barulho que ele ouve. O batedor está fora se o defensor "tocar" a bola, antes do batedor vendado chegar à base; caso contrário, o batedor pontua. Um jogador comentou que a melhor parte é "sentir-se livre para correr" por saber que o caminho está livre e a direção é clara.

Lemos nas Escrituras que Deus age com retidão e torna plano "o caminho adiante deles" (Isaías 26:7). Quando isso foi escrito, o caminho para os israelitas era difícil e eles sofriam o julgamento divino por sua desobediência. Isaías os exortou a confiar e obedecer — o caminho era difícil, mas plano. Preocupar-se em "glorificar" (v.8) o nome de Deus deveria ser a intenção deles.

Como cristãos, ao obedecermos ao caminho do Senhor, passamos a conhecer mais sobre Deus e construímos nossa confiança em Seu caráter fiel. Nosso caminho na vida pode nem sempre parecer tranquilo, mas podemos ter certeza de que, ao confiarmos nele, Deus está ao nosso lado abrindo o caminho. Podemos sentir liberdade obedecendo-lhe no melhor caminho que o Senhor tem para nós.

—Anne Cetas

Que passos de obediência a Deus você precisa dar hoje?

11 de outubro

Conhecer a Deus

Marcos 1:9-11

*…Você é meu Filho amado,
que me dá grande alegria.* —Marcos 1:11

Em uma visita à Irlanda, impressionei-me com a abundância de trevos decorativos. A plantinha verde de três folhas pode ser encontrada em todas as lojas, e em absolutamente tudo: roupas, chapéus, joias etc! Muito mais do que apenas uma planta abundante naquele país, o trevo foi adotado por gerações como uma maneira simples de explicar a Trindade, a histórica crença cristã de que Deus existe eternamente em três pessoas distintas: Deus Pai, Deus Filho e Deus Espírito Santo. Embora todas as explicações humanas sobre o termo Trindade sejam inadequadas, o trevo é um símbolo útil, porque é uma planta feita de uma mesma substância com três folhas distintas uma da outra.

Não encontramos a palavra *Trindade* nas Escrituras, mas ela sintetiza a verdade teológica explícita em passagens onde todas as três pessoas da Trindade estão presentes ao mesmo tempo. Quando Jesus, Deus Filho, é batizado, Deus Espírito é visto descendo do céu "como uma pomba", e a voz de Deus Pai é ouvida dizendo: "Você é meu Filho amado…" (Marcos 1:10-11)

Os cristãos irlandeses usaram o trevo porque queriam auxiliar o povo a conhecer a Deus. À medida que compreendemos mais plenamente a beleza da Trindade, isso nos ajuda a conhecer a Deus e aprofunda a nossa capacidade de adorá-lo "em espírito e em verdade" (João 4:24). —*Lisa M. Samra*

*Louve ao Pai, ao Filho e ao Espírito
como o Deus Único, Ele age em união para estender
Seu amor e salvação a todos.*

12 de outubro

A máscara abençoada

2 Coríntios 3:1-6

...vocês são uma carta de Cristo, [...] escrita [...] com o Espírito do Deus vivo... —2 Coríntios 3:3

À medida que a exigência do uso da máscara diminuiu, lutei para me lembrar de manter uma à mão para usá-la onde ainda era necessário, como na escola de minha filha. Um dia, quando precisei de uma máscara, encontrei apenas uma no meu carro: aquela que eu evitava usar porque tinha a palavra *abençoada* escrita na frente.

Prefiro usar máscaras sem mensagens, e acredito que a palavra escrita naquela máscara é usada excessivamente. Não tive opção e relutantemente coloquei a máscara. E quando quase demonstrei meu aborrecimento com uma nova recepcionista da escola, contive-me, tudo por causa da palavra escrita na máscara. Não queria parecer hipócrita, andando por aí com "abençoada" escrito na minha boca, e demonstrando impaciência com alguém que tentava entender um sistema complicado.

Embora as letras na minha máscara me lembrassem do meu testemunho por Cristo, são as Escrituras guardadas em meu coração que devem recordar-me de ser paciente com os outros. Como Paulo escreveu: "...vocês são uma carta de Cristo, [...] escrita não com pena e tinta, mas com o Espírito do Deus vivo, e gravada não em tábuas de pedra, mas em corações humanos" (2 Coríntios 3:3). O Espírito Santo que "dá vida" (v.6), pode nos ajudar a viver com "amor, alegria, paz", e sim, "paciência" (Gálatas 5:22). Somos verdadeiramente abençoados por Sua presença em nós! —*Katara Patton*

O seu viver reflete a presença de Cristo em sua alma?

13 de outubro

Não sou ninguém! Quem é você?

Filipenses 3:4-14

...as outras coisas são insignificantes comparadas [...] [a] conhecer a Cristo [...] e nele ser encontrado... —FILIPENSES 3:8-9

No poema de Emily Dickinson, ela desafia divertidamente o esforço das pessoas em querer ser "alguém", defendendo a alegre liberdade do anonimato:

Não sou ninguém! Quem é você?
Que triste — ser — Alguém!
Que pública — a Fama —
Dizer seu nome — como a Rã —
Para as almas da Lama!... (Ed. Unicamp, 2008).

Encontrar liberdade ao renunciar ao desejo de ser "alguém" se assemelha ao testemunho do apóstolo Paulo. Antes de conhecer Jesus, Paulo tinha uma longa lista de credenciais religiosas, aparentes "motivos para confiar nos próprios esforços" (Filipenses 3:4). No entanto, o seu encontro com Jesus mudou tudo. Quando Paulo reconheceu o quanto as suas realizações eram vazias à luz do amor sacrificial de Cristo, ele confessou: "as outras coisas são insignificantes comparadas ao ganho inestimável de conhecer a Cristo Jesus, meu Senhor [...] as considero menos que lixo, a fim de poder ganhar a Cristo" (v.8). Sua única e remanescente ambição era "conhecer a Cristo [...] o poder que o ressuscitou [...] participando de sua morte [...] para alcançar a ressurreição dos mortos!" (v.10).

É triste, de fato tentarmos nos tornar "alguém" por conta própria. Mas, conhecer Jesus e nos envolvermos em Sua vida e amor sacrificial, significa nele sermos encontrados (v.9), finalmente livres e completos. —*Monica La Rose*

Encontrar-se "em Cristo" a libertará do orgulho e da autorrejeição.

14 de outubro

Atos de bondade

Rute 2:5-12

O Senhor não deixou de lado sua bondade tanto pelos vivos como pelos mortos... —Rute 2:20

Meses após perder o seu bebê durante a gravidez, Valéria decidiu vender alguns pertences. Geraldo, um artesão vizinho prontamente comprou o berço que estava à venda. Enquanto estava lá, sua esposa conversou com Valéria e soube de sua perda. Ao saber da situação dela a caminho de casa, Geraldo decidiu usar o berço para confeccionar uma lembrança. Uma semana depois, com lágrimas ele a presenteou com um lindo banco: "Existem pessoas boas por aí, e aqui está a prova", disse ela.

Como Valéria, Rute e Noemi sofreram uma grande perda. O marido e os dois filhos de Noemi tinham morrido. E agora ela e sua nora Rute não tinham herdeiros e ninguém para sustentá-las (Rute 1:1-5). Foi aí que Boaz entrou em cena. Quando Rute foi ao campo colher restos de grãos, Boaz, o proprietário, perguntou sobre ela. Quando soube quem ela era, ele foi gentil com Rute (2:5-9). Maravilhada, Rute perguntou: "O que fiz para merecer tanta bondade?" (v.10). Ele respondeu: "...sei de tudo que você fez por sua sogra desde a morte de seu marido" (v.11).

Boaz mais tarde se casou com Rute e amparou Noemi (Rute 4). Por meio do casamento deles, nasceu um antecessor de Davi e de Jesus. Assim como Deus usou Geraldo e Boaz para ajudar a transformar a dor do outro, Ele pode agir por nosso intermédio para demonstrar bondade e empatia aos que sofrem. —*Alyson Kieda*

Você praticou ou recebeu um ato de bondade recentemente? Quem você pode abençoar com bondade, hoje?

15 de outubro

O Deus das surpresas

Mateus 4:18-22

No mesmo instante, deixaram suas redes e o seguiram. —Mateus 4:20

O salão escureceu e muitos universitários inclinaram a cabeça enquanto o orador nos conduzia numa oração de compromisso Ele dava as boas-vindas aos que se sentiam chamados para servir em missões no exterior, e percebi minha amiga Lynette deixar seu assento, sabendo que ela se comprometia a viver e servir nas Filipinas. No entanto, não senti vontade de levantar-me. Vendo as necessidades de meu país, optei por partilhar o amor de Deus em minha terra natal. Uma década depois, fui morar na Grã-Bretanha, e sirvo a Deus entre as pessoas que Ele me deu como vizinhos. Mudei de ideia sobre como viver os meus dias ao perceber que Deus me convidava a vivenciar algo diferente dos meus planos.

Jesus também surpreendia a quem encontrava, incluindo os pescadores que chamou para segui-lo. Quando Ele lhes deu a missão de pescar pessoas, Pedro e André deixaram suas redes "no mesmo instante" e o seguiram (Mateus 4:20), e Tiago e João "de imediato" abandonaram seu barco (v.22). Eles partiram para uma nova aventura com Jesus, confiando nele embora nem soubessem para onde iriam.

Deus, com certeza, chama muitos para servi-lo exatamente onde estão! Quer fiquemos ou partamos, todos podemos esperar que o Senhor nos surpreenda com experiências maravilhosas e oportunidades de viver para Ele de maneira que jamais tenhamos sonhado ser possível. —Amy Boucher Pye

Jesus chama as pessoas para segui-lo, peça a Ele que a ajude a discernir Sua voz dos barulhos do mundo.

16 de outubro

Aceitando orientação

Tiago 3:2-11

...mas ninguém consegue domar a língua.
—Tiago 3:8

Senti o cheiro do estábulo ao observar minha amiga Michelle ensinando a minha filha a montar cavalos. O pônei branco abriu a boca enquanto ela demonstrava como colocar o freio atrás dos dentes. Ao fixar o freio sobre as orelhas, Michelle explicou que isso era importante e permitia ao montador diminuir a velocidade do cavalo e guiá-lo.

Assim como a língua humana, o freio também é pequeno, mas importante. Ambos têm influência sobre algo grande e poderoso: no caso do freio, é o cavalo. Para a língua, são as nossas palavras (Tiago 3:3,5).

Nossas palavras podem nos conduzir a lugares diferentes. "Às vezes louva nosso Senhor e Pai e, às vezes, amaldiçoa aqueles que Deus criou" (v.9). A Bíblia adverte que é muito difícil controlar nosso discurso porque as palavras brotam do nosso coração (Lucas 6:45). Felizmente, o Espírito Santo, que habita em cada cristão, ajuda-nos a crescer em paciência, bondade e autocontrole (Gálatas 5:22-23). À medida que cooperamos com o Espírito, nosso coração e nossas palavras se transformam. A profanação se transforma em louvor. A mentira dá lugar à verdade. A crítica se transforma em encorajamento.

Domar a língua não é só treiná-la para dizer as coisas certas. Trata-se de aceitar a orientação do Espírito Santo para que as nossas palavras gerem a bondade e o encorajamento que o nosso mundo precisa. —*Jennifer Benson Schuldt*

O Espírito pode influenciar seu discurso.

17 de outubro

Promessa cumprida

Lucas 1:26-45

Você é abençoada, pois creu no que o Senhor disse que faria! —Lucas 1:45

Nos verões da minha infância, viajávamos pouco mais de 300 km para ver meus avós. Não sabia, na época, o quanto de sabedoria eu absorvia dos meus amados avós. Suas experiências de vida e sua caminhada com Deus lhes deram perspectivas que minha mente jovem nem imaginava. Nossas conversas sobre a fidelidade de Deus me reafirmaram que o Senhor é fiel e que cumpre *todas* as Suas promessas.

Maria, mãe de Jesus, era bem jovem quando um anjo a visitou. A incrível notícia trazida por Gabriel deve ter sido avassaladora, mas Maria aceitou de bom grado e com graça a tarefa recebida (Lucas 1:38). Possivelmente, a visita dela à sua parente idosa, Isabel, que também vivenciava uma gravidez milagrosa (alguns estudiosos creem que ela tinha 60 anos), trouxe-lhe consolo quando Isabel confirmou com entusiasmo as palavras do anjo Gabriel de que ela era a mãe do Messias prometido (vv.39-45).

À medida que crescemos e amadurecemos em Cristo, como os meus avós, aprendemos que Ele cumpre as Suas promessas. O Senhor cumpriu a promessa de um filho para Isabel e seu marido Zacarias (vv.57-58). E João Batista, filho deles, tornou-se o arauto de uma promessa feita centenas de anos antes: uma promessa que alteraria o rumo do futuro da humanidade. O Messias prometido, o Salvador do mundo, estava chegando! (Mateus 1:21-23). —*Cindy Hess Kasper*

Você confia nas promessas de Deus?

18 de outubro

Espere nele com confiança

Salmo 37:5-7

Aquiete-se na presença do SENHOR, espere nele com paciência... —SALMO 37:7

Depois que me acomodei na câmara e meu corpo flutuava confortavelmente acima da água, a sala ficou escura e a música suave que tocava ao fundo ficou em total silêncio. Eu li que os tanques de isolamento eram terapêuticos, e que ofereciam alívio para o estresse e a ansiedade. Mas isso não era nada do que eu já tivesse experimentado antes. Parecia que o caos do mundo havia parado e eu podia ouvir claramente meus pensamentos mais profundos. Senti equilíbrio e rejuvenescimento relembrando que há poder na quietude.

Podemos descansar mais confortavelmente na quietude da presença de Deus, que renova nossas forças e nos concede a sabedoria necessária para enfrentarmos os desafios de cada dia. Quando estamos quietos, silenciando o barulho e removendo as distrações da vida, Ele nos fortalece para que possamos ouvir Sua voz suave com mais clareza (Salmo 37:7).

Embora as câmaras sensoriais sejam uma forma de quietude, Deus nos oferece uma maneira mais simples de investir um momento ininterrupto com Ele. Jesus diz: "quando orarem, cada um vá para seu quarto, feche a porta e ore a seu Pai, em segredo" (Mateus 6:6). Deus guiará os nossos passos e permitirá que Sua justiça brilhe por nosso intermédio quando buscarmos as respostas aos desafios da vida na quietude de Sua magnífica presença (Salmo 37:5-6). —*Kimya Loder*

Abra espaço para os momentos de silêncio com Deus.

19 de outubro

Aquietem-se

Salmo 46

Aquietem-se e saibam que eu sou Deus...
—Salmo 46:10

O dono da livraria onde Carlos trabalhava estava de férias há 2 dias, mas Carlos, seu assistente, já estava em pânico. Tudo corria tranquilo, mas Carlos andava ansioso por não fazer um trabalho tão bom supervisionando a loja. Frenético, Carlos gerenciava em excesso tudo o que podia. Finalmente, em uma videochamada, seu chefe lhe disse as seguintes palavras: "Pare com isso! Tudo o que você precisa fazer é seguir as instruções que envio por e-mail diariamente. Não se preocupe! O fardo não é seu, é meu".

Em uma época de conflito com outras nações, Israel recebeu uma palavra semelhante de Deus: "Aquietem-se" (Salmo 46:10). Disse-lhes essencialmente que se acalmassem, e apenas seguissem o que Ele dizia, pois Deus lutaria por eles. Israel não estava sendo instruída a ser passiva ou complacente, mas a manter-se calma: obedecer fielmente a Deus enquanto lhe entregava o controle da situação e deixava os resultados de seus esforços para Ele.

Somos chamados a fazer o mesmo, e podemos ser vitoriosos porque nosso Deus fiel é soberano sobre o mundo. Se "A voz de Deus troveja, e a terra se dissolve" e se Ele "Acaba com as guerras em toda a terra" (vv. 6,9), então certamente podemos confiar na segurança de Seu refúgio e força (v.1). O fardo do controle sobre nossa vida não está em nós, está em Deus. —*Karen Huang*

Como renunciar as situações que estão fora de seu controle e entregá-las a Deus?

20 de outubro

Semelhantes a Jesus

Romanos 12:1-2

Não imitem o comportamento e os costumes deste mundo, mas deixem que Deus os transforme... —Romanos 12:2

Em 2014, biólogos capturaram um par de cavalos-marinhos pigmeus alaranjados, nas Filipinas, e os levaram junto com uma seção de coral da mesma cor para estudá-los. Eles queriam saber se os animais nasciam para combinar com a cor dos pais ou do ambiente. Eles deram à luz bebês marrons, e os cientistas colocaram um coral roxo no tanque. Os bebês, cujos pais eram laranja, mudaram de cor para combinar com o coral roxo. Devido à sua natureza frágil, a sobrevivência dos cavalos-marinhos dependia de uma dádiva dada por Deus: mudança de cor conforme o ambiente.

Misturar-se é um mecanismo de defesa útil na natureza. No entanto, Deus convida todas as pessoas a receber a salvação e a se destacarem no mundo pelo modo que vivemos. O apóstolo Paulo exorta os cristãos a honrar a Deus em todos os aspectos da vida, a adorá-lo oferecendo o próprio corpo como um "sacrifício vivo" (Romanos 12:1). Devido à nossa fragilidade como seres humanos afetados pelo pecado, nossa saúde espiritual como cristãos depende da "renovação" de nossa mente pelo Espírito Santo e capacitação para não nos conformarmos com "os costumes deste mundo" que rejeita a Deus e glorifica o pecado (v.2).

Misturar-se ao mundo significa viver opondo-se às Escrituras. No entanto, pelo poder do Espírito Santo, nós o podemos olhar e amar como Jesus o fez!

—Xochitl Dixon

Você tem se "misturado" ao mundo? Se sim, como você pode descontaminar-se dele?

21 de outubro
O projeto "Vestido vermelho"
Êxodo 28:1-8,40-41

Faça para Arão roupas sagradas, trajes de grande beleza e esplendor. —Êxodo 28:2

O projeto "Vestido vermelho" foi criado pela artista Kirstie Macleod. Durante 13 anos, 84 peças de seda dupione bordô foram bordadas por mais de 300 mulheres e alguns homens, e agora são expostas ao redor do mundo. As peças se transformaram em um vestido, e contam as histórias de cada um que contribuiu, sendo eles em sua maioria, marginalizados e empobrecidos.

Como esse "vestido vermelho", as roupas de Aarão e seus descendentes também foram feitas por "artesãos habilidosos" (Êxodo 28:3). As instruções de Deus para o traje sacerdotal incluíam detalhes que contavam a história de Israel. A gravação do nome das tribos em pedras de ônix às ombreiras dos coletes sacerdotais servia de "lembrança contínua [...] diante do Senhor" (v.12). As "túnicas, cinturões e turbantes" lhes davam "grande beleza e esplendor" enquanto serviam a Deus e conduziam o povo na adoração (v.40).

Como cristãos da nova aliança em Jesus, juntos, somos sacerdotes santos, servindo a Deus e auxiliando uns aos outros em adoração (1 Pedro 2:4-5,9), e Jesus é o nosso Sumo Sacerdote (Hebreus 4:14). Embora não usemos nenhuma roupa específica para nos identificarmos como Seus sacerdotes, com a Sua ajuda, revestimo-nos "de compaixão, bondade, humildade, mansidão e paciência" (Colossenses 3:12). —*Kirsten Holmberg*

Que possamos "nos revestir" dos frutos do Espírito sempre.

22 de outubro

Deus limpa o nosso pecado

João 8:1-11

E Jesus disse: "Eu também não a condeno. Vá e não peque mais". —João 8:11

Em 1950, uma mãe solteira buscou trabalho para prover para a família, assumindo a função de datilógrafa. O problema era que ela não datilografava muito bem e cometia erros. Ao procurar maneiras de encobrir seus erros, criou o corretivo líquido que cobre erros. Depois de secar, ela podia datilografar sobre a cobertura branca como se não houvesse erro.

Jesus nos oferece uma maneira muito mais poderosa e importante para lidar com o nosso pecado: sem encobrimento, mas com perdão completo. Um bom exemplo disso aparece na história de uma mulher pega em adultério (João 8:3-4). Os mestres da lei queriam que Jesus fizesse algo sobre a mulher e seus pecados. A lei dizia que ela deveria ser apedrejada, mas Cristo não se preocupou em considerar o que a lei dizia ou não. Ele simplesmente ofereceu um lembrete de que todos pecaram (Romanos 3:23) e que qualquer um que não tivesse pecado poderia atirar "a primeira pedra" (João 8:7). Nenhuma pedra foi atirada.

Jesus ofereceu a ela um recomeço. Disse-lhe que não a condenava e a instruiu: "Vá e não peque mais" (v.11). Cristo deu-lhe o perdão por seu pecado para que ela pudesse "datilografar" uma nova maneira de reescrever o seu passado. Essa mesma oferta está disponível para nós por Sua graça. —*Katara Patton*

Como Jesus e o perdão concedido por Ele tem reescrito sua nova história de vida?

23 de outubro

Compaixão na prática

Colossenses 3:12-14

*Visto que Deus os escolheu para
ser seu povo santo e amado, revistam-se
de compaixão...* —COLOSSENSES 3:12

Construir bancos não é o trabalho de James Warren, mas ele começou a construí-los ao notar uma mulher sentada no chão esperando o ônibus. Isso é "indigno", preocupou-se. Assim, aos 28 anos, ele encontrou algumas madeiras, construiu um banco e o colocou no ponto de ônibus, o qual foi rapidamente utilizado. Percebendo que muitos dos pontos de ônibus em sua cidade não tinham assentos, fez outro banco, e, depois, vários outros, escrevendo: "Seja gentil", em cada um deles. Seu objetivo? "Tornar a vida das pessoas um pouco melhor, da maneira que pudesse", disse ele.

Compaixão é outra maneira de descrever tal ação. Jesus tinha compaixão, um sentimento tão forte que nos leva a agir para suprir as necessidades do outro. Quando multidões de pessoas desesperadas seguiam Jesus, "teve compaixão dela, pois eram como ovelhas sem pastor" (Marcos 6:34). Transformou a Sua compaixão em ação ao curar as enfermidades delas (Mateus 14:14).

Paulo, em Colossenses 3:12, insta-nos a nos revestirmos de compaixão. Quais os benefícios? Warren responde: "a compaixão me preenche, é o ar que me move". Ao nosso redor, há necessidades, e Deus as trará à nossa atenção. Essas necessidades podem nos motivar a praticar a compaixão, e isso encorajará outros, ao demonstrarmos a eles o amor de Cristo. —*Patricia Raybon*

*Ao ver alguém com uma dor ou uma necessidade,
ajude-o, com compaixão.*

24 de outubro

Cuide do seu jardim

Cântico dos cânticos 2:8-17

*Peguem todas as raposas, [...]
antes que destruam o vinhedo do amor*
—Cântico dos cânticos 2:15

Estava tão animada para plantar frutas e verduras no nosso quintal, mas notei pequenos buracos no solo, e antes que a horta pudesse amadurecer, o primeiro fruto desapareceu misteriosamente. Um dia, preocupei-me ao ver nosso pé de morango completamente arrancado por coelhos e queimado ao sol. Gostaria de ter prestado mais atenção aos sinais de alerta!

O belo poema de amor, em Cântico dos Cânticos, registra uma conversa entre um rapaz e uma moça. Ao chamar sua querida, o homem a alertou severamente contra os animais que destruiriam o jardim dos amantes, uma metáfora para o relacionamento deles. "Peguem todas as raposas, [...] antes que destruam o vinhedo do amor", disse ele (Cântico Dos Cânticos 2:15). Talvez ele tenha visto indícios de "raposas" que poderiam arruinar seu romance, como ciúme, ira, engano ou apatia. Porque ele se agradava com a beleza de sua noiva (v.14), não tolerava a presença de qualquer mal. Ela lhe era tão preciosa "como um lírio entre os espinhos" (v.2). Ele estava disposto a investir para proteger o relacionamento deles.

Alguns dos presentes mais preciosos de Deus para nós são a família e os amigos, embora tais relacionamentos nem sempre sejam fáceis de manter. Com paciência, cuidado e proteção contra "as raposinhas", confiamos que Deus produzirá belos frutos. —*Karen Pimpo*

*Não seja complacente em um relacionamento íntimo,
não tolere nenhuma "raposa" em seu jardim!*

25 de outubro

O coração caridoso

Provérbios 11:15-25

O generoso prospera; quem revigora outros será revigorado.
—Provérbios 11:25

No dia da despedida, minha amiga trouxe sua filha pequena para se despedir de nós. "Não quero que você vá", disse Kelly. Abracei-a e dei-lhe um leque da minha coleção, pintado à mão. "Quando sentir minha falta, use este leque e lembre-se de que eu amo você". Kelly perguntou se poderia ter um diferente, um de papel que estava em minha bolsa. "Aquele estragou. Eu quero que você tenha o melhor", disse. Não me arrependi de ter dado a ela meu leque favorito. Vê-la feliz me deixou mais feliz. Mais tarde, Kelly disse à mãe que estava triste porque eu guardara o leque quebrado. Resolveram me dar um elegante leque roxo. Kelly sentiu-se feliz e eu também.

Em um mundo que promove autogratificação e autopreservação, somos influenciados a acumular em vez de doar generosamente. No entanto, a Bíblia ensina: "Quem dá com generosidade se torna mais rico" (Provérbios 11:24). Nossa cultura define prosperidade como ter sempre mais, mas as Escrituras afirmam: "O generoso prospera; quem revigora outros será revigorado" (v.25)

O amor e a generosidade ilimitados e incondicionais de Deus nos fortalecem continuamente. Podemos ter um coração caridoso e criar ciclos intermináveis de doação porque sabemos que Deus, o Criador de todas as coisas boas, nunca se cansa de prover em abundância. —*Xochitl Dixon*

Tire um tempo na sua semana, veja o que você não usa mais e que esteja em boas condições, doe e abençoe alguém necessitado.

26 de outubro

Projeto elegante

Gênesis 1:14-23

Então Deus disse: "Encham-se as águas de seres vivos, e voem as aves no céu acima da terra". —Gênesis 1:20

Uma equipe de pesquisadores criou um drone com asas que imitam um pássaro — o andorinhão. Eles voam até 144 km/h e são capazes de pairar, mergulhar, virar e parar rapidamente. No entanto, o drone ainda é inferior ao pássaro. Um pesquisador disse que os pássaros "têm vários músculos que os permitem voar incrivelmente rápido, dobrar as asas, torcê-las, modificar a posição das penas com o bico e economizar energia". Ele admitiu que o esforço da equipe só conseguiu replicar "10% do voo biológico".

Deus deu habilidades incríveis às criaturas do nosso mundo. Observá-las e refletir sobre a sabedoria divina pode ser uma fonte de conhecimento para nós. As formigas nos ensinam sobre como coletar recursos, os coelhos silvestres nos mostram o valor de um abrigo confiável e os gafanhotos nos ensinam que a união faz a força (Provérbios 30:25-27).

A Bíblia nos ensina que Deus: "Com seu entendimento, estendeu os céus" (Jeremias 10:12) e que, ao final de cada etapa do processo de criação, o Senhor confirmou que o que criara era "bom" (Gênesis 1:4,10,12,18,21,25,31). O mesmo Deus que criou pássaros para que "voem [...] no céu acima da terra" (v.20), deu-nos a capacidade de combinar a Sua sabedoria com o nosso raciocínio. Hoje, pense em como podemos aprender com Suas lindas criações no mundo natural.

—*Jennifer Benson Schuldt*

Que parte da criação de Deus você mais admira? Tire um momento para passear em um parque, uma área arborizada ou pelo jardim de sua casa ou prédio. Deus pensou em cada detalhe, para você e por você.

27 de outubro

Eu posso vê-lo!

1 Coríntios 13:4-13

Agora vemos de modo imperfeito, como um reflexo no espelho, mas então veremos tudo face a face... —2 Coríntios 13:12

A optometrista ajudou André, de 3 anos, a ajustar o seu primeiro par de óculos. "Olhe no espelho", ela disse. André olhou a sua imagem e virou para seu pai com um sorriso alegre e amoroso. Então o pai enxugou gentilmente as lágrimas do rosto de seu filho e perguntou: "Algo errado?". André passou seus braços em volta do pescoço do pai: "Eu posso ver". O menino se afastou, inclinou-se e olhou nos olhos do pai: "Posso te ver, pai!"

Ao estudarmos a Bíblia em oração, o Espírito Santo nos dá olhos para ver Jesus, a "imagem do Deus invisível" (Colossenses 1:15). No entanto, mesmo com nossa visão iluminada pelo Espírito, e conforme crescemos em conhecimento por meio das Escrituras, vemos apenas um vislumbre da imensidão infinita de Deus deste lado da eternidade. Quando nosso tempo aqui terminar ou quando Jesus cumprir Sua promessa de voltar, nós o veremos claramente (1 Coríntios 13:12).

Não precisaremos de óculos especiais no alegre momento quando virmos Cristo face a face e o conhecermos como Ele nos conhece, os amados membros do Corpo de Cristo: a Igreja. O Espírito Santo nos concederá a fé, a esperança e o amor necessários para permanecermos firmes, até que olhemos para o nosso amoroso e vivo Salvador e digamos: "Posso vê-lo, Jesus. Posso vê-lo!" —*Xochitl Dixon*

O que o Espírito Santo lhe revelou recentemente ao ler a Bíblia?

28 de outubro

O que pode ser melhor?

1 Timóteo 4:6-16

*Trabalhamos arduamente
e continuamos a lutar porque nossa esperança
está no Deus vivo...* —1 Timóteo 4:10

Érico ouviu sobre o amor de Jesus aos 20 anos e começou a frequentar a igreja, onde conheceu alguém que o ajudou a crescer no conhecimento de Cristo. Logo, seu mentor o designou para ensinar os meninos na igreja. Ao longo dos anos, Deus o direcionou a ajudar jovens em situação de risco em sua cidade, visitar idosos e demonstrar hospitalidade aos vizinhos, para a honra de Deus. Agora, aos 50 anos, Érico sente-se grato por ter sido ensinado desde cedo a servir: "Meu coração transborda ao compartilhar a esperança que encontrei em Jesus. O que poderia ser melhor do que servi-lo?".

Timóteo era criança quando sua mãe e a avó o influenciaram na fé (2 Timóteo 1:5). Quando era jovem adulto, ele conheceu Paulo, que viu nele potencial para servir a Deus, convidando-a para uma jornada ministerial (Atos 16:1-3). Paulo se tornou o mentor de Timóteo no ministério e na vida. Ele o encorajou a estudar, a ser corajoso ao enfrentar falsos ensinos e a usar seus talentos a serviço de Deus (1 Timóteo 4:6-16).

Por que Paulo queria que Timóteo fosse fiel servindo a Deus? "Salvador de todos, especialmente dos que creem" (v.10). Jesus é a nossa esperança e o Salvador do mundo. O que poderia ser melhor do que servi-lo? —Anne Cetas

*O que você aprendeu sobre Cristo
que outros também devam saber?*

29 de outubro

A escolha

Deuteronômio 30:15-20

Hoje lhes dei a escolha entre a vida e a morte, entre bênçãos e maldições. […] Escolham a vida…
—Deuteronômio 30:19

Poucas semanas após a morte de uma amiga querida, conversei com a mãe dela. Hesitei em perguntar-lhe como estava, pois considerei inadequado sabendo que estava de luto. Mas deixei de lado a relutância e simplesmente perguntei como ela se sentia. Sua resposta: "Eu escolho a alegria".

Suas palavras me orientaram naquele dia pois eu lutava para superar circunstâncias desagradáveis em minha vida. As palavras dela também me lembraram das de Moisés aos israelitas. Pouco antes da morte de Moisés e dos israelitas entrarem na Terra Prometida, Deus queria que soubessem que havia uma escolha. Moisés disse: "lhes dei a escolha entre a vida e a morte, entre bênçãos e maldições. […] Escolham a vida" (Deuteronômio 30:19). Eles poderiam seguir as leis de Deus e viver bem, ou poderiam se afastar do Senhor e viver com as consequências da morte e calamidade (v.15).

Nós também devemos escolher como viver. Podemos optar pela alegria e acreditar e confiar nas promessas de Deus para nós ou podemos optar pelas partes negativas e difíceis da jornada, permitindo que elas nos roubem a alegria. Isso exigirá prática e a termos confiança no Espírito Santo, entretanto podemos escolher a alegria, sabendo que Deus faz "todas as coisas cooperarem para o bem daqueles que o amam" (Romanos 8:28). —*Katara Patton*

Em quais situações você pode escolher a alegria apesar das circunstâncias?

30 de outubro

Graça à moda lenta

Colossenses 3:12-17

...revistam-se de compaixão, bondade, humildade, mansidão e paciência. —Colossenses 3:12

Você já ouviu falar em #*slowfashion* (moda lenta)? A hashtag se refere a um movimento focado em resistir à indústria dominada por roupas baratas e descartáveis chamada de *fast fashion* (moda rápida). Essas roupas saem de moda quase tão rápido quanto saem das lojas, com marcas descartando grandes quantidades de produtos todos os anos. O movimento *slow fashion* incentiva as pessoas a desacelerar e adotar uma nova postura. Em vez de se mover pela necessidade de sempre ter o visual mais recente, a *slow fashion* nos encoraja a selecionarmos menos itens, mas que sejam bem-feitos, de origem ética e duradouros.

Ao refletir sobre isso, pensei sobre as maneiras como caio nesse modo de pensar atual, sempre procurando possuir as últimas tendências. No entanto, Paulo diz em Colossenses 3, que encontrar a verdadeira transformação em Jesus não é solução rápida ou moda passageira. É uma vida inteira de lenta e gradual transformação em Cristo.

Em vez de nos vestirmos com os últimos símbolos de status do mundo, podemos optar por nos revestirmos com as vestes do Espírito: "compaixão, bondade, humildade, mansidão e paciência" (v.12). Podemos aprender a ter paciência uns com os outros na lenta jornada de Cristo transformando nosso coração: jornada que conduz à paz duradoura (v.15). —*Monica La Rose*

Busque a segurança e aprovação de Jesus e "revista-se" de humildade.

31 de outubro

Esperança para os feridos

Salmo 6

Meu coração está muito angustiado; Senhor, quando virás me restaurar? —Salmo 6:3

"A maioria das pessoas carrega cicatrizes que não conseguimos ver ou entender". O jogador de beisebol, Andrelton Simmons, disse essas palavras profundamente honestas quando encerrou sua carreira no final da temporada devido a problemas de saúde mental. Refletindo sobre a sua decisão, ele sentiu que precisava compartilhar sua história para encorajar outros que porventura enfrentavam algo semelhante e lembrá-los de mostrar compaixão.

Cicatrizes invisíveis são mágoas e feridas profundas que não podemos ver, mas causam dor e sofrimento reais. No salmo 6, Davi escreveu sobre sua luta profunda: palavras dolorosamente cruas e honestas. Ele estava agoniado (v.2) e "muito angustiado" (v.3). Davi sentia-se "exausto" de tanto gemer, e sua cama ficava cheia de lágrimas (v.6). Apesar de Davi não compartilhar a causa de seu sofrimento, muitos de nós nos identificamos com a sua dor.

Podemos ser encorajados pela forma que Davi reagiu à dor. No meio de profundo sofrimento, Davi clamou a Deus. Abriu seu coração com honestidade, orou por cura (v.2), salvação (v.4) e misericórdia (v.9). Chegou a questionar: "Quando virás"? (v.3), insistindo por sua situação, Davi permaneceu confiante de que Deus ouviria sua súplica (v.9) e agiria em Seu tempo (v.10). Por nosso Deus ser quem é, sempre há esperança. —Lisa M. Samra

Você já experimentou a cura, a misericórdia e o resgate de Deus ao passar por profunda angústia?

1.º de novembro

Abre os olhos do meu coração

Efésios 1:15-23

...que Deus [...] lhes dê sabedoria espiritual e entendimento para que cresçam no conhecimento dele. —EFÉSIOS 1:17

Em 2001, o bebê prematuro, Christopher Duffley, surpreendeu os médicos ao sobreviver. Aos 5 meses, foi para a fila de adoção até que a família de sua tia o adotasse. Um professor percebeu que, aos 4 anos, mesmo sendo cego e diagnosticado como autista, ele tinha afinação perfeita. Seis anos depois, na igreja, o pequeno subiu no palco e cantou o hino: "Abre o coração" (HC 343). O vídeo alcançou milhões de pessoas *on-line*. Em 2020, Duffley compartilhou suas metas de defender as pessoas com deficiência. Ele continua a provar que as possibilidades são ilimitadas com os olhos do seu coração abertos ao plano de Deus.

O apóstolo Paulo elogiou a igreja em Éfeso por sua fé ousada (Efésios 1:15-16), e pediu a Deus que lhes desse o Espírito de sabedoria e revelação para que o conhecessem melhor (v.17). Ele orou para que o coração deles fosse "iluminado" ou aberto, para que pudessem entender a esperança e herança que Deus prometeu a Seu povo (v.18).

Ao pedirmos a Deus que se revele a nós, podemos conhecê-lo mais e declarar Seu nome, poder e autoridade com confiança (vv.19-23). Com fé em Jesus e amor por todo o povo de Deus, podemos viver de maneiras que provem Suas possibilidades ilimitadas enquanto pedimos que Ele continue a abrir os olhos do nosso coração. —*Xochitl Dixon*

Deus a ajudará a superar obstáculos e limitações. Lembre-se: Às vezes, surgem situações em nossa vida que precisamos passar para que possamos consolar outra pessoa e levá-la a Cristo.

2 de novembro

Confiar

Isaías 26:1-4

Confiem sempre no SENHOR, pois o SENHOR Deus é a Rocha eterna —ISAÍAS 26:4

Abri as persianas em uma manhã de inverno; deparei-me com uma visão chocante: névoa. "Névoa congelante", foi a previsão do tempo. Ela é rara onde moramos e veio com uma surpresa ainda maior: a previsão de céu azul e sol "em uma hora". "Impossível. Mal conseguimos enxergar algo a nossa frente", disse ao meu marido. Mas sim, em menos de uma hora, a névoa sumiu, o céu abriu-se em azul claro e ensolarado. Junto à janela, ponderei sobre minha confiança quando vejo apenas neblina na vida. Perguntei ao meu marido: "Confio em Deus somente por aquilo que posso ver?"

Quando o rei Uzias morreu e alguns governantes corruptos chegaram ao poder em Judá, Isaías fez pergunta semelhante. *Em quem podemos confiar?* Deus respondeu dando a Isaías uma visão tão notável que o convenceu de que Ele pode ser confiável no presente para dias melhores à frente. Isaías louvou: "Tu guardarás em perfeita paz todos que em ti confiam, aqueles cujos propósitos estão firmes em ti" (Isaías 26:3). E acrescentou: "Confiem sempre no SENHOR, pois o SENHOR Deus é a Rocha eterna" (v.4).

Quando nossa mente está centrada em Deus, podemos confiar nele mesmo em tempos confusos e encobertos. Talvez não vejamos isso claramente, mas se confiamos em Deus, temos a certeza de que a Sua ajuda está a caminho. —*Patricia Raybon*

Quando tudo parecer confuso, colocaremos a nossa confiança em Deus.

3 de novembro

Presente impossível

João 14:25-31

Eu lhes deixo um presente, a minha plena paz...
—João 14:27

Fiquei feliz ao achar o presente perfeito para minha sogra: a pulseira tinha um pingente personalizado! Encontrar um presente perfeito é sempre um prazer absoluto. Mas e se o presente que o indivíduo precisa estiver além de nosso poder aquisitivo? Muitos de nós gostaríamos de poder dar a alguém paz de espírito, descanso ou mesmo paciência. Se ao menos os pudéssemos comprar e embrulhá-los com um laço!

Tais presentes são impossíveis para darmos a outros. No entanto, Jesus, Deus encarnado, concede aos que creem nele um presente "impossível": a dádiva da paz. Antes de subir ao Céu e deixar os discípulos, Jesus os confortou com a promessa do Espírito Santo: "O Espírito Santo […] lhes ensinará todas as coisas e os fará lembrar tudo que eu lhes disse" (João 14:26). Ele lhes ofereceu a paz: a Sua paz, como uma dádiva duradoura e infalível para quando estivessem atribulados ou sentissem medo. Ele mesmo é a nossa paz com Deus, com os outros e interiormente.

Podemos não conseguir dar aos nossos entes queridos aquela dose extra de paciência ou melhorar a saúde deles. Tampouco está ao nosso alcance dar a eles a paz de que todos nós desesperadamente precisamos para suportar as lutas da vida. Mas podemos ser guiados pelo Espírito para lhes falar sobre Jesus, o Doador e a encarnação da paz verdadeira e duradoura. —*Kirsten Holmberg*

A paz de Cristo nos traz de volta a vida.

4 de novembro

Âncora de esperança

Hebreus 6:16-20

Essa esperança é uma âncora firme e confiável para nossa alma... —Hebreus 6:19

Mostrei uma foto de pessoas dormindo em um beco. "Do que eles precisam?" Perguntei à minha classe de juniores da Escola Dominical. "Comida", disse um. "Dinheiro", disse outro. "Um lugar seguro", disse um terceiro. Então uma garota falou: "Esperança".

"Esperança é esperar que coisas boas aconteçam", explicou ela. Achei interessante ela falar sobre "esperar" coisas boas quando, pelos desafios, pode ser fácil não esperar algo bom da vida. No entanto, a Bíblia fala de esperança de maneira semelhante à daquela garota. Se: "A fé mostra a realidade daquilo que esperamos" (Hebreus 11:1), nós que temos fé em Jesus, *podemos* esperar que coisas boas aconteçam.

O bem supremo que os cristãos podem confiantemente aguardar é "a promessa de que entraremos no descanso de Deus" (4:1). Para os cristãos, isso inclui: Sua paz, certeza da salvação, confiança em Sua força e a certeza de um lar celestial futuro. A garantia de Deus e a salvação por meio de Jesus é o motivo pelo qual a esperança pode ser nossa âncora, mantendo-nos firmes em tempos de necessidade (6:18-20). O mundo precisa de esperança, verdadeiramente, precisa da garantia e da verdadeira certeza de que, em tempos bons e ruins, Deus terá a palavra final e não nos decepcionará. Quando confiamos nele, sabemos que Ele fará tudo certo para nós em Seu tempo. —*Karen Huang*

A Bíblia a encorajará e lhe trará esperança e confiança.

5 de novembro

No jardim

Gênesis 2:8-9; 3:16-19

O Senhor Deus plantou um jardim no Éden, [...] e ali colocou o homem que havia criado. —Gênesis 2:8

Meu pai amava estar ao ar livre com a criação de Deus, acampar, pescar e colecionar pedras. Ele gostava de trabalhar em seu quintal e jardim. Dava muito trabalho! Passava horas podando, capinando, plantando sementes e flores, arrancando ervas daninhas, cortando a grama e regando o jardim. Os resultados valiam a pena, gramado ajardinado, tomates saborosos e lindas rosas da paz. Todos os anos, ele podava as roseiras rentes ao solo, e elas cresciam, preenchendo os sentidos com fragrância e beleza.

Em Gênesis, lemos sobre o jardim do Éden, onde Adão e Eva viveram, prosperaram e caminharam com Deus. Ali, "Deus fez brotar do solo árvores de todas as espécies, árvores lindas que produziam frutos deliciosos" (Gênesis 2:9). Imagino que aquele jardim perfeito também tinha flores lindas e perfumadas, talvez até mesmo rosas sem os espinhos!

Após a rebelião de Adão e Eva contra Deus, eles foram expulsos do jardim e precisaram plantar e cuidar de seus próprios jardins, o que significava capinar terreno duro, lutar com espinhos e outros desafios (3:17-19,23-24). No entanto, Deus continuou a prover para eles (v.21), e o Senhor não deixou a humanidade sem a beleza da criação para nos atrair a Ele (Romanos 1:20). As flores no jardim nos lembram do contínuo amor de Deus e da promessa de uma nova criação — símbolos de esperança e conforto! —*Alyson Kieda*

Tire um momento para observar a natureza, pois a criação nos faz desejar louvar o nosso Criador? Agradeça a Deus por toda a criação.

6 de novembro

Cristo, nossa verdadeira luz

João 1:1-14

Jesus [...] disse: "Eu sou a luz do mundo. Se vocês me seguirem, não andarão no escuro"... —João 8:12

Era uma tarde de domingo e meu marido me disse: "Siga a luz!", enquanto tentávamos sair de um enorme hospital da cidade. Tínhamos visitado um amigo e, ao sair do elevador, não encontramos ninguém naquele final de tarde que pudesse nos indicar a saída. Vagando por corredores mal iluminados, finalmente encontramos um homem que ao perceber nossa confusão disse: "Os corredores parecem todos iguais, mas a saída é por este caminho". Com as instruções dele, encontramos as portas de saída, levando-nos, de fato, para a luz do sol.

Jesus convidou incrédulos perdidos e confusos a segui-lo para fora de sua escuridão espiritual: "Eu sou a luz do mundo. Se vocês me seguirem, não andarão no escuro, pois terão a luz da vida" (João 8:12). Em Sua luz, podemos ver pedras de tropeço, pecados e pontos cegos, permitindo que Ele remova essas trevas de nossa vida à medida que Ele ilumina Sua luz em nosso coração e em nosso caminho. Como a coluna de fogo que guiou os israelitas pelo deserto, a luz de Cristo nos traz a presença, a proteção e a orientação de Deus.

Como João explicou, Jesus é "a verdadeira luz" (1:9) e "a escuridão nunca conseguiu apagá-la" (v.5). Em vez de vagar pela vida, podemos buscá-lo e receber a Sua orientação enquanto Ele ilumina o caminho. —*Patricia Raybon*

Pondere sobre as áreas em sua vida que precisam da iluminação de Cristo, e peça a Deus que a ajude a mantê-las iluminadas.

7 de novembro

Não desista

2 Coríntios 4:16-18

> ...*nunca desistimos. Ainda que nosso exterior esteja morrendo, nosso interior está sendo renovado...* —2 Coríntios 4:16

Não lembro de minha mãe estar saudável. Diabética, por anos seu nível de açúcar no sangue era bastante irregular. Vieram as complicações e os rins precisavam de diálise permanente. A neuropatia e os ossos quebrados exigiram o uso de cadeira de rodas. A visão dela regrediu causando-lhe a cegueira.

Mas à medida que o seu corpo lhe faltava, a vida de oração de mamãe tornou-se mais intensa. Ela passava horas orando para outros conhecerem e experimentarem o amor de Deus. As palavras das Escrituras tornaram-se mais doces para ela. Antes de sua visão enfraquecer, ela escreveu uma carta para sua irmã com as palavras: "...nunca desistimos. Ainda que nosso exterior esteja morrendo, nosso interior está sendo renovado a cada dia" (2 Coríntios 4:16).

O apóstolo Paulo sabia como é fácil "desanimar" e ele descreve sua vida cheia de perigo, dor e privação (11:23-29). No entanto, ele considerava esses "problemas" temporários. E ele nos encorajou a pensar não apenas no que vemos, mas também no que não podemos ver: no que é *eterno* (4:17-18).

Apesar do que esteja acontecendo, nosso amoroso Deus continua a renovar o nosso interior todos os dias. Sua presença conosco é certa. Através da dádiva da oração, Ele está apenas a um fôlego de distância. Suas promessas de nos fortalecer, dar-nos esperança e alegria permanecem. —*Cindy Hess Kasper*

Quando sentir-se desanimada, leia uma das cartas de Paulo às Igrejas. Aceite o encorajamento que vem do Pai.

8 de novembro

Mais precioso que ouro

1 Pedro 2:4-10

…[aproxime-se] de Cristo, a pedra viva. […] Deus o escolheu para lhe conceder grande honra. —1 Pedro 2:4

Você já viu itens baratos em brechós, sonhando encontra algo de valor? Isso aconteceu nos Estados Unidos, quando uma antiga tigela chinesa foi comprada por 35 dólares e vendida em um leilão, em 2021, por 700 mil dólares. A peça era do século 15, rara e historicamente significativa. Isso nos serve como lembrete de que só porque algumas pessoas pensam que algo não vale nada, não significa que aquilo não seja valioso.

Escrevendo aos cristãos espalhados pelo mundo de então, Pedro explicou que a fé que tinham em Jesus era a crença naquele que foi rejeitado pela cultura da época. Desprezado pela maioria dos líderes religiosos judeus e crucificado pelo governo romano, Cristo foi rejeitado por muitos porque não atendeu às suas expectativas e desejos. Embora outros tenham rejeitado o valor de Jesus, "Deus o escolheu para lhe conceder grande honra" (1 Pedro 2:4). Seu valor para nós é infinitamente mais precioso do que ouro ou prata (1:18-19). E temos a garantia de que quem escolhe confiar em Jesus nunca se envergonhará de sua escolha (2:6).

Enquanto outros rejeitam o valor de Jesus, olhemos de outro modo. O Espírito pode nos ajudar a ver o dom imensurável de Cristo, que oferece a todas as pessoas o inestimável convite para tornar-se parte da família de Deus (v.10). —*Lisa M. Samra*

Por que as pessoas esquecem o verdadeiro valor de Jesus? Você já esqueceu do valor dele alguma vez? Compartilhe as bênçãos que o Senhor lhe concedeu.

9 de novembro

Você pode confiar em Deus

Salmo 9:7-10

Quem conhece teu nome confia em ti...
—Salmo 9:10

Quando meu gato Mickey teve infecção no olho, usou colírio diariamente. Assim que era colocado na bancada, ele se sentava, olhava-me com olhos assustados e se preparava para o colírio. "Bom menino", eu murmurava. Embora ele não entendesse o que eu fazia, ele nunca pulou, rosnou ou me arranhou. Em vez disso, buscava o conforto encostando-se em mim. Ele sabia em quem podia confiar.

Ao escrever o Salmo 9, Davi provavelmente já havia experimentado muito do amor e da fidelidade de Deus. Davi voltou-se para Deus buscando proteção contra os seus inimigos, e o Senhor agiu a seu favor (vv.3-6). Durante os momentos de necessidade de Davi, Deus não falhou com ele. Resultante disso, Davi soube como o Senhor era: poderoso e justo, amoroso e fiel. E portanto, Davi confiou em Deus, reconhecendo que Ele era confiável.

Cuidei do Mickey em suas várias doenças desde quando o encontrei como um gatinho miúdo e faminto na rua. Ele sabe que pode confiar em mim, mesmo quando faço coisas que ele não entende. De maneira semelhante, lembrarmo-nos da fidelidade d Deus para conosco e do Seu caráter nos ajuda a confiar nele quando não conseguimos entender o que o Senhor está fazendo. Que possamos continuar confiando em Deus nos momentos difíceis. —*Karen Huang*

Lembre-se de quando Deus lhe demonstrou Seu amor e fidelidade. Confie nele mesmo durante as provações, porque o Senhor age em seu favor.

10 de novembro

Sob Tuas asas

Salmo 61

Permite-me viver para sempre em teu santuário, seguro sob o abrigo de tuas asas! —S<small>ALMO</small> 61:4

Existem várias famílias de gansos canadenses com filhotes no lago próximo do nosso condomínio. Os pequeninos gansos são tão fofos que é difícil não os observar quando vou passear ou correr ao redor daquele lago. Mas aprendi a evitar o contato visual e a ficar longe dos gansos; caso contrário, corro o risco de um papai ganso protetor suspeitar que sou uma ameaça e me perseguir!

A imagem de um pássaro protegendo seus filhotes é uma daquelas que as Escrituras usam para descrever o amor protetor e terno de Deus por Seus filhos (Salmo 91:4). Davi parece ansiar por esse cuidado de Deus (Salmo 61). Ele havia experimentado o refúgio divino: "és meu refúgio e minha fortaleza" (61:3), mas em desespero clamava agora: "dos confins da terra", implorando que: "[o levasse] à rocha alta e segura" (v.2). Davi ansiava novamente por Deus, por estar "seguro sob o abrigo de tuas asas" (v.4).

Como o salmista, quando nos sentirmos distantes do amor de Deus, podemos correr aos Seus braços, para termos a certeza de que, mesmo em nossa dor, o Senhor está conosco, protegendo, amparando e cuidando-nos tão ferozmente quanto uma mãe pássaro protege os seus filhotes. —*Monica La Rose*

Tire um momento do seu dia hoje, busque um lugar tranquilo, feche os olhos e ore ao Senhor Deus. Aceite o cuidado protetor do Pai por você.

11 de novembro
Refletindo a luz do filho

Mateus 5:14-16

Vocês são a luz do mundo...
—MATEUS 5:14

Depois que tive um conflito com a minha mãe, ela finalmente concordou em me encontrar a mais de uma hora de distância de minha casa. Mas quando cheguei lá, descobri que ela havia saído antes que eu chegasse. Na minha raiva, escrevi uma mensagem para ela. Mas a revisei depois que senti Deus me cutucando para que eu respondesse com mais amor. Depois que minha mãe leu minha mensagem revisada, ela me ligou. "Você mudou," ela disse. Deus usou minha mensagem para permitir que minha mãe me perguntasse sobre Jesus e, eventualmente, ela o recebeu como seu Salvador

Em Mateus 5, Jesus afirma que os Seus discípulos são a luz do mundo (v.14), e diz também: "Da mesma forma, suas boas obras devem brilhar, para que todos as vejam e louvem seu Pai, que está no céu" (v.16). Assim que recebemos a Cristo como nosso Salvador, recebemos o poder do Espírito Santo. Ele nos transforma para que sejamos testemunhas que refletem alegremente a verdade e o amor de Deus por onde quer que formos.

Por intermédio do poder do Espírito Santo, podemos ser alegres luzes de esperança e paz que se parecem mais com Jesus dia a dia. Cada coisa boa que fazemos torna-se um ato de grato louvor, que atrai os outros e pode ser visto como exemplo de fé vibrante. Rendidos ao Espírito Santo, podemos honrar o Pai refletindo a Luz do Seu Filho Jesus. —*Xochitl Dixon*

Você já observou a luz de Jesus brilhando por intermédio de outra pessoa? Você reflete o brilho da luz de Jesus?

12 de novembro

Persistência e pizzas

Gálatas 6:2-10

Portanto, não nos cansemos de fazer o bem...
—Gálatas 6:9

Ibrahim chegou da África à Itália como imigrante aos 12 anos e sem saber uma palavra de italiano. Ele lutou contra a gagueira e enfrentou a rejeição aos imigrantes. Nada o impediu de abrir uma pizzaria em Trento quando era um jovem de 20 anos. Seu pequeno negócio conquistou céticos e está listado entre as melhores 50 pizzarias do mundo.

Sua esperança era ajudar a alimentar as crianças famintas nas ruas italianas. Ele lançou a "pizza de caridade" expandindo a tradição de comprar um café extra para os necessitados, para a compra de uma pizza extra. Incentiva as crianças imigrantes a superarem o preconceito e a não desistirem.

Essa persistência lembra as lições de Paulo sobre fazer o bem a todos. "...não nos cansemos de fazer o bem. No momento certo, teremos uma colheita de bênçãos..." (Gálatas 6:9). Paulo continuou: "Por isso, sempre que tivermos oportunidade, façamos o bem a todos, especialmente aos da família da fé" (v.10).

Ibrahim, um imigrante que enfrentou preconceitos e barreiras linguísticas, criou uma oportunidade de fazer o bem. A comida tornou-se "uma ponte" que conduz à tolerância e à compreensão. Inspirados por tal persistência, nós também podemos buscar oportunidades para praticar o bem. Deus, então, recebe a glória enquanto Ele age por meio de nossas contínuas tentativas. —*Patricia Raybon*

A sua persistência glorifica a Deus?

13 de novembro

A grande vitória de Jesus

2 Crônicas 20:15-22

No momento em que começaram a cantar e louvar, o Senhor trouxe confusão sobre os exércitos...
—2 Crônicas 20:22

Durante a Segunda Guerra Mundial, alguns pianos foram lançados de avião a fim de suprir as saudades que os soldados europeus sentiam de suas casas. Os pianos foram fabricados contendo 10% da quantidade normal de metal, com cola especial resistente à água e tratamentos anti-insetos. Eram instrumentos robustos e simples, mas forneciam entretenimento para os soldados, que se reuniam e cantavam canções familiares longe de seus lares.

Cantar, especialmente canções de louvor, é uma das maneiras pelas quais os cristãos podem encontrar paz na batalha. O rei Josafá descobriu isso ao enfrentar vastos exércitos invasores (2 Crônicas 20). Aterrorizado, o rei convocou todo o povo para orar e jejuar (vv.3-4). Em resposta, Deus lhe disse para liderar os soldados para enfrentarem o inimigo, prometendo que eles "não [teriam] de lutar" (v.17). Josafá creu em Deus e agiu com fé. Ele designou cantores para irem à frente dos soldados e cantarem louvores a Deus pela vitória que eles acreditavam que veriam (v.21). E quando a música deles começou, o Senhor milagrosamente derrotou seus inimigos e salvou Seu povo (v.22).

A vitória nem sempre vem quando ou como queremos. Mas sempre podemos proclamar a vitória suprema de Jesus sobre o pecado e a morte que já foi conquistada para nós. Podemos escolher descansar em espírito de louvor mesmo em meio a uma zona de guerra. —*Karen Pimpo*

Você louva a Deus onde Ele a colocou?

14 de novembro

Apegar-se a Jesus

Mateus 9:18-22

...pois pensava: "Se eu apenas tocar em seu manto, serei curada". —MATEUS 9:21

Tive tontura na escada do prédio do escritório e agarrei o corrimão porque a escada parecia girar. Enquanto meu coração batia forte e minhas pernas fraquejavam, agarrei-me ao corrimão, grata por poder me amparar. Os exames médicos apontaram anemia. Embora a situação não fosse grave e logo foi resolvida, nunca esquecerei como me senti fraca naquele dia.

É por isso que admiro a mulher que tocou em Jesus. Ela não apenas se moveu no meio da multidão naquele estado de fraqueza, mas também demonstrou fé e ousadia para se aproximar dele (Mateus 9:20-22). Ela tinha boas razões para ter medo: a lei judaica a definia como impura e, ao expor outras pessoas à sua impureza, ela enfrentaria sérias consequências (Levítico 15:25-27). Mas seu pensamento "Se eu apenas tocar em Seu manto" a fez seguir. A palavra grega traduzida como "tocar", em Mateus 9:21, não significa apenas tocar, quer também dizer "agarrar-se" ou "apegar-se". A mulher agarrou-se firmemente a Jesus, pois creu que Ele poderia curá-la.

Jesus viu, no meio de uma multidão, a fé desesperada de uma mulher. Quando nós somos ousados na fé e nos apegamos a Cristo em meio às nossas necessidades, Ele nos acolhe e vem em nosso auxílio. Podemos contar-lhe a nossa história sem medo de rejeição ou punição. Hoje, Jesus nos diz: "Apegue-se a mim". —*Karen Huang*

Apegue-se firmemente a Jesus, hoje.

15 de novembro

Tudo o que precisamos

Lucas 10:38-42

Marta, você se preocupa e se inquieta com todos esses detalhes. Apenas uma coisa é necessária... —LUCAS 10:41-42

Certo fim de semana, conduzi um retiro com o tema de Maria e Marta, irmãs de Lázaro, de Betânia, os quais Jesus amava (João 11:5). Estávamos num local remoto ao longo da costa. Nevou inesperadamente e muitos participantes comentaram sobre como aquele dia extra juntos significava poder praticar o ato de sentar-se aos pés de Cristo, como Maria o fez. Eles queriam buscar "Apenas uma coisa [...] necessária" (Lucas 10:42), a mesma que Jesus orientou com amor a Marta — escolher se aproximar e aprender dele.

Quando Jesus visitou a casa de Marta, Maria e Lázaro, Marta não sabia com antecedência sobre a Sua vinda, então podemos entender a chateação dela com Maria por esta não ajudar nos preparativos para alimentar o Senhor e os Seus discípulos. Mas Marta perdeu de vista o que realmente importava, que era receber Jesus enquanto aprendia com Ele. Cristo não a repreendeu por querer servi-lo, mas sim a lembrou de que ela estava perdendo o que era mais importante.

Quando as interrupções nos irritam ou nos sentimos sobrecarregados com as muitas coisas que queremos realizar, podemos parar e nos lembrar do que realmente importa na vida. À medida que desaceleramos, imaginando-nos sentados aos pés de Jesus, podemos pedir-lhe que nos encha com Seu amor e vida. Podemos nos deleitar em sermos discípulos amados. —*Amy Boucher Pye*

Que distrações a impedem de usufruir da presença de Jesus e de sentar-se aos Seus pés?

16 de novembro

A aventura

Efésios 1:3-14

*...em Cristo nós nos tornamos herdeiros [...].
O propósito [...] era que [...] louvássemos
a Deus...* —Efésios 1:11-12

Certa jovem me disse: "Cristianismo não é para mim. É chato. Um dos meus valores é viver aventuras. Isso é viver". Entristeci-me ao saber que ela ainda não descobrira a alegria e o entusiasmo que nos acompanha ao escolhermos seguir Jesus, uma aventura sem igual. Com entusiasmo, falei-lhe sobre Jesus e como encontramos a verdadeira vida apenas nele.

As palavras são simplesmente inadequadas para descrever a aventura de conhecer e caminhar com Jesus, o Filho de Deus. O apóstolo Paulo nos oferece um pequeno, mas poderoso vislumbre sobre o que significa viver com Ele. Deus nos concede bênçãos espirituais diretamente do Céu (Efésios 1:3), "para sermos santos e sem culpa diante dele" (Efésios 1:4) e adoção "como filhos por meio de Jesus Cristo" em Sua família real (v.5). Ele nos abençoa com o generoso dom de Seu perdão e graça (vv.7-8), dá-nos compreensão do mistério de Sua vontade (v.9) e um novo propósito de viver para que louvemos a Deus e lhe demos glória (v.12). O Espírito Santo vem habitar em nós para nos capacitar e guiar (v.13), e Ele garante a eternidade na presença de Deus para sempre (v.14).

Quando Jesus Cristo entra em nossa vida, descobrimos que o conhecer e segui-lo mais de perto é a maior das aventuras. Busque-o agora e todos os dias para viver verdadeiramente. —Anne Cetas

*Quais as atitudes de alguém que conhece
e caminha com Jesus?*

17 de novembro

Reunindo forças em Deus

2 Coríntios 12:2-10

Minha graça é tudo de que você precisa. Meu poder opera melhor na fraqueza. —2 Coríntios 12:9

Grainger McKoy é um artista que estuda e esculpe pássaros, capturando a graça, a vulnerabilidade e a capacidade deles. Uma das suas obras chama-se *Recovery* (Recuperação) e mostra a asa direita de um pato *pintail*, bem esticada e em posição vertical. Abaixo, uma placa descreve a recuperação da ave como "o momento de maior fraqueza durante o voo, mas também o de reunir forças para a jornada à frente". Grainger inclui este versículo: "Minha graça é tudo de que você precisa. Meu poder opera melhor na fraqueza" (2 Coríntios 12:9).

O apóstolo Paulo escreveu essas palavras à igreja em Corinto. Nessa época, sobrecarregado com lutas pessoais, Paulo suportou e implorou a Deus que removesse o que descreveu como "um espinho na carne" (v.7). Sua aflição pode ter sido uma doença física, ou uma oposição espiritual, como foi com Jesus no jardim, na noite anterior à Sua crucificação (Lucas 22:39-44). Paulo repetidamente pediu a Deus que removesse seu sofrimento. O Espírito Santo respondeu assegurando-lhe de que lhe daria a força necessária, e Paulo aprendeu: "quando sou fraco, então é que sou forte" (2 Coríntios 12:10).

Ah, os espinhos que experimentamos nesta vida! Como um pássaro reunindo forças para a jornada à frente, podemos pedir a força de Deus para nos auxiliar. Em Sua força, encontramos a nossa. —*Elisa Morgan*

Você se sente enfraquecida hoje? Pois é na sua fraqueza que o poder de Deus se apresenta mais forte. Confie e viva totalmente pela graça.

18 de novembro

Não tem preço

Provérbios 17:12-22

O coração alegre é um bom remédio...
—Provérbios 17:22

Durante o ano letivo, por três anos, Camila fantasiou-se diferente para cumprimentar suas crianças que desciam do ônibus escolar todas as tardes. Isso alegrava a todos no ônibus, até o motorista: "Ela traz tanta alegria para as crianças; é incrível! Amo isso". Os filhos de Camila concordam. Tudo começou quando Camila começou a ser mãe substituta. Sabendo o quanto é difícil distanciar-se dos pais e frequentar uma escola nova, ela começou a cumprimentar as crianças estando fantasiada. Após três dias, as crianças não queriam que ela parasse. Camila continuou e investiu tempo e dinheiro em brechós, e como descreveu uma repórter, trouxe um "resultado inestimável: felicidade".

Um pequeno versículo no livro de conselhos sábios e espirituosos, em grande parte do rei Salomão para seu filho, resume os resultados das brincadeiras dessa mãe: "O coração alegre é um bom remédio, mas o espírito abatido consome as forças" (Provérbios 17:22). Ao trazer alegria para todos os seus filhos (biológicos, adotivos ou amparados), ela esperava evitar a tristeza de coração.

Deus, por meio do Espírito Santo, é a fonte da alegria verdadeira e duradoura (Lucas 10:21; Gálatas 5:22). O Espírito nos permite refletir a luz de Deus ao tentarmos levar alegria aos outros, alegria que oferece esperança e força para enfrentar as provações. —*Alyson Kieda*

Seja a portadora de alegria para alguém hoje.

19 de novembro

Precioso para Deus

Isaías 43:1-7

...Pois você é precioso para mim, é honrado e eu o amo.
—Isaías 43:4

Quando menino, Mário achava o seu pai severo e distante. Até quando adoecia e precisava ir ao pediatra, seu pai resmungava. Durante uma briga, ouviu e soube que seu pai queria que ele tivesse sido abortado. O sentimento de ser indesejado o acompanhou até a idade adulta. Quando ele se tornou cristão, achou difícil relacionar-se com Deus como seu Pai, embora já o conhecesse como Senhor de sua vida.

Se, como ele, não nos sentimos amados por nossos pais terrenos, podemos enfrentar dúvidas semelhantes em nosso relacionamento com Deus e talvez nos questionemos: *Sou um fardo para Ele? Deus se importa comigo?* Mesmo se nossos pais terrenos tiverem sido severos e distantes, Deus, nosso Pai celestial, nos diz: "Eu o amo" (Isaías 43:4).

Deus fala como Criador e como Pai. Se você deseja saber se Ele quer que você viva sob Seu cuidado como parte de Sua família, ouça o que Ele disse ao Seu povo: "Tragam de volta meus filhos e filhas, desde os confins da terra" (v.6). Se você questiona seu valor para Ele, ouça Sua afirmação: "você é precioso para mim, é honrado e eu o amo" (v.4).

Deus nos ama tanto que enviou Jesus para pagar o preço do pecado a fim de que nós, que cremos nele, possamos estar com o Senhor para sempre (João 3:16). Por causa do que Deus diz e do que Jesus fez por nós, podemos ter plena confiança de que o Senhor nos quer e nos ama. —*Jasmine Goh*

Como é o seu relacionamento de filho com o nosso Deus Pai?

20 de novembro

Uma bênção de ação de graças

Lucas 14:12-14

...convide os pobres, os aleijados, os mancos e os cegos. [...] você será recompensado... —LUCAS 14:13-14

Em 2016, Wanda Dench enviou uma mensagem convidando o neto para o jantar de Ação de Graças, sem saber que ele tinha recentemente mudado o número de telefone. O texto foi para um estranho, Jamal. O jovem não tinha planos e, depois de esclarecer quem era, perguntou se ainda poderia ir ao jantar. Wanda disse: "Claro!". Jamal juntou-se ao jantar em família, e isso tornou-se uma tradição para ele. Um convite errado transformou-se em bênção.

A gentileza de Wanda em convidar um estranho para o jantar lembra-me do encorajamento de Jesus no evangelho de Lucas. Durante um jantar com um "líder fariseu" (Lucas 14:1), Jesus notou quem foi convidado e como eles disputavam os melhores lugares (v.7). Ele disse a Seu anfitrião que convidar pessoas com base no que elas podem fazer por ele em troca (v.12) significava uma bênção limitada. Em vez disso, Jesus instruiu que, ao oferecer hospitalidade a quem não tinha recursos para retribuir, traria bênçãos ainda maiores (v.14).

Para Wanda, convidar Jamal para juntar-se à família no jantar de Ação de Graças trouxe uma bênção inesperada, e a amizade duradoura que lhe foi de grande apoio após a morte do marido dela. Quando estendemos a mão para os outros, não pensando no que podemos receber, mas por causa do amor de Deus fluindo em nós, recebemos bênçãos e encorajamento muito maiores. —*Lisa M. Samra*

Um convite inesperado já a encorajou e abençoou? Você pode convidar alguém para estar com você hoje?

21 de novembro
Vendo por meio da fé
Hebreus 11:1-8

A fé mostra a realidade daquilo que esperamos; ela nos dá convicção de coisas que não vemos. —Hebreus 11:1

Em minha caminhada matinal, vi o brilho do sol atingir as águas do lago em um ângulo que gerou uma vista deslumbrante. Pedi ao meu amigo para parar e esperar por mim, enquanto posicionava a câmera para tirar uma foto. Por causa da posição do Sol, não consegui ver a imagem na tela antes de tirar a foto. Mas, já tendo feito isso antes, senti que seria uma ótima foto. E disse a meu amigo: "Não podemos ver agora, mas fotos como essa sempre saem boas".

Nesta vida, andar pela fé costuma ser como tirar aquela foto. Nem sempre é possível ver os detalhes na tela, mas isso não significa que a imagem deslumbrante não esteja lá. Você nem sempre vê Deus agindo, mas pode confiar que Ele está. Assim como o escritor de Hebreus escreveu: "A fé mostra a realidade daquilo que esperamos; ela nos dá convicção de coisas que não vemos" (11:1). Pela fé, colocamos nossa confiança e segurança em Deus, especialmente quando não podemos ver ou entender o que Ele está fazendo.

Com fé, o fato de não podermos ver não nos impede de "dar nosso melhor". Isso pode nos fazer orar mais e buscar a direção de Deus. Também podemos confiar no que aconteceu no passado, quando outros andaram pela fé (vv.4-12), assim como por meio de nossas próprias histórias. O que Deus fez antes, Ele pode fazer de novo. —*Katara Patton*

Confie que Deus fará o que é preciso, mesmo que você não perceba a ação dele no momento.

22 de novembro

Quem sou eu?

1 Crônicas 29:14-20

...quem sou eu, e quem é meu povo, para que pudéssemos lhe dar alguma coisa? Tudo [...] vem de ti... —1 Crônicas 29:14

Como parte da liderança de um ministério, era necessário convidar pessoas para serem líderes de discussão em grupo. Meus convites descreviam as exigências do compromisso e como os líderes deveriam se envolver com os participantes de seus pequenos grupos: tanto em reuniões como em telefonemas regulares. Muitas vezes, eu relutava em me impor aos outros, ciente do sacrifício que eles fariam ao tornarem-se líderes. No entanto, suas reações me surpreendiam demais: "Eu ficaria honrado". Em vez de citarem motivos legítimos para recusar, descreviam sua gratidão a Deus por tudo que Ele faz e fez na vida deles, como o motivo de estarem ansiosos por retribuir.

Quando chegou a hora de dar recursos para a construção de um templo para Deus, Davi teve uma resposta semelhante: "quem sou eu, e quem é meu povo, para que pudéssemos te dar alguma coisa? Tudo que temos vem de ti" (1 Crônicas 29:14). A generosidade de Davi expressa a sua gratidão a Deus por Ele envolver-se em sua vida e na do povo de Israel. Sua resposta demonstra humildade e o reconhecimento da Sua bondade em relação aos "estrangeiros e peregrinos" (v.15).

Nossa doação para a obra de Deus, em tempo, talento ou dinheiro, reflete nossa gratidão ao Pai, que nos proveu desde o início. Tudo o que temos vem de Sua mão (v.14); em resposta, podemos doar gratos a Ele. —*Kirsten Holmberg*

Deus se envolve em sua vida?
Seja você também ferramenta de Deus para Ele participar da vida de outras pessoas.

23 de novembro
Habilidade de compaixão
Romanos 12:9-21

Amem-se com amor fraternal [...].
Sejam pacientes nas dificuldades e não parem de orar.
—Romanos 12:10,12

No século 14, Catarina de Siena escreveu: "Um espinho encravou em seu pé; é por isso que às vezes você chora à noite". Continuou: "Há pessoas que podem removê-lo. Elas aprenderam com Deus essa habilidade". Catarina dedicou sua vida a cultivar essa *habilidade* e ainda é lembrada por sua extraordinária empatia e compaixão. A ideia da dor como um espinho enraizado que precisa de ternura e habilidade para removê-lo permanece comigo. É um vívido lembrete de que somos complexos, estamos feridos, e que devemos nos aprofundar na busca por desenvolver compaixão pelos outros e por nós mesmos.

Ou, como o apóstolo Paulo nos diz, amar os outros como Jesus exige mais do que boas intenções, requer que tenhamos "prazer em honrar uns aos outros" (Romanos 12:10), devemos "[Alegrar-nos] em nossa esperança. [Sermos] pacientes nas dificuldades e não [pararmos] de orar" (v.12). Requer disposição, não apenas ao nos alegrar "com os que se alegram", mas também para chorar "com os que choram" (v.15). Exige tudo que somos.

Neste mundo conturbado, ninguém escapa ileso, pois as mágoas e cicatrizes estão profundamente enraizadas em nós. Mas ainda mais profundo é o amor encontrado em Cristo; amor terno o suficiente para arrancar espinhos com o bálsamo da compaixão, disposto a abraçar o amigo e o inimigo (v.14) para encontrarmos a cura juntos. —Monica La Rose

Como você pode cultivar uma comunidade acolhedora e curativa?

24 de novembro

Apenas um sussurro

Jó 26:7-14

...um mero sussurro de sua força...
—Jó 26:14

A parede sussurrante na Estação Central de Nova Iorque é como um "oásis acústico". Isso permite que as pessoas transmitam mensagens silenciosas à distância de 10 m. Quando alguém na base do arco de granito sussurra junto à parede, as ondas sonoras viajam por sobre a pedra curva até o ouvinte do outro lado.

Jó ouviu o sussurro de uma mensagem quando sua vida estava cheia de ruídos e diversas tragédias (Jó 1:13-19; 2:7). Seus amigos opinavam, seus pensamentos estavam confusos e os problemas haviam invadido todos os aspectos de sua existência. Ainda assim, a majestosa natureza lhe sussurrou suavemente sobre o poder divino de Deus. O esplendor dos céus, o mistério da Terra suspensa no espaço e a estabilidade do horizonte lembraram a Jó de que o mundo estava na palma da mão de Deus (26:7-11). Mesmo o mar revolto e a atmosfera estrondosa o levaram a dizer: "Isso é apenas o começo de tudo que ele faz, um mero sussurro de sua força; quem pode compreender o trovão de seu poder?" (v.14).

Se as maravilhas do mundo representam apenas um fragmento das atribuições e poder de Deus, fica claro que Seu poder excede a nossa capacidade de entendê-lo. Em tempos de dor, isso nos dá esperança. Deus pode fazer qualquer coisa, inclusive o que Ele fez por Jó ao sustentá-lo durante o sofrimento.

—*Jennifer Benson Schuldt*

O poder de Deus a conforta e fortalece?

25 de novembro

Confiar em Deus

Salmo 20

Alguns povos confiam em carros de guerra, outros, em cavalos, mas nós confiamos no nome do Senhor... —Salmo 20:7

Precisei de dois medicamentos com urgência, um para as alergias de minha mãe e o outro para o eczema da minha sobrinha. O desconforto delas piorava, e eu não encontrava os tais remédios nas farmácias. Desesperada e impotente, orei sem parar: *Senhor, por favor, ajude-as.* Semanas depois, seus quadros tornaram-se administráveis. Deus parecia dizer: "Há momentos em que uso remédios para curar, mas os remédios não têm a palavra final. Eu tenho, confie em mim".

No Salmo 20, o rei Davi consolou-se pela confiabilidade de Deus. Os israelitas tinham um exército poderoso, mas sabiam que sua força vinha do "nome do Senhor" (v.7). Eles colocaram sua confiança no nome de Deus: em quem Ele é, em Seu caráter imutável e em Suas promessas infalíveis. Eles se apegaram à verdade de que Deus é soberano e poderoso sobre todas as situações, e ouviria suas orações e os livraria dos inimigos (v.6).

Embora Deus possa usar os recursos deste mundo para nos ajudar, ainda assim, a vitória sobre nossos problemas vem dele. Quer Ele nos dê a firmeza ou a graça para perseverar, podemos confiar que Ele será para nós tudo o que Ele diz que é. Não precisamos nos sobrecarregar com nossos problemas, podemos enfrentá-los com Sua esperança e paz. —*Karen Huang*

De que maneira o fato de confiar em Deus pode mudar a sua atitude ao lidar com os desafios?

26 de novembro

Coração de Deus

Mateus 11:27-30

Venham a mim todos vocês que estão cansados e sobrecarregados, e eu lhes darei descanso.
—MATEUS 11:28

Dan, 9 anos, chegou com seu melhor amigo Arthur na festa de aniversário de outro colega. Quando a mãe do aniversariante viu Arthur, não o deixou entrar, dizendo: "Não há cadeiras suficientes". Dan se ofereceu para sentar-se no chão e dar lugar ao amigo, que era negro, mas a senhora recusou. Abatido, Dan deixou os presentes com aquela mãe e voltou para casa com Arthur, com a dor da rejeição de seu amigo queimando o seu próprio coração. Décadas depois, Dan é um professor que mantém uma cadeira vazia em sua sala de aula. Quando os alunos perguntam o motivo, ele explica que é um lembrete para "sempre ter espaço na sala para qualquer pessoa".

O coração de Jesus está aberto e acolhe a todos. Ele diz: "Venham a mim todos vocês que estão cansados e sobrecarregados, e eu lhes darei descanso" (Mateus 11:28). Esse convite pode parecer que vai contra a ideia de "primeiro os judeus" do ministério de Jesus (Romanos 1:16), mas a dádiva da salvação é para todos que põem sua fé em Cristo. Paulo escreve: "isso se aplica a todos que creem, sem nenhuma distinção" (3:22).

Alegremo-nos o com o convite de Cristo a todos: "Tomem sobre vocês o meu jugo. Deixem que eu lhes ensine, pois sou manso e humilde de coração, e encontrarão descanso para a alma" (Mateus 11:29). Ele acolhe de coração aberto a todos que o buscam. —*Patricia Raybon*

Você já aceitou a dádiva da salvação de Jesus? Conhece alguém cujo coração Jesus está chamando?

27 de novembro

Cultivar a boa vontade

Efésios 4:15-16, 22-32

...o corpo [de Cristo] [...] ajuda [...] para que todo corpo se desenvolva e seja saudável em amor. —Efésios 4:16

Ao pensarmos na melhor prática de negócios, o que vem à mente não são qualidades como bondade e generosidade. Mas o empresário James Rhee diz que deveriam ser. Na experiência dele como CEO de uma empresa à beira da ruína financeira, priorizar a "boa vontade", o "cultivo da bondade" e um espírito de doação, salvou a empresa e a fez prosperar novamente. O enfoque nessas qualidades trouxe a esperança e a motivação necessárias para unificar as pessoas, inovar e resolver problemas. Rhee explica que a "boa vontade é um ativo ou bem real que pode ser elaborado e amplificado".

Também na vida cotidiana, é fácil pensar que qualidades como a bondade são vazias ou intangíveis, e não as consideramos como prioridade. Mas, como o apóstolo Paulo ensinou, essas qualidades são as mais importantes.

Escrevendo aos novos cristãos, Paulo enfatizou que o propósito da vida dos cristãos é a transformação, por intermédio do Espírito, em membros maduros do Corpo de Cristo, (Efésios 4:15). Para esse fim, toda palavra e ação só tem valor se edificar e beneficiar outros (v.29). A transformação por Jesus só pode acontecer se priorizarmos diariamente a bondade, a compaixão e o perdão (v.32). Quando o Espírito Santo nos atrai a outros cristãos, crescemos e amadurecemos quando aprendemos uns com os outros. —*Monica La Rose*

Por que deixamos de ver o impacto tangível e visível da "boa vontade"?

28 de novembro
Luz de Deus em meio às sombras

Salmo 23

*Feliz é o povo que ouve o [...]
chamado para adorar, pois andará na luz de
tua presença,* SENHOR. —SALMO 89:15

Quando Elaine foi diagnosticada com um câncer avançado, ela e o seu marido, Carlos, sabiam que não demoraria muito até ela partir para estar com Jesus. Ambos valorizavam a promessa do Salmo 23, de que Deus estaria com eles, até mesmo ao andarem pelo vale mais profundo e difícil dos seus 54 anos de casados. O casal se confortou com base no fato de que Elaine sentia-se pronta para encontrar-se com Jesus e isso lhes trouxe esperança, pois ela tinha colocado a sua fé nele há décadas.

No serviço fúnebre de sua esposa, Carlos compartilhou que ele *ainda* estava viajando "pelo escuro vale da morte" (Salmo 23:4). A vida de sua esposa no lar eterno já havia começado. Entretanto, ele e outros que muito a amavam ainda estavam passando pelo "escuro vale da morte".

Ao viajarmos pelo vale escuro, onde podemos encontrar nossa fonte de luz? O apóstolo João declara: "Deus é luz, e nele não há escuridão alguma" (1 João 1:5). E Jesus também proclamou: "Eu sou a luz do mundo. Se vocês me seguirem, não andarão no escuro, pois terão a luz da vida" (João 8:12).

Sendo pessoas que creem em Jesus, nós "[andamos] na luz de [Sua] presença" (Salmo 89:15). Nosso Deus prometeu estar sempre conosco e ser nossa fonte de luz, mesmo quando viajamos pelo vale escuro da morte. —*Cindy Hess Kasper*

Há algum vale ao redor dos seus caminhos?

29 de novembro

Compromisso reconfortante de Deus

Josué 1:1-9

Seja forte e corajoso! Não tenha medo nem desanime, pois o S<small>ENHOR</small>, seu Deus, estará com você... —J<small>OSUÉ</small> 1:9

Anos atrás, nossa família visitou um local onde quatro estados delimitam suas fronteiras. Meu marido estava em um estado. Nosso filho mais velho, em outro; o mais novo segurou minha mão ao pisarmos num terceiro estado da federação. Quando corri para me posicionar no último estado, o quarto, meu filho menor, falou: "Mamãe, você me deixou sozinho aqui!" Estávamos todos juntos e ao mesmo tempo separados, e nossas risadas eram ouvidas em quatro estados diferentes. Nossos filhos, agora adultos, cresceram e saíram de casa, e sinto um maior e mais profundo apreço pela promessa de Deus de estar presente com todo o Seu povo por onde quer que andarem.

Após a morte de Moisés, Deus chamou Josué para liderar, garantindo-lhe a Sua presença à medida que Ele expandisse o território israelita (Josué 1:1-4), dizendo: "estarei com você, assim como estive com Moisés. Não o deixarei nem o abandonarei" (v.5). Sabendo que ele lutaria contra a dúvida e o medo como o novo líder de Seu povo, Deus lhe deu esperança com estas palavras: "Seja forte e corajoso! Não tenha medo nem desanime, pois o S<small>ENHOR</small>, seu Deus, estará com você por onde você andar" (v.9).

Não importa onde Deus nos leve, nós ou os nossos entes queridos, mesmo em tempos difíceis, o Seu compromisso mais reconfortante nos garante de que Ele está sempre presente. —*Xochitl Dixon*

Deus a conforta com Sua presença quando você está longe daqueles que ama?

30 de novembro

Sacrifício doador de Cristo

Romanos 12:1-3

...irmãos, suplico-lhes que entreguem seu corpo a Deus, por causa de tudo que ele fez por vocês. —ROMANOS 12:1

Em 1905, quando o autor O. Henry escreveu a história de Natal, "O presente dos magos" (Cosac & Naify, 2004), ele lutava para recuperar-se de problemas pessoais. Ainda assim, ele escreveu uma história inspiradora que destaca o sacrifício como parte do caráter cristão. Nela, uma esposa pobre vende seus lindos cabelos longos na véspera de Natal para comprar uma corrente de ouro para o relógio de bolso do marido. Mais tarde, ela descobre que o seu marido vendera seu relógio de bolso para comprar um conjunto de pentes para o seu lindo cabelo. O maior presente um para o outro? Sacrifício. O gesto dos dois demonstrou muito amor.

Da mesma maneira, isso representa os presentes amorosos que os reis magos deram ao menino Jesus após Seu nascimento sagrado (Mateus 2:1,11). Mais do que presentes, o menino Jesus cresceria e um dia daria Sua vida pelo mundo inteiro.

Em nosso cotidiano, como cristãos podemos refletir a grande dádiva de Cristo oferecendo aos outros o sacrifício de nosso tempo, bens e um temperamento que demonstre amor. Paulo nos adverte: "Portanto, irmãos, suplico-lhes que entreguem seu corpo a Deus, por causa de tudo que ele fez por vocês. Que seja um sacrifício vivo e santo" (Romanos 12:1). Não há presente melhor do que se sacrificar pelos outros por meio do amor de Jesus. —*Patricia Raybon*

Você já recebeu um presente sacrificial de alguém demonstrando-lhe o amor de Cristo? Como retribuir?

1.º de dezembro

Tal qual estou

Mateus 10:1,5-10,16-20

Jesus reuniu seus doze e lhes deu autoridade...
—Mateus 10:1

Charlote Elliot não conseguia dormir. Tendo sofrido por muito tempo com uma deficiência física, ela seria beneficiada com o resultado do bazar da igreja, no dia seguinte, cujos recursos seriam doados para ela pagar sua faculdade. "Mas não sou digna", ela dizia. Charlotte duvidava de seus méritos e questionava aspectos de sua vida espiritual. No dia do evento, inquieta, dirigiu-se a uma mesa e escreveu o belo e clássico hino "Tal qual estou".

Tal qual estou, eis-me Senhor, pois o Teu sangue remidor
verteste pelo pecador, ó Salvador, me achego a ti
Tal qual estou, sem esperar que possa a vida melhorar,
em ti só quero confiar, ó Salvador, me achego a ti (CC 266).

Suas palavras, escritas em 1835, expressam como Jesus chamou Seus discípulos para servi-lo. Não porque estavam prontos, mas porque Ele os autorizou, tal qual estavam. Sua equipe incluía um publicano, um zelote, dois irmãos ambiciosos (Marcos 10:35-37) e Judas Iscariotes "que depois o traiu" (Mateus 10:4). Ainda assim, Jesus os autorizou a "curar os doentes, ressuscitar os mortos, purificar os leprosos e expulsar os demônios" (v.8), tudo sem levar dinheiro, bolsa de viagem ou qualquer outra coisa (vv.9-10). "Eu os envio", disse Jesus e Ele era o suficiente (v.16). Para cada um que lhe diz "sim", Ele ainda é suficiente. —*Patricia Raybon*

Em sua situação atual, ore a Deus pedindo-lhe por fortalecimento, entendimento e o direcionamento correto.

2 de dezembro

Encorajamento mútuo

Hebreus 3:7-19

Advirtam uns aos outros todos os dias, enquanto ainda é "hoje"... —HEBREUS 3:13

Depois de mais uma semana sendo abatida por reveses médicos, afundei no sofá. Não queria pensar em nada. Não queria falar com ninguém, nem conseguia orar. O desânimo e a dúvida pesaram sobre mim quando liguei a televisão. Era um comercial mostrando uma garotinha falando com seu irmão mais novo. "Você é um campeão", disse ela. À medida que ela prosseguia encorajando-o, o sorriso dele aumentava, e o meu também.

O povo de Deus sempre lutou contra o desânimo e a dúvida. Citando o Salmo 95, que afirma que podemos ouvir a voz de Deus por meio do Espírito Santo, o escritor de Hebreus alertou os cristãos para evitarem os erros cometidos pelos israelitas enquanto vagavam no deserto (Hebreus 3:7-11). "Portanto, irmãos, cuidem para que nenhum de vocês tenha coração perverso e incrédulo que o desvie do Deus vivo", escreveu ele. "Advirtam uns aos outros todos os dias..." (vv.12-13).

Com nossa esperança firmada em Cristo, podemos usufruir plenamente da energia que precisamos para perseverar: o encorajamento mútuo na comunhão cristã (v.13). Quando um cristão tem dúvidas, os outros podem apoiá-lo com afirmação, assertividade e compromisso mútuo de prestação de contas. À medida que Deus fortalece o Seu povo, podemos nos encorajar uns aos outros. —*Xochitl Dixon*

Em momentos difíceis, quem lhe trouxe palavras de encorajamento vindas da parte de Deus?

3 de dezembro

Luz natalina

Êxodo 3:4-10

*Por certo, tenho visto a opressão do meu povo no Egito [...].
Por isso, desci para libertá-los...* —Êxodo 3:7-8

Aos meus olhos, a árvore de Natal parecia estar em chamas! Não por causa dos fios de luzes artificiais, mas de fogo verdadeiro. Nossa família tinha sido convidada por um amigo para participar da tradição *altdeutsch* no "velho jeito alemão"; uma celebração com deliciosas sobremesas tradicionais e um pinheiro com velas reais e acesas (por segurança, a árvore recém-cortada foi acesa apenas uma noite).

Enquanto via a árvore que parecia queimar, pensei no primeiro encontro de Moisés com Deus. Enquanto cuidava de ovelhas no deserto, Moisés foi surpreendido por um arbusto em chamas que de alguma forma não era consumido. Quando ele se aproximou do arbusto para investigar, Deus o chamou. A mensagem vinda do arbusto em chamas não era de julgamento, mas de resgate para o povo de Israel. Deus tinha visto a situação e a miséria de Seu povo escravizado no Egito e tinha "descido para libertá-los" (Êxodo 3:8).

Embora Deus tenha libertado os israelitas dos egípcios, toda a humanidade ainda precisava de resgate, não apenas do sofrimento físico, mas também dos efeitos que o mal e a morte trouxeram ao nosso mundo. Centenas de anos depois, Deus respondeu enviando a Luz, Seu Filho, Jesus (João 1:9-10), enviado não "para condenar o mundo, mas para salvá-lo por meio dele" (3:17). —Lisa M. Samra

*De que maneira podemos celebrar a libertação
de Deus por intermédio de Jesus?*

4 de dezembro

Um trabalho de amor

Colossenses 3:23-24

Em tudo que fizerem, trabalhem de bom ânimo, como se fosse para o Senhor... —COLOSSENSES 3:23

A Dra. Rebecca Lee Crumpler foi a primeira afro-americana a graduar-se em medicina. Porém, durante sua vida (1831–95), ela se sentiu "ignorada, desprezada e desvalorizada". Contudo, ela permaneceu dedicada à saúde e ao cumprimento de seu propósito. Rebecca afirmou que, embora algumas pessoas pudessem optar por julgá-la com base em sua raça e gênero, ela sempre se sentia "pronta, renovada e encorajada para ir quando e onde o dever a chamasse". Ela acreditava que tratar mulheres e crianças e prover cuidados médicos aos escravos libertados era uma maneira de servir a Deus. Infelizmente, ela não recebeu o reconhecimento formal por suas realizações até quase um século depois.

Há momentos em que seremos negligenciados, desvalorizados ou depreciados. Entretanto, a sabedoria bíblica nos lembra de que quando Deus nos chama para uma tarefa não devemos nos concentrar em obter aprovação e reconhecimento do mundo, mas sim "trabalhar de bom ânimo, como se fosse para o Senhor" (Colossenses 3:23). Quando nos concentramos em servir a Deus, somos capazes de realizar até mesmo as tarefas mais difíceis com fervor e alegria sob o Seu poder e orientação. Podemos então ficar menos preocupados em receber o reconhecimento terreno e mais ávidos em receber a recompensa que só Ele pode conceder (v.24). —*Kimya Loder*

Em algum momento, o bem que você fez foi ignorado?

5 de dezembro

Grandes expectativas

Lucas 2:25-31,36-38

Falava a respeito da criança a todos que esperavam a redenção de Jerusalém. —Lucas 2:38

Era um dia agitado antes do Natal, uma idosa se aproximou lentamente do balcão dos correios já lotado. Percebendo a sua vagarosidade, o funcionário a cumprimentou: "Olá, mocinha!" As palavras foram amigáveis, mas alguns poderiam interpretá-las como se ser "mais jovem" fosse melhor.

A Bíblia nos inspira a ver que a idade avançada pode motivar a nossa esperança. Quando Jesus é trazido ao templo por seus pais, para ser consagrado (Lucas 2:23; Êxodo 13:2,12), dois idosos, tementes a Deus, tomam o centro da cena. Primeiro, Simeão, que esperava há anos para ver o Messias — "tomou a criança [Jesus] nos braços e louvou a Deus, dizendo: 'Soberano Deus, agora podes levar em paz o teu servo [...] Vi a tua salvação, [...] para todos os povos" (Lucas 2:28-31).

Em seguida, Ana, uma profetisa "muito idosa" (v.36), apareceu exatamente enquanto Simeão conversava com Maria e José. Era viúva, fora casada por apenas sete anos, e vivia "como viúva" até os 84 anos. Nunca se ausentava do templo, "adorando a Deus dia e noite, em jejum e oração". Ao ver Jesus, começou a louvar a Deus, explicando sobre "a criança a todos que esperavam a redenção de Jerusalém" (vv.37-38).

Esses dois servos esperançosos nos ensinam a nunca pararmos de esperar em Deus, com grandes expectativas, não importando a idade. —*Patricia Raybon*

Quais lições você já aprendeu sobre a fidelidade de Deus com os cristãos mais idosos do que você?

6 de dezembro

Encorajamento fast-food

Rute 2:15-20

*Que o S*ENHOR *[...] sob cujas asas você veio se refugiar, a recompense ricamente...* —RUTE 2:12

Maria levou seu almoço *fast-food* (de preparo rápido) para uma mesa vazia. Quando mordeu seu hambúrguer, seus olhos encontraram os de um jovem sentado a várias mesas de distância. Suas roupas estavam sujas, cabelos desarrumados, e ele segurava um copo descartável vazio. Era óbvio que ele estava faminto. Como ajudá-lo? Uma esmola parecia imprudente. Se ela comprasse uma refeição e lhe oferecesse, será que ele se sentiria envergonhado?

Só então ela se lembrou da história de Rute, na qual Boaz, um rico proprietário de terras convidou a pobre viúva para colher nos campos dele, ordenando aos seus servos: "Permitam que ela colha espigas entre os feixes e não a incomodem. Tirem dos feixes algumas espigas de cevada [...] para que ela as recolha..." (Rute 2:15-16). Em uma cultura onde as mulheres eram totalmente dependentes dos homens para sobreviver, Boaz demonstrou a provisão amorosa de Deus. Mais tarde, ele casou-se com Rute, tirando-a daquela situação (4:9-10).

Ao se levantar para sair, Maria colocou seu pacote intocado de batatas fritas numa mesa próxima, enquanto olhava para o jovem. Se ele estivesse com fome, poderia colher do "campo de *fast-food*" dela. As histórias bíblicas revelam a essência de Deus e, ao mesmo tempo, ilustram as soluções criativas que visam o encorajamento. —*Elisa Morgan*

Há alguém ao seu redor que você possa ajudar com abundância hoje?

7 de dezembro
Aliviem os fardos uns dos outros
Gálatas 6:1-10

Ajudem a levar os fardos uns dos outros e obedeçam, desse modo, à lei de Cristo. —Gálatas 6:2

Quando as mulheres em nosso recém-formado estudo bíblico enfrentaram várias tragédias, de repente, passamos a compartilhar experiências profundamente pessoais. A perda de um pai, a dor de um aniversário de casamento após o divórcio, o nascimento de um filho surdo, a corrida para levar uma criança ao pronto-socorro — era demais para qualquer uma carregar sozinha. A vulnerabilidade de cada uma trouxe mais transparência. Choramos e oramos juntas, e o que começou como um grupo de pessoas estranhas, em questão de semanas, tornou-se um grupo de amigas.

Como parte do corpo da igreja, os que creem em Jesus são capazes de ajudar o outro em seu sofrimento de maneira profunda e pessoal. Os laços relacionais que unem irmãos e irmãs em Cristo não dependem de quanto tempo nos conhecemos ou do que temos em comum. Em vez disso, fazemos o que Paulo chama de "levar os fardos uns dos outros" (Gálatas 6:2). Confiando na força de Deus, ouvimos, criamos empatia, ajudamos onde podemos e oramos. Podemos procurar maneiras de "fazer o bem a todos, especialmente aos da família da fé" (v.10). Paulo diz que quando o fazemos, cumprimos a lei de Cristo (v.2): amamos a Deus e ao próximo como a nós mesmos. Os fardos da vida podem ser pesados, mas Deus nos deu a nossa família da fé para aliviar a carga. —*Karen Pimpo*

Quem está sofrendo perto de você? De que maneira você pode aliviar a carga do seu próximo?

8 de dezembro

Apegando-se ao que é bom

Romanos 12:9-13

Amem as pessoas [...] Odeiem tudo que é mau. Apeguem-se firmemente ao que é bom. —ROMANOS 12:9

Quando estacionamos o nosso carro perto de um campo aberto e caminhamos em direção à nossa casa, quase sempre ganhamos alguns carrapichos que se grudam em nossas roupas. Esses minúsculos "caroneiros" se prendem às roupas, sapatos ou ao que quer que esteja passando por eles e seguem juntos no mesmo destino. É a maneira de a natureza espalhar sementes de carrapicho ao redor do mundo.

Enquanto tento remover cuidadosamente esses pegajosos carrapichos, muitas vezes penso na mensagem que adverte os cristãos a se apegarem "ao que é bom" (Romanos 12:9). Amar os outros pode ser desafiador. No entanto, como o Espírito Santo nos ajuda a nos apegar ao que é bom, podemos repelir o mal sem "fingimento" em nosso amor à medida que Ele nos guia (v.9).

As pegajosas sementes do carrapicho não se desgrudam de você com facilidade, elas se apegam. E quando nos apegamos ao que é bom, conservando a nossa mente na misericórdia, compaixão e mandamentos de Deus, nós também, em Sua força, podemos nos apegar firmemente àqueles que amamos. Ele nos ajuda a amar "com amor fraternal", lembrando-nos de colocar as necessidades dos outros antes das nossas (v.10).

Sim, esses carrapichos podem ser desafiadores, mas também me lembram de me juntar aos outros em amor e pelo poder de Deus e de me apegar firmemente "ao que é bom" (v.9; Filipenses 4:8-9). —*Katara Patton*

O fato de apegar-se ao que é bom pode ajudá-la a amar alguém desafiador.

9 de dezembro

Amigos pela vida

1 Samuel 20:26-34

Jônatas levantou-se [...] frustrado pelo modo como seu pai havia desonrado Davi publicamente...
—1 Samuel 20:34

William Cowper (1731–1800), poeta inglês, tornou-se amigo do seu pastor, John Newton (1725–1807), o ex-traficante de escravos. Cowper sofria de depressão e ansiedade, e tentou suicidar-se mais de uma vez. Quando Newton o visitava, eles faziam longas caminhadas e falavam de Deus. Pensando que Cowper se beneficiaria em se envolver criativamente e ter uma razão para escrever sua poesia, o pastor teve a ideia de compilar um hinário. Cowper contribuiu com muitas canções, incluindo "Misterioso é o nosso Deus". Quando Newton mudou-se para outra igreja, ele e Cowper permaneceram amigos e trocaram cartas regularmente.

Vejo paralelos entre a amizade de Cowper e Newton com a de Davi e Jônatas no Antigo Testamento. Após Davi derrotar Golias, "formou-se um forte laço de amizade entre ele e Jônatas" (1 Samuel 18:1). Embora Jônatas fosse filho do rei Saul, ele defendeu Davi contra o ciúme e a raiva do rei, questionando-o por que Davi deveria ser morto. Mas "Saul atirou sua lança contra Jônatas, com a intenção de matá-lo" (20:33). Jônatas se esquivou e frustrou-se pelo modo como seu pai desonrou o seu amigo (v.34).

Para as duplas de amigos, o vínculo deles era vivificante enquanto estimulavam um ao outro a servir e amar a Deus. Como você poderia, da mesma forma, encorajar um amigo hoje? —*Amy Boucher Pye*

Qual é o papel da amizade em sua vida?

10 de dezembro

Legado de fé

2 Timóteo 1:3-5

Lembro-me de sua fé sincera, como era a de sua avó, Loide, e de sua mãe, Eunice… —2 Timóteo 1:5

Em 2019, as pesquisas sobre a herança espiritual dos que creem em Jesus revelaram a influência de mães e avós no desenvolvimento espiritual. Quase dois terços das pessoas que reivindicam um legado de fé deram o crédito à sua mãe, outro terço reconheceu o papel significativo dos avós, geralmente da avó. O relator da pesquisa comentou: "Mais e mais, este estudo fala do impacto duradouro das mães no desenvolvimento espiritual".

Descobrimos esse mesmo impacto na Bíblia. Paulo reconheceu que a fé de Timóteo foi modelada por sua avó Loide e sua mãe Eunice (2 Timóteo 1:5). É um detalhe pessoal e significativo que destaca o impacto de duas mulheres sobre um dos líderes da Igreja Primitiva. Tal influência também pode ser vista no encorajamento de Paulo a Timóteo: "Você, porém, deve permanecer fiel àquilo que lhe foi ensinado […] Desde a infância lhe foram ensinadas as Sagradas Escrituras…" (3:14-15).

A herança espiritual forte é uma dádiva preciosa. Mas mesmo que a nossa criação não tenha tido a influência positiva que ajudou a formar a fé de Timóteo, há outras em nossa vida que tiveram um profundo impacto em nosso desenvolvimento espiritual. Ainda mais importante é termos a oportunidade de demonstrar a fé sincera e deixar um legado duradouro em outras pessoas. —*Lisa M. Samra*

Quem teve um impacto significativo no seu desenvolvimento espiritual?

11 de dezembro
O milagre de Natal

Romanos 8:1-10

[Deus enviou] seu Filho na semelhança de nossa natureza humana pecaminosa [...] como sacrifício... —ROMANOS 8:3

Em um bazar de garagem, encontrei um presépio em uma caixa de papelão. Quando peguei o bebê Jesus, notei os detalhes bem esculpidos do corpo da criança. Este recém-nascido não estava envolto em um cobertor com os olhos fechados — ele estava acordado e parcialmente desembrulhado com braços estendidos, mãos abertas e dedos estendidos. Ele parecia dizer: "Eu estou aqui!".

A estatueta ilustrava o milagre do Natal: Deus enviou Seu Filho à Terra em corpo humano. À medida que o corpo infantil de Jesus crescia, Suas mãozinhas brincavam com brinquedos, mais tarde seguravam a Torá, e depois faziam móveis antes de Seu ministério começar. Seus pés, outrora gorduchos e perfeitos ao nascer, cresceram para levá-lo de um lugar a outro para ensinar e curar. No final de Sua vida, essas mãos e pés humanos seriam perfurados com pregos para segurar o Seu corpo na cruz.

Ao "apresentá-lo como sacrifício por nosso pecado [...] [Deus] declarou o fim do domínio do pecado sobre nós" (Romanos 8:3). Se aceitarmos o sacrifício de Jesus como pagamento por todos os nossos erros e submetermos a nossa vida a Ele, encontraremos o alívio da escravidão do pecado. Pelo fato de o Filho de Deus ter nascido como um verdadeiro bebê, Jesus por meio do Seu sacrifício abriu o caminho para termos paz com Deus e a certeza da eternidade com Ele.

—Jennifer Benson Schuldt

Qual é a diferença entre celebrar Jesus no Natal e comemorar o Natal?

12 de dezembro

Vovó baleia

Salmo 71:15-24

Falarei a todos de tua justiça...
—Salmo 71:15

Uma baleia orca, que os pesquisadores chamaram de "Vovó", aparentemente reconhecia a importância de seu papel na vida de sua "netinha". A mãe da jovem baleia tinha morrido, e a baleia órfã ainda não tinha idade suficiente para viver sem proteção e apoio. Embora a vovó estivesse na casa dos 80 anos, ela ensinou o que a pequena baleia precisava aprender para sobreviver. A vovó baleia encurralava alguns peixes para a baleia mais jovem em vez de consumi-los ela mesma. Dessa forma, ela não só podia comer, mas também aprender o que comer e onde encontrar o salmão que precisaria para sobreviver.

Nós também temos a distinta honra e alegria de passar adiante o que sabemos: podemos compartilhar sobre as obras maravilhosas e o caráter de Deus com aqueles que vêm depois de nós. O salmista idoso pede a Deus que lhe permita "proclamar tua força a esta nova geração" (Salmo 71:18). Ele sinceramente deseja compartilhar com os outros o que sabe sobre Deus, sua "justiça" e "salvação" (v.15).

Mesmo que não tenhamos os cabelos brancos da velhice (v.18), declarar como vivenciamos o amor e a fidelidade de Deus pode beneficiar alguém em sua jornada com Ele. Nossa vontade de compartilhar essa sabedoria pode ser apenas o que essa pessoa precisa para viver e crescer em Cristo mesmo em meio à adversidade (v.20). —*Kirsten Holmberg*

Quem a encorajou em seu relacionamento com Deus?
A quem você pode encorajar hoje?

13 de dezembro
Quando você está com medo
Juízes 7:8-15

O anjo do Senhor apareceu a Gideão e disse: "O Senhor está com você, guerreiro corajoso! —Juízes 6:12

Eu tinha um exame médico agendado, e embora não tivesse tido problemas de saúde recentes, eu temia a consulta. Estava assombrada pelas lembranças de um diagnóstico inesperado há muito tempo. Embora eu soubesse que Deus estava comigo e que eu deveria confiar nele, eu ainda sentia medo. Fiquei decepcionada por sentir medo e falta de fé. Se Deus estava sempre comigo, por que eu estava tão ansiosa? Então, em uma manhã, creio que Ele me conduziu à história de Gideão.

Gideão, o "guerreiro corajoso" (Juízes 6:12), estava com medo de sua missão de atacar os midianitas. Embora Deus lhe tivesse prometido Sua presença e vitória, Gideão ainda buscava múltiplas garantias (vv.16-23,36-40). No entanto, Deus não condenou Gideão por seu medo. Ele o entendeu. Na noite do ataque, o Senhor garantiu a Gideão a vitória novamente, provendo-lhe uma maneira de aliviar os medos dele (7:10-11).

Deus também compreendeu o meu temor. Sua garantia deu-me a coragem para confiar nele. Experimentei a Sua paz, sabendo que o Senhor estava comigo, não importava o resultado. No final, meu exame transcorreu bem.

Temos um Deus que entende os nossos medos e que nos tranquiliza por meio da Bíblia e do Espírito (Salmo 23:4; João 14:16-17). Que o adoremos com gratidão, assim como Gideão o fez (Juízes 7:15). —*Karen Huang*

Que medos ou desafios estão à sua frente? Você se sente fortalecida pelo fato de saber que Deus a ama e protege?

14 de dezembro

No mesmo ritmo

Gênesis 1:1,27-31

No princípio, Deus criou os céus e a terra.
—Gênesis 1:1

As histórias cativam as pessoas desde o início da criação, sendo uma maneira de passar conhecimento muito anterior à escrita. Todos nós conhecemos o prazer de ouvir ou ler uma história e ser envolvido por expressões como "Era uma vez". O poder de uma história parece se estender além do mero prazer: quando ouvimos uma história juntos, nossos batimentos cardíacos parecem sincronizar! Embora os batimentos de cada um variem ao longo do dia, e só possam se igualar com os de outro por coincidência, as pesquisas indicam que os corações podem bater no mesmo ritmo quando ouvimos ao mesmo tempo — a mesma história.

Deus começa Sua história com as palavras: "No princípio" (Gênesis 1:1). Desde o momento em que Adão e Eva respiraram pela primeira vez (v.27), Ele usou essa história para moldar nossa vida, como Seus filhos. Do início ao fim da Bíblia, a mais magnífica e verdadeira história já registrada, o nosso coração está unido e como cristãos somos o "povo escolhido" para cumprir os Seus propósitos (1 Pedro 2:9).

Que o nosso coração reaja batendo em ritmo compartilhado, encantado com as obras criativas do Autor. Compartilhemos a Sua história anunciando "a sua glória entre as nações, [contando] a todos as suas maravilhas" (Salmo 96:3), convidando-os a se tornarem parte dessa história também. —*Kirsten Holmberg*

Que parte da história da Bíblia mais a cativa?

15 de dezembro

Seja a igreja

Hebreus 10:19-25

Pensemos em como motivar uns aos outros [...].
E não deixemos de nos reunir, como fazem alguns...
— Hebreus 10:24-25

Durante a pandemia de COVID 19, Davi e Carla passaram meses procurando uma igreja onde pudessem cultuar. Seguir as orientações de saúde sobre o distanciamento dificultava tudo. Eles desejavam conectar-se com outros cristãos. Carla me escreveu: "É um momento difícil para encontrar uma igreja", e então percebi crescer em mim o desejo de me reunir com minha família da igreja. "É um momento difícil para ser a Igreja", respondi. Naqueles dias, nossa igreja ofereceu comida nos bairros vizinhos, fez cultos on-line e telefonou para os membros oferecendo apoio e oração. Meu marido e eu participamos, e nos questionamos sobre o que mais poderíamos fazer para "ser Igreja" nesta nova realidade.

O escritor de Hebreus exorta o povo a não negligenciar o ato de "nos reunir, como fazem alguns, mas [encorajarmo-nos] mutuamente" (10:25). Talvez devido à perseguição (vv.32-34) ou simplesmente pelo cansaço (12:3), os primeiros cristãos tinham dificuldades e precisavam de incentivo maior para continuar indo ao templo.

Às vezes, preciso de encorajamento também. E você? Quando as circunstâncias mudam a forma como experenciamos a igreja, continuaremos a *ser* Igreja? Vamos encorajar e edificar uns aos outros conforme Deus nos orienta. Compartilhar os nossos recursos, apoiarmo-nos mutuamente via mensagens de texto, reunirmo-nos como pudermos, orarmos uns pelos outros. Sejamos a Igreja. —Elisa Morgan

Você pode ajudar alguém impossibilitado de frequentar o templo regularmente?

16 de dezembro

Deus não a esquecerá

Isaías 49:13-18

...eu não me esqueceria de vocês!
—Isaías 49:15

Quando criança, eu colecionava selos postais. Quando o meu *angkong* ("avô" em nosso dialeto) ouviu sobre meu *hobby*, ele começou a guardar os selos postais de seu escritório todos os dias. Sempre que eu os visitava, meu *angkong* me dava um envelope cheio de belos e variados selos. Certa vez, ele me disse: "Embora eu esteja sempre ocupado, não vou me esquecer de você".

Meu *angkong* não demonstrava o seu afeto abertamente, mas eu sentia profundamente o seu amor. De forma ainda infinitamente mais profunda, Deus demonstrou o Seu amor por Israel quando declarou: "eu não me esqueceria de vocês!" (Isaías 49:15). Sofrendo na Babilônia por idolatria e desobediência no passado, Seu povo lamentava: "o Senhor se esqueceu de nós" (v.14). Mas o amor de Deus por Seu povo não tinha mudado. O Senhor lhes prometeu perdão e restauração (vv.8-13).

Assim como Deus nos diz hoje, Ele disse a Israel: "escrevi seu nome na palma de minhas mãos" (v.16). Ao ponderar sobre as Suas palavras que trazem segurança, lembrei-me das mãos de Jesus marcadas pelos pregos e estendidas em amor por nós e por nossa salvação (João 20:24-27). Como os selos de meu avô e suas palavras gentis, Deus estende a Sua mão misericordiosa como um símbolo eterno de Seu amor. Sejamos agradecidos por Seu amor imutável. Ele nunca nos esquecerá. —*Karen Huang*

Confie no Senhor, o amor imutável de Deus lhe trará esperança e segurança.

17 de dezembro

Confiança em Deus

Provérbios 18:10-15

O nome do Senhor é fortaleza segura; o justo corre para ele e fica protegido. —Provérbios 18:10

Estávamos em um parque aquático tentando navegar numa pista de obstáculos de plataformas infláveis. Elas eram escorregadias, e seguir em frente era quase impossível. Ao cambalear por rampas, montes e pontes infláveis, gritávamos ao cair na água. Depois de completar o percurso, minha amiga, exausta, encostou-se numa das "torres" para recuperar o fôlego. Quase imediatamente, a torre cedeu sob o peso dela, derrubando-a novamente na água.

Diferentemente das torres frágeis do parque aquático, nos tempos bíblicos a torre era uma fortaleza para defesa e proteção. Lemos, em Juízes 9:50-51, sobre como o povo de Tebes fugiu para "uma torre forte" para se esconder do ataque de Abimeleque à cidade. O autor do livro de Provérbios usou a mesma imagem da torre forte para descrever o Senhor Deus: Aquele que salva os que confiam nele (Provérbios 18:10).

Às vezes, ao invés de confiarmos na torre forte de Deus, quando estamos cansados ou abatidos, buscamos segurança e apoio em outras coisas: uma carreira, relacionamentos ou conforto físico. Não somos diferentes do homem rico que buscava força em seus bens (v.11). Mas assim como a torre inflável que não pôde sustentar o peso da minha amiga, essas coisas não podem nos dar o que realmente precisamos. Deus que é Todo-poderoso tem o controle de todas as situações e provê o verdadeiro conforto e segurança. —Jasmine Goh

Você confia em Deus torre forte e fortaleza segura por refúgio conforto?

18 de dezembro

Vencer as provações

Gênesis 50:15-21

Vocês pretendiam me fazer o mal, mas Deus planejou tudo para [...] salvar a vida de muitos. —Gênesis 50:20

Anne cresceu na pobreza e na dor. Dois dos seus irmãos morreram na infância. Aos 5 anos, uma doença a deixou quase cega, sem poder ler ou escrever. Quando ela tinha 8 anos, sua mãe morreu de tuberculose. Pouco depois, seu pai abusivo abandonou os seus três filhos sobreviventes. Seu irmão mais novo foi morar com parentes, mas Anne e seu irmão Jaime, foram para um orfanato malcuidado e superlotado onde Jaime morreu meses depois.

As circunstâncias melhoraram quando ela tinha 14 anos e foi para uma escola de cegos, onde fez uma cirurgia. Sua visão melhorou e ela aprendeu a ler e a escrever. Lutou para se enturmar, destacou-se academicamente e formou-se como oradora da turma. Hoje a conhecemos como Anne Sullivan, a professora e amiga de Helen Keller. Com esforço, paciência e amor, Anne ensinou Helen, que era cega e surda, a falar, ler Braille e a formar-se na faculdade.

José aos 17 anos também teve que superar provações extremas. Ele foi vendido como escravo por seus irmãos invejosos e mais tarde preso injustamente (Gênesis 37;39–41). No entanto, Deus o usou para salvar o Egito e sua família da fome (50:20).

Todos nós enfrentamos provações e problemas. Mas, assim como Deus ajudou José e Anne a superarem e impactarem profundamente a vida de outros, Ele pode nos ajudar e nos capacitar para praticar o bem. Busque-o para ajuda e orientação. O Senhor a vê e ouve. —*Alyson Kieda*

Agradeça a Deus pelas provações em que Ele a ajudou a enfrentar e vencer.

19 de dezembro

Comunidade em Cristo

Atos 2:38-47

Todos se dedicavam de coração...
—Atos 2:42

Nas Bahamas, há um pedaço de terra chamado *Ragged Island* que no século 19 era uma salina. Todavia, com o declínio dessa indústria de sal, muitos emigraram para ilhas próximas. Em 2016, menos de 80 pessoas viviam lá, e a ilha tinha três denominações religiosas; no entanto, todos se reuniam em um só lugar para adoração e comunhão semanal. Com tão poucos residentes no local, o senso de comunidade era importante para eles.

As pessoas da igreja primitiva também tinham a necessidade crucial e desejo de comunhão. Eles sentiam-se encorajados em sua fé recém-descoberta, que se tornara possível pela morte e ressurreição de Jesus. Sabiam também que Ele não estava mais fisicamente com eles, e que precisavam uns dos outros. Os novos cristãos se dedicaram aos ensinamentos dos apóstolos, à companhia e à comunhão (Atos 2:42), reunindo-se em casas para adoração, refeições e cuidando das necessidades do próximo. A igreja é descrita assim: "Todos os que creram estavam unidos em coração e mente" (4:32). Cheios do Espírito Santo, louvaram a Deus continuamente e trouxeram as necessidades da igreja a Ele em oração.

A comunidade é essencial para o nosso crescimento e apoio, não tente fazer tudo sozinho. Deus desenvolverá esse senso de comunidade à medida que compartilharmos lutas e alegrias uns com os outros e nos aproximarmos dele. —*Anne Cetas*

Você dedica o seu tempo compartilhando sobre a fidelidade e amor de Deus em sua comunidade?

20 de dezembro

Meu Deus está próximo

Filipenses 4:4-7

*Lembrem-se de que o Senhor virá em breve [...],
orem a Deus pedindo aquilo de que precisam...*
—FILIPENSES 4:5-6

Lourdes, professora de canto, sempre deu aulas presenciais. Quando teve de ministrar aulas *on-line*, ficou ansiosa. "Não sou boa com computadores", ela contou: "Meu *laptop* é antigo e não estou familiarizada com chamadas de vídeo". Talvez possa parecer algo pequeno para alguns, mas era estressante para ela. "Moro sozinha, não tenho ninguém para me ajudar, preocupo-me que os alunos desistam e preciso dessa renda", disse ela. Antes de cada aula, Lourdes orava para que tudo funcionasse corretamente. "Filipenses 4:5-6 era o papel de parede da minha tela; apeguei-me àquelas palavras" disse ela.

Paulo nos exorta a não nos preocuparmos com nada, pois "o Senhor virá em breve" (Filipenses 4:5). A promessa divina sobre a presença de Deus é algo para nós nos apegarmos. Quando descansamos no Senhor e lhe entregamos os nossos problemas em oração, Sua paz guarda o nosso " coração e [...] mente em Cristo Jesus" (v.7).

"Deus me orientou a ler sites informativos sobre conserto de bugs no computador. Ele também me deu alunos pacientes que entenderam minhas limitações tecnológicas", disse Lourdes A presença, a ajuda e a paz de Deus são nossas para as desfrutar enquanto o seguimos durante todos os dias da nossa vida. Podemos dizer confiantes: "Alegrem-se sempre no Senhor. Repito: alegrem-se!" (v.4). —*Karen Huang*

*Graças te damos Pai, porque a Tua proximidade
nos fortalece e traz paz ao nosso coração.*

21 de dezembro

A luz da esperança

Salmo 42

Espere em Deus! Ainda voltarei a louvá-lo, meu Salvador e meu Deus! —SALMO 42:11

A cruz deveria estar pendurada ao lado da cama de minha mãe no centro de tratamento de câncer. E eu deveria estar me preparando para visitá-la nos feriados entre seus tratamentos. Tudo o que eu queria de presente de Natal era ter mais um dia com minha mãe. Em vez disso, eu estava em casa, pendurando numa árvore falsa uma cruz que pertencera a ela. Quando meu filho acendeu as luzes, sussurrei: "Obrigada" e ele me respondeu: "De nada". Ele não sabia que eu estava agradecendo a Deus pelas luzes piscantes que direcionavam meus olhos para Jesus — a eterna Luz da esperança.

O escritor do Salmo 42 expressou suas genuínas emoções a Deus (vv.1-4). Ele reconheceu sua alma "abatida" e "triste" antes de encorajar os leitores: "Espere em Deus! Ainda voltarei a louvá-lo, meu Salvador e meu Deus!" (v.5). Embora estivesse dominado por ondas de tristeza e sofrimento, a esperança dele brilhou ao lembrar-se da fidelidade de Deus (vv.6-10). Finalizou questionando suas dúvidas e afirmando a resiliência de sua fé, agora refinada: "Por que você está tão abatida, ó minha alma? Por que está tão triste? Espere em Deus! Ainda voltarei a louvá-lo, meu Salvador e meu Deus" (v.11).

O Natal desperta alegria e tristeza em muitos de nós. Felizmente, mesmo as emoções confusas podem ser reconciliadas e redimidas por meio das promessas da verdadeira Luz de esperança: Jesus. —*Xochitl Dixon*

De que maneira podemos espalhar a esperança e o amor que temos em Jesus aos que estão sofrendo ou em luto neste Natal?

22 de dezembro

O privilégio da oração

1 Crônicas 29:11-19

Dá a meu filho Salomão o desejo sincero de obedecer a todos os teus mandamentos, preceitos e decretos. —1 Crônicas 29:19

Uma canção do artista *country* Chris Stapleton, "Papai não ora mais", inspirou-se nas orações de seu pai por ele. As palavras comoventes revelam o porquê de as orações terminarem: não desilusão ou cansaço, mas pela morte do pai. Stapleton imagina que agora, em vez de falar com Jesus em oração, seu pai anda e conversa com Jesus face a face.

A lembrança dessas orações por ele traz à memória uma oração bíblica de um pai por seu filho. Ao aproximar-se o fim da sua vida, Davi fez os preparativos para que seu filho Salomão fosse o próximo rei de Israel.

Depois de reunir a nação para ungir Salomão, Davi os liderou em oração, como havia feito muitas vezes antes. Relembrando a fidelidade de Deus a Israel, Davi orou para que permanecessem leais ao Senhor. Na sequência, incluiu uma oração pessoal especificamente por seu filho, pedindo a Deus: "Dá a meu filho Salomão o desejo sincero de obedecer a todos os teus mandamentos, preceitos e decretos" (1 Crônicas 29:19).

Nós também temos o privilégio de orar pelas pessoas que Deus colocou em nossa vida. Nossa fidelidade pode causar um impacto indelével que permanecerá mesmo após partirmos. Assim como Deus continuou a responder às orações de Davi por Salomão e Israel depois que o rei se foi, da mesma forma o impacto de nossas orações perdura após partirmos. —Lisa M. Samra

As orações de alguém que perseverou em orar por você a impactaram?

23 de dezembro

Inclinando-se em amor

2 Coríntios 1:3-11

…Pai misericordioso e Deus de todo o encorajamento […] em todas as nossas aflições… —2 Coríntios 1:3-4

Uma jovem mãe seguiu atrás de sua filha, que pedalou sua bicicleta minúscula tão rápido quanto suas pequenas pernas poderiam permitir. Mas ganhando mais velocidade do que ela queria, a menina de repente caiu da bicicleta e machucou seu tornozelo. Sua mãe calmamente se ajoelhou, abaixou-se, e beijou-a para "fazer a dor ir embora". E funcionou! A menina levantou-se, subiu na bicicleta, e pedalou. Como seria bom se todas as nossas dores pudessem desaparecer tão facilmente!

O apóstolo Paulo experimentou o encorajamento de Deus em suas lutas e prosseguiu. Ele listou algumas dessas provações em 2 Coríntios 11:23-29: açoitamentos, espancamentos, apedrejamentos, privação de sono, fome, preocupações com todas as igrejas. Ele aprendeu intimamente que Deus é o "Pai misericordioso e Deus de todo o encorajamento" (1:3) ou "Deus de toda consolação" (nvi). Assim como uma mãe encoraja seu filho, Deus se inclina para cuidar carinhosamente de nós em nossa dor.

As formas amorosas de Deus de nos encorajar são muitas e variadas. Ele pode nos dar um versículo que nos encoraja a continuar, ou Ele pode fazer alguém enviar um bilhete especial ou pedir a um amigo para fazer uma ligação que toca nosso espírito. Enquanto a luta não termina, porque Deus se inclina para nos ajudar, podemos nos levantar e continuar a pedalar. —*Anne Cetas*

Agradecemos-te, Pai, por nos encorajares de múltiplas maneiras.

24 de dezembro

O poder das palavras de Deus

Isaías 55:6-13

O mesmo acontece à minha palavra: eu a envio, e ela sempre produz frutos... —Isaías 55:11

Na véspera de Natal de 1968, os astronautas da Apollo 8 Frank Borman, Jim Lovell e Bill Anders tornaram-se os primeiros a orbitar a Lua. Enquanto faziam isso, compartilhavam imagens da Lua e da Terra. Em uma transmissão, revezaram-se lendo Gênesis 1. Na celebração do 40º aniversário, Borman disse: "Fomos informados de que na véspera de Natal teríamos o maior público que já tinha ouvido uma voz humana. E as únicas instruções que recebemos da NASA foram as de fazer algo apropriado". Os versículos lidos pelos astronautas da Apollo 8 ainda plantam sementes da verdade no coração dos que ouvem a histórica gravação.

Por meio do profeta Isaías, Deus diz: "Venham a mim com os ouvidos bem abertos; escutem, e encontrarão vida" (Isaías 55:3). Revelando Sua livre oferta de salvação, Ele nos convida ao afastamento do pecado e a receber Sua misericórdia e perdão (vv.6-7). Ele declara a autoridade divina de Seus pensamentos e Suas ações, que são muito vastos para realmente entendermos (vv.8-9). Ainda assim, Deus nos dá a oportunidade de compartilhar Suas palavras transformadoras, que apontam para Jesus, e afirmam que Ele é responsável pelo crescimento espiritual do Seu povo (vv.10-13). O Espírito Santo nos ajuda a compartilhar o evangelho enquanto o Pai cumpre todas as Suas promessas em Seu tempo e ritmo. —*Xochitl Dixon*

Com quem você deseja compartilhar as boas-novas, a livre oferta de salvação em Jesus?

25 de dezembro

O príncipe da paz

Isaías 9:1-7

...e ele será chamado de Maravilhoso Conselheiro, Deus Poderoso, Pai Eterno e Príncipe da Paz.
—Isaías 9:6

Quando o resfriado de João virou pneumonia, ele foi hospitalizado. Alguns andares acima dele, sua mãe estava em tratamento devido ao câncer, e João sentiu-se sobrecarregado com as preocupações sobre a mãe e sua própria saúde. Na véspera de Natal, quando ele ouviu no rádio a canção "Noite Santa", João sentiu-se inundado por profundo sentimento de paz com Deus. Ele ouviu as palavras sobre essa ser a noite do nascimento do querido Salvador: "a alma cansada se alegra com tal esperança, pois ela traz o milagre de uma nova e gloriosa manhã!" (tradução livre). Naquele momento, todas as suas preocupações desapareceram.

Como Isaías profetizou — Jesus, o querido Salvador nascido por nós é o "Príncipe da Paz". Jesus cumpriu essa profecia ao vir à Terra como um bebê, trazendo luz e salvação para "os que viviam na terra onde a morte lança sua sombra" (Mateus 4:16; Isaías 9:2). O Deus encarnado concede paz àqueles que ama, mesmo quando enfrentam dificuldades e perdas.

No leito hospitalar, João experimentou a paz que "excede todo entendimento" (Filipenses 4:7) enquanto meditava sobre o nascimento de Jesus. Naquela área esterilizada e longe de sua família na celebração do Natal, esse encontro com Deus fortaleceu a sua fé e o sentimento de gratidão. Que nós também recebamos o presente da paz e da esperança em Deus. —Amy Boucher Pye

Qual aspecto de Deus detalhado em Isaías 9:6 você mais precisa hoje?

26 de dezembro

O amor divino

João 3:1-8,13-16

Porque Deus amou tanto o mundo...
—João 3:16

Todo Natal decoramos a casa com presépios de todo o mundo. Temos uma pirâmide de presépio alemã, a cena da manjedoura feita de madeira de oliveira de Belém e uma versão folclórica mexicana. O favorito da nossa família é o presépio extravagante da África. Em vez das tradicionais ovelhas e camelos, um hipopótamo olha com atenção para o menino Jesus.

A perspectiva cultural única trazida à vida nessas cenas da natividade aquece o meu coração ao refletir sobre cada belo lembrete de que o nascimento de Jesus não era apenas para uma nação ou cultura. São boas-novas para toda a Terra, uma razão para as pessoas de todos os países e etnias se alegrarem.

O bebezinho retratado em cada um dos presépios revelou essa verdade do coração de Deus para o mundo inteiro. Como João escreveu em relação à conversa de Cristo com um fariseu muito inquisitivo chamado Nicodemos: "Porque Deus amou tanto o mundo que deu seu Filho único, para que todo o que nele crer não pereça, mas tenha a vida eterna" (João 3:16).

O presente de Jesus é uma boa notícia para todos. Não importa o local do seu lar, o nascimento de Jesus é a oferta de amor e paz de Deus para você. E todos os que encontrarem nova vida em Cristo, "de toda tribo, língua, povo e nação" um dia celebrarão a glória de Deus para todo o sempre (Apocalipse 5:9). —*Lisa M. Samra*

Pai, lembramos com gratidão de que o Teu amor é concedido a todos os que creem em Teu Filho Jesus.

27 de dezembro
A sabedoria divina salva vidas
Provérbios 11:24-31

O fruto do justo é árvore de vida; o sábio conquista pessoas. —Provérbios 11:30

Uma entregadora de cartas ficou preocupada ao ver a correspondência de uma das casas nas quais entregava correspondências, acumular-se. Ela sabia que a idosa morava sozinha e que pegava a correspondência todos os dias. A carteira sabiamente comunicou a sua preocupação a uma vizinha, que alertou outro vizinho, o qual tinha uma chave reserva da casa dessa senhora. Juntos, eles entraram na casa dela e a encontraram caída no chão. A senhora havia caído 4 dias antes e não conseguia se levantar ou pedir ajuda. A sabedoria, a preocupação e a decisão de agir daquela carteira provavelmente salvou a vida da idosa.

Provérbios diz: "o que ganha almas é sábio" (11:30 ara). O discernimento que vem ao fazermos o certo e vivermos de acordo com a sabedoria divina pode abençoar não só a nós mesmos, mas também aos outros. O fruto que recebemos por praticarmos o que honra a Deus e os Seus caminhos pode produzir uma vida boa e revigorante. E nosso fruto também nos impulsiona a cuidarmos dos outros e buscarmos o seu bem-estar.

O autor de Provérbios afirma ao longo do livro que a sabedoria é encontrada na confiança em Deus: "Pois a sabedoria vale muito mais que rubis; nada do que você deseja se compara a ela" (8:11). A sabedoria que Deus provê existe para nos guiar durante nossa vida. Isso pode ganhar uma alma para a eternidade. —*Katara Patton*

A sabedoria que Deus lhe concedeu está sendo usada para engrandecê-lo?

28 de dezembro

Atendendo às necessidades do próximo

Êxodo 22:22-27

Se tomar a capa do seu próximo como garantia para um empréstimo, devolva-a antes do pôr do sol. —ÊXODO 22:26

O pai de Felipe sofre de doença mental severa e saiu de casa para viver nas ruas. Depois de um dia de procura por ele, Cíntia e seu jovem filho Felipe estavam preocupados com o bem-estar dele. Felipe questionou sua mãe se o seu pai e outras pessoas sem-teto estariam bem agasalhadas. Eles decidiram lançar uma campanha de coleta e distribuição de cobertores e agasalhos para as pessoas em situação de rua da região. Por mais de uma década, Cíntia considera que esse é o trabalho de sua vida, creditando ao filho e a sua profunda fé em Deus o despertar nela as dificuldades de se viver sem um lugar quente para dormir.

Há muito tempo, a Bíblia nos ensina a atender às necessidades dos outros. Moisés registra os princípios para orientar nossa interação com os que carecem de recursos. Quando somos movidos a suprir as necessidades dos outros, não devemos cobrar "juros visando lucro, como fazem os credores" (Êxodo 22:25). Se a capa de alguém fosse levada como garantia, deveria ser devolvida até o pôr do sol, pois "Talvez a capa seja a única coberta que ele tem para se aquecer. Como ele poderá dormir sem ela?" (v.27).

Peçamos a Deus que abra os nossos olhos e coração para vermos como aliviar a dor de quem sofre. Quer procuremos atender às necessidades de muitos ou a de uma única pessoa, nós o honramos tratando-os com dignidade e cuidado.

—*Kirsten Holmberg*

Você reconheceu a bondade de Deus quando Ele supriu as suas necessidades por meio de outras pessoas?

29 de dezembro

Celebrando a diversidade

Salmo 133

Como é bom e agradável quando os irmãos vivem em união! —SALMO 133:1

Numa escola norte-americana, a cerimônia de graduação de 2019 reuniu 608 formandos. O diretor pediu que os alunos se levantassem quando fosse lido o nome do país onde nasceram: Afeganistão, Bolívia, Bósnia... Ele continuou até mencionar 60 países e cada estudante mencionado colocou-se em pé, aplaudindo. Eram 60 países representados naquela escola de Ensino Médio. A beleza da unidade em meio à diversidade foi uma imagem poderosa que demonstrou algo próximo ao desejo de Deus: pessoas vivendo em unidade.

O Salmo 133 nos incentiva à unidade entre o povo de Deus. É uma canção para as celebrações anuais quando o povo entrava em Jerusalém. Relembra sobre os benefícios de viver em união (v.1) apesar das diferenças que poderiam causar divisão. Em imagens vívidas, a unidade é descrita como orvalho revigorante (v.3), óleo para ungir (Êxodo 29:7) "derramando" sobre a cabeça, e vestes sacerdotais (v.2). Juntas, essas imagens destacam que, em unidade, as bênçãos de Deus fluem tão generosamente que não podem ser contidas.

Para os cristãos, apesar de diferenças como etnia, nacionalidade ou idade, há uma unidade mais profunda no Espírito (Efésios 4:3). Quando nos unirmos e celebrarmos esse vínculo da paz como Jesus nos orienta, poderemos abraçar nossas diferenças dadas por Deus e celebrar a fonte da verdadeira unidade. —*Lisa M. Samra*

Em quais momentos você sentiu-se o alvo da bondade da unidade em Cristo?

30 de dezembro

Verdadeira identidade

1 João 2:28–3:10

...como é grande o amor do Pai por nós, pois ele nos chama de filhos, o que de fato somos. —1 João 3:1

Enquanto minha amiga olhava as fotos que tirei dela, apontou-me as características físicas que julgava imperfeitas. Pedi-lhe que olhasse mais de perto e disse: "Vejo uma linda e amada filha do Rei dos reis. Vejo o Deus amoroso e compassivo cuja genuína bondade, generosidade e fidelidade fizeram a diferença em tantas vidas". Quando notei suas lágrimas, sugeri: "Acho que você precisa da sua tiara!". Naquela tarde, escolhemos a tiara perfeita para que ela nunca mais esquecesse sua verdadeira identidade — filha do Rei dos reis!

Quando conhecemos a Jesus pessoalmente, Ele nos recebe com amor e nos chama de Seus filhos (1 João 3:1). Ele nos concede o poder de perseverar na fé para que "quando ele voltar, estejamos confiantes e não nos afastemos dele, envergonhados" (2:28). Embora Jesus nos aceite como somos, Seu amor nos purifica e nos transforma à Sua semelhança (3:2-3). O Senhor nos ajuda a reconhecer a nossa necessidade por Ele e a nos arrependermos enquanto nos alegramos com o poder de nos afastarmos do pecado (vv.7-9). Podemos viver em obediência e amor (v.10), com Sua verdade escondida em nosso coração e Seu Espírito presente em nossa vida.

Minha amiga não *precisava* da tiara, mas precisávamos lembrar do nosso valor como filhas amadas de Deus. —*Xochitl Dixon*

Saber que você é amada e, pela fé em Jesus, recebida como uma das filhas do Altíssimo a ajuda a praticar a justiça e o amor?

31 de dezembro

A cidade santa

Hebreus 13:14-21

*Que ele produza em vocês [...]
tudo que é agradável a ele...*
—Hebreus 13:21

Na véspera do Ano-Novo, as autoridades municipais abriram uma cápsula do tempo de 100 anos. Dentro dela estavam previsões esperançosas dos líderes da cidade com as suas visões de prosperidade. Entretanto, a mensagem do prefeito trazia uma ideia diferente: "Que possamos expressar uma esperança que seja superior a de outros, que vocês possam perceber como nação, povo e cidade, que vocês cresceram em retidão, pois é isso que exalta uma nação".

Mais do que o sucesso, a felicidade ou paz, o prefeito desejou que os futuros cidadãos crescessem naquilo que significa ser verdadeiramente justo e correto. Talvez ele tenha se inspirado em Jesus, que abençoou os que anseiam por Sua justiça (Mateus 5:6). Mas é fácil nos desencorajarmos quando consideramos o padrão perfeito de Deus.

Louvado seja Deus por não precisarmos confiar em nosso próprio esforço para crescer. O autor de Hebreus disse: "que o Deus da paz [...] os capacite em tudo que precisam para fazer a vontade dele. Que ele produza em vocês, [...] tudo o que e agradável a ele" (13:20-21). Nós que estamos em Cristo somos santificados pelo Seu sangue no momento em que cremos nele (v.12), porém, Ele faz crescer o fruto da justiça em nosso coração por toda a vida. Tropeçaremos muitas vezes na jornada, mas ainda esperamos pela "cidade por vir" (v.14) onde a justiça de Deus reinará. —*Karen Pimpo*

*Como podemos encorajar outras pessoas
a buscar a justiça de Deus?*

Pertence a

Pão Diário
Mulheres

Jesus, concede-me as palavras para eu abençoar os outros com Tua graça e amor.

Jesus tornou possível o nosso relacionamento com Deus para sempre.

Como renunciar as situações que estão fora de seu controle e entregá-las a Deus?

Deus é o oleiro e nós somos o barro.

Deus também demonstra o Seu amor por nós por meio de outras pessoas.

Deus a auxiliará em suas tarefas. Você está pronta para ser útil à glória de Deus?

Você é capaz de cumprir o que Deus lhe pediu para fazer, pois o Senhor nunca lhe dará um fardo pesado demais para suportar.

Que o Espírito nos ajude a orar quando não soubermos o que dizer.

Ao enxergar suas falhas, que você possa corrigi-las para que outros conheçam Deus pelo seu exemplo.

Ao pedirmos a Deus o discernimento sobre o perigo, lidemos com critérios e sabedoria diante das situações.

Que Deus possa torná-la sábia, para lidar com todas as situações, inclusive em saber como pedir ajuda quando necessário.

Qual o fardo que você está carregando hoje? Lembre-se que Alguém pode ajudá-la e que Seu fardo é leve.

Que parte da criação tira o seu fôlego? Que possamos honrar a criação de Deus ao cuidar da Terra!

Entre irmãos, a diferença de opiniões não deve causar divisões.

Embora não possamos estar sempre com aqueles que amamos, nós os confiamos aos cuidados de Deus.

Na presença de Deus,
o enfrentamento da dor
pode trazer também
a cura.

Com o tempo adquirimos entendimento sobre os nossos atos, e isso nos traz convicção e verdadeiro arrependimento.

Pratique o fruto do Espírito para que outras pessoas sejam atraídas a Deus.

Se o seu compromisso com Deus é morno, a sua fé será morna. Aqueça a sua fé!

Você se sente enfraquecida hoje? Pois é na sua fraqueza que o poder de Deus se apresenta mais forte.

Confie e viva totalmente pela graça.

Esteja sempre atenta e pronta a compartilhar o que recebeu de Deus; seja isso muito ou pouco, sempre há algo que podemos fazer.

Faça o seu trabalho "como se fosse para o Senhor" e não para as pessoas. Isso a ajudará a lidar com as pressões do dia a dia

Senhor, transforma os nossos preconceitos culturais em amor, para que sirvamos a todos com humildade.

Podemos suportar as dores do mundo com a bondade e o amor misericordioso de Deus nos abençoando.

Senhor Deus, ajuda-nos a aprender a aceitar as críticas construtivas e a nos tornarmos mais humildes.

Pai celestial, não permita que o orgulho nos impeça de orar e verdadeiramente experimentar a Tua graça.

Olhe ao seu redor e pense: Quais ferramentas Deus me concedeu para lidar com os problemas hoje?

O Senhor espera que tratemos com bondade e que ajudemos os necessitados ao nosso redor.

Deus nos prometeu uma "reunião celestial" e isso nos consola quando enfrentamos o luto.

Aguardamos a segunda vinda de Jesus com esperança.

Jesus, pedimos-te que nos conceda mais de Tua fonte de água viva à medida que te buscamos.

Compartilhemos sobre a eternidade que teremos junto a Deus tanto com esta geração quanto com as futuras.

A misericordiosa graça de Deus permite que nos reconciliemos com os que nos feriram.

O Senhor é o nosso esconderijo e nos preserva das tribulações. Ele nos cerca com alegres cantos de livramento.

Jesus, a Tua presença em nós nos concede a confiante esperança de participar de Tua glória.

Diante do sofrimento alheio, demonstre amor e misericórdia em todas as oportunidades.

Senhor, renova as nossas forças e guia-nos pelos caminhos da justiça. Queremos honrar o Teu nome.

Por amor a Cristo, sirva a alguém nesta semana.

Deixe o celular ou
a TV de lado nesta semana
e invista mais do seu tempo
para ouvir a voz
de Deus.

A dor auxilia o crescimento e amadurecimento espiritual.

Confie em Jesus,
a dor passará e Ele
trará o bem em meio
ao sofrimento.

Reconheço que como parte do Corpo de Cristo, tenho um propósito e sou útil.

O sofrimento que outros lhe causaram no passado, também foi um aprendizado que a ajudou a amadurecer na fé.

Reflita sobre as gentilezas que estão ao seu alcance e a quem você pode alcançar hoje, pondo-as em prática.

Deus, ensina-me a apoiar os outros. Quero servir-te e desejo que a minha voz seja um instrumento em Tuas mãos.

Deus a vê e a ama,
mesmo quando
lhe parecer que ninguém
mais a enxerga.

Tiago escreveu que "a fé sem obras está morta" (2:26). Realize boas ações por vontade própria: a sua fé vive, ela não está morta!

Deus já a acolheu em seu momento de necessidade antes, e Ele a acolherá quando a dor vier novamente.

Entregue seus anseios a Ele. Confie em Deus!

Encoraje alguém, seja familiar, colega, amigo ou mesmo um desconhecido, com a esperança nas promessas de Deus hoje.

Demonstre o amor de Deus por meio de uma boa ação, não apenas hoje, mas sempre que puder.

Ajuste a sua visão, olhe para o alto, para o que Deus fará, e não para o passado.

Podemos até nos sentir deslocadas deste lado da eternidade, mas Jesus está preparando uma morada para cada uma de nós do outro lado da eternidade.

A sua confiança no amor de Deus a ajudará a prosseguir, independente do sofrimento ou perda, você é mais que vencedora em Cristo.

Se houver algo que você precisa compreender para ter a certeza do que a Bíblia diz sobre Jesus, peça que Jesus o revele a você.

Não se acomode em uma situação destrutiva. Procure o caminho de paz que só Deus pode ajudá-la a trilhar.

Pratique o que é justo e correto, pois, ao escolhermos não falar em uma situação injusta, tomamos parte com o que é mau.

Se você se sente sobrecarregada pelas provações, ore ao Senhor, Ele a amparará em meio a situações desafiadoras.

Os relacionamentos podem ser fortalecidos pela prática do perdão e da responsabilidade.

Não tente resolver as situações difíceis por conta própria, confie em Deus e Ele a guiará.

Deus colocou pessoas em sua vida para que você as ajudasse e cuidasse. Pense numa atitude compassiva que você possa praticar para as ajudar.

Avalie as tradições às quais você se apega e perceba se elas estão alinhadas com as Escrituras, ou se precisam ser reavaliadas.

Senhor, ajuda-me a estar atenta a todas as oportunidades de compartilhar as boas-novas de Jesus com alguém hoje.

As verdades bíblicas são os alicerces para sua vida. Leia as Escrituras e receba o encorajamento do Senhor.

> Pai, em Tua presença quero entregar tudo o que me afasta da comunhão contigo.

Pai celestial,
ajuda-me a compreender
profundamente o Teu
amor e compaixão.

Embora o sofrimento faça parte da sua história, ele não dominará toda a sua vida. Tenha fé, esperança, a dor passará para sempre!

Se algo a desencoraja a compartilhar sobre a sua fé, lembre-se de que Jesus voltará para buscar os Seus.

Em qual situação alguém a feriu e o que você aprendeu com esse momento?

Que sonhos ou planos você tem enquanto realiza a boa obra para Deus?

Em seu convívio, quem tem perguntado sobre a razão da sua esperança, e o que você tem compartilhado sobre Jesus?

Senhor Deus, abre os meus olhos para reconhecer as oportunidades de demonstrar o Teu amor ao meu próximo hoje.

Se você estiver se sentindo abandonada, lembre-se de que Deus a ouve: o que você precisa hoje? Ore e se for da vontade do Pai, Ele a atenderá.

Como podemos experimentar o amor e o poder de Deus de forma mais palpável?

A desunião do mundo pesa em nosso coração, mas pensar no reino eterno de Deus nos concede forças para suportar.

Compartilhe o que você já aprendeu ao passar por provações. Isso encorajará outra pessoa a perseverar.

Se você realmente crê que Deus está agindo, então descanse no Senhor!

Você já teve medo de falar em prol da justiça? Como depender da força e sabedoria de Deus ao se posicionar?

Pratique o verdadeiro cristianismo.

Se você já teve dificuldades ao lidar com alguém diferente de você, peça a Deus que a ajude a amar essa pessoa, por mais difícil que isso lhe pareça.

Leia o Salmo 23 como fonte de encorajamento. Você não está só! Deus está com você nos vales mais sombrios.

Qual é o "próximo" difícil de amar? Qual atitude é necessária para uma convivência melhor?

Você já sentiu o desejo de não ser reconhecida como cristã? Encoraje-se e reflita o amor de Deus aos outros.

O que a motiva em suas tarefas e o que você espera deixar como legado à nova geração?

Como podemos abordar com compaixão as necessidades e os problemas de alguém que podemos auxiliar?

"Por que você se preocupa com o cisco no olho de seu amigo enquanto há um tronco em seu próprio olho?" (Mateus 7:3).

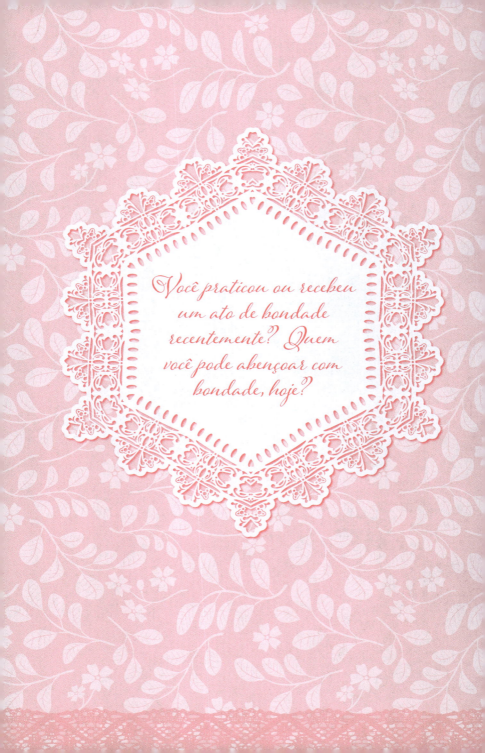

Você praticou ou recebeu um ato de bondade recentemente? Quem você pode abençoar com bondade, hoje?

O Espírito pode influenciar seu discurso.

Você tem se "misturado" ao mundo? Se sim, como você pode descontaminar-se dele?

Deus a ajudará a superar obstáculos e limitações.

Lembre-se: às vezes, surgem situações em nossa vida que precisamos passar para que possamos consolar outra pessoa e levá-la a Cristo.

Pondere sobre as áreas em sua vida que precisam da iluminação de Cristo, e peça a Deus que a ajude a mantê-las iluminadas.

Você já observou a luz de Jesus brilhando por intermédio de outra pessoa? Você reflete o brilho da luz de Jesus?

O fato de apegar-se ao que é bom pode ajudá-la a amar alguém desafiador.

A sabedoria que Deus lhe concedeu está sendo usada para engrandecê-lo?

Publicações Pão Diário
Caixa Postal 9740, 82620-981 Curitiba/PR, Brasil
publicacoes@paodiario.org
www.publicacoespaodiario.com.br
Telefone: (41) 3257-4028

Edição e revisão: Adolfo Hickmann, Giovana Caetano
Projeto gráfico e diagramação: Audrey Novac Ribeiro
Imagens: © Shutterstock

© 2024 Ministérios Pão Diário. Todos os direitos reservados.

Código: SS570

Impresso na China